KB100697

설지민 전공특수 연간 강좌 계획

강좌	강의 안내	교재
[1-2월] **기본이론반**	기본 이론서를 토대로 한 핵심 개념 정리	[2024 대비] 해커스임용 설지민 특수교육학 기본이론 1, 2, 3
[3-6월] **각론을 통한 기출풀이**	· 각론 및 서답형 기출풀이를 통한 영역별 기출내용 풀이 · 2015 개정 교육과정 정리	· 각론서 · [2024 대비] 해커스임용 설지민 특수교육학 기본이론 1, 2, 3 · [2024 대비] 해커스임용 설지민 특수교육학 기출문제·해설 1, 2, 3 · 프린트물
[7-8월] **기출심화를 통한 마인드맵**	· 영역별로 핵심적인 기출문제를 선정하여 심화 학습 · 기출심화학습을 바탕으로 마인드맵 구조도 정리	[2024 대비] 해커스임용 설지민 특수교육학 마인드맵
[9-10월] **영역별 모의고사**	영역별로 모의고사 중등형 시험 문항 풀이	프린트물
[10-11월] **파이널 모의고사**	모든 기출범위 모의고사 풀이	프린트물

※강좌 계획은 상황에 따라 변경될 수 있으며, 세부 계획은 강좌별 수업계획서를 참조

이제 해커스임용 강의를
더욱 편리하고 스마트하게 수강하자!

해커스 ONE
통합 앱

지금 바로! 구글 플레이와 앱스토어에서
해커스 ONE 다운로드 받기

01 관심분야 설정과 빠른 수강 신청

02 간편해진 강좌 수강과 학습 관리

03 과목별 교재 구매

04 최근 본 콘텐츠 & 새로운 소식

해커스임용
설지민
특수교육학
마인드맵

설지민

약력

대구대학교 사범대학 중등특수교육전공 졸업
대구대학교 교육대학원 특수교육전공 졸업
대구대학교 지체중복장애아 교육전공 박사과정 재학

현 | 해커스임용 특수교육 전임교수

전 | 아모르임용학원 특수교육 전임강사
아모르아이티칭 특수교육 전임강사

저서

해커스임용 설지민 특수교육학 기출문제 · 해설 1~3, 해커스패스
해커스임용 설지민 특수교육학 기본이론 1~3, 해커스패스
해커스임용 설지민 특수교육학 영역별 이론 + 기출문제 1~3, 해커스패스
설지민 특수교육학 기출풀이 STEP1~3, 열린교육
설지민 특수교육학, 북이그잼
설지민 특수교육학 기출변형문제집 전3권, 북이그잼

안녕하세요 설지민입니다.

<해커스임용 설지민 특수교육학 마인드맵>이 새롭게 출간되었습니다. 본 교재는 기출문제에 기반하여 특수교육학의 가장 기본적인 내용을 마인드맵 형식으로 만들어 모아놓은 구성입니다.

이 교재의 특징은 아래와 같습니다.

01 실제 시험에 출제된 핵심 기출개념을 완벽 반영하였습니다.

본 교재는 기출범위만 토대로 하여 작성하였습니다. "모든 내용을 알자!"가 아닌, "핵심적인 내용을 먼저 알자!"를 목적으로 만들었습니다. 즉 시험장에 들어갔을 때, 기초적인 내용을 놓쳐 점수를 잃지 않도록 하는 교재입니다. 마인드맵은 특히 시험치기 직전의 인출 시 더욱 효과적일 것입니다. 이론서처럼 모든 내용이 서술로 이루어져 있지 않지만, 최대한 인과관계를 알 수 있도록 한 범위마다 필수 키워드를 뽑아 정리하였습니다. 기본이론 학습 전에는 내용 이해가 어려울 수 있으나, 이론 학습 후 인출연습 시에는 더 큰 도움이 될 것입니다.

02 '내가 쓰는 핵심 NOTE'로 교재를 다양하게 활용할 수 있습니다.

본 교재의 마인드맵에는 모든 내용이 수록되어 있지 않습니다. 기출을 근거로 한 필수적 내용만 담았습니다. 추가적으로 필요한 내용은 오른쪽 페이지에 필기를 할 수 있는 여백을 두었으니 그 곳에 필기하면서 선생님들 개인만의 마인드맵을 만들어가셨으면 합니다.

03 부록으로 「장애인 등에 대한 특수교육법」 워크북을 제공합니다.

「장애인 등에 대한 특수교육법」 워크북을 수록하였습니다. 이 법은 많은 예비 선생님이 수험 공부를 하는 초반부터 외우기 시작하지만, 가장 어려워하는 부분이기도 합니다. 실제 시험에서 법의 각 조, 령, 규칙이 어떻게 나오는지 파악할 수 있는 기출문제도 함께 수록하였습니다. 법과 관련된 내용을 한꺼번에 볼 수 있도록 구성하였기 때문에, 기출문제가 중복으로 등장하기도 합니다. 기출문제는 풀이만을 위해 수록한 것이 아닙니다. 기출문제를 보고 어떤 부분이 나왔으니 법의 어느 부분을 우선적으로 외우고, 또 어떤 것은 비교해서 보아야 한다는 점을 알고 법을 외우셨으면 하는 취지에서 추가하였습니다. 객관식 문제 정답은 수록하되, 서답형 문제의 정답은 따로 제공하지 않습니다. 문제집이었다면 불가능했겠지만, 저는 본 교재를 인출에 가장 효과적일 수 있도록 계획하고 만들었습니다. 또한 시험 전에 모든 선생님이 빈칸을 인출해낼 수 있게 되리라 믿고 정답을 제공하지 않기로 결정했습니다. 답을 확인하기 위해 직접 법 자료를 확인해야 하는 불편함은 있을 것입니다. 하지만 인출이 안 될 때마다 답을 바로 찾아볼 수 있는 편리함이 때로는 머릿속에 기억된 내용의 인출을 방해하기도 합니다. 이러한 판단으로 정답을 수록하지 않았으며, 이는 추후 스스로 공부하는 데 훨씬 더 도움이 될 것이라고 생각합니다.

이 책을 언제 만나든, 그 모든 시점이 수월한 사람은 없을 것입니다. 이 책이 선생님들의 임용시험 준비에 작은 도움이 되었으면 합니다. 저는 항상 뒤에서 묵묵히 응원하겠습니다. 이번에도 선생님들의 건승을 빕니다. 우린 멋진 특수교사니까요~^^

설지민 dream

목차

목차

시험장까지 기억될 **마인드맵 학습법**

01 기출 기반 핵심 키워드를 한눈에 구조화한 **개념별 마인드맵**

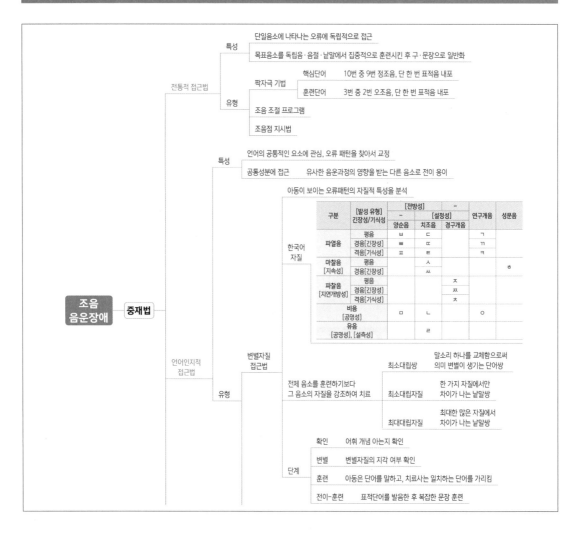

개념별 마인드맵

특수교육학 내용을 세분화하여 개념별로 마인드맵을 수록하였습니다. 광범위한 특수교육학 이론의 핵심만 빠르게 파악할 수 있고, 여러 개의 가지로 뻗어 나가는 이론의 흐름을 따라가면서 효과적인 구조화 학습까지 가능합니다.

기출 키워드

기출문제를 기반으로 한 핵심 키워드를 중심으로 개념을 구조화하여 수록하였습니다. 개념 간 포함 관계를 한눈에 파악하기 위하여 글씨의 색/크기로 구분하였으며, 중요도가 높은 기출 키워드 위주로 암기학습이 가능하기 때문에 보다 효과적으로 학습할 수 있습니다.

02 서답형 대비 백지인출 연습을 위한 **내가 쓰는 핵심 NOTE**

백지인출

개념 학습 후의 백지인출 연습에 용이한 구성을 갖추었습니다. 기출범위를 토대로 한 키워드를 미리 학습함으로써 백지인출을 더욱 쉽고 효율적으로 진행할 수 있습니다.

단권화

마인드맵과 '내가 쓰는 핵심 NOTE'를 모두 활용하면 단권화가 더욱 쉬워지고, 나만의 핵심 노트로 만들어 사용할 수도 있습니다.

03 효과적으로 학습하는 **「장애인 등에 대한 특수교육법」 워크북**

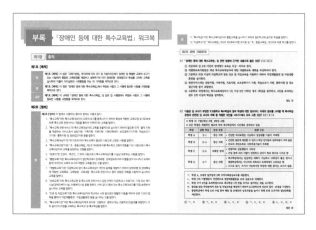

최신 법령

특수교육학의 A부터 Z까지 모든 개념을 정복하고 싶은 학습자를 위해 「장애인 등에 대한 특수교육법」 관련 워크북을 제공합니다. 해당 법, 령, 규칙을 한눈에 확인하여 효과적으로 학습할 수 있습니다.

관련 기출문제

본 교재로 「장애인 등에 대한 특수교육법」 관련 기출문제를 동시에 학습함으로써 실전 대비 능력을 기르고 출제 패턴도 파악할 수 있습니다.

특수임용 시험 Timeline

*아래 일정은 평균적인 일정이며, 각 시점은 변경될 수 있습니다.

사전예고	시행계획 공고	원서접수
6~8월	9~10월	10월

사전예고
- **대략적인 선발 규모(가 T.O.)**: 선발예정 과목, 인원
- **전반적인 시험 일정**: 본 시행계획 공고일, 원서접수 기간, 제1차 시험 예정일 등
- 사전예고 내용은 변동 가능성 높음

원서접수
- 전국 17개 시·도 교육청 중 **1개 교육청**에만 지원 가능
- 시·도 교육청별 **온라인 채용시스템**으로만 접수 가능
- **준비물**: 한국사능력검정시험 (심화) 3급 이상, 증명사진

> **참고** 한국사능력검정시험 관련 유의사항
> - 제1차 시험 예정일로부터 **역산하여 5년**이 되는 해 1월 1일 이후에 실시된 시험에 한함
> - 제1차 시험 예정일 전까지 취득한 인증등급 이상인 인증서에 한하여 인정함

시행계획 공고
- **확정된 선발 규모(본 T.O.)**: 선발예정 과목 및 인원
- **상세 내용**: 시험 시간표, 제1~2차 시험의 출제 범위, 배점, 가산점 등
- 추후 시행되는 시험의 변경사항 공지

☑ 아래 내용만은 놓치지 말고 '꼭' 확인하세요!
- ☐ 응시하고자 하는 과목의 선발예정 인원
- ☐ 원서접수 일정 및 방법
- ☐ 제1차 시험 및 제2차 시험 일정
- ☐ 스캔 파일 제출 대상자 여부, 제출 필요 서류
- ☐ 가산점 및 가점 대상자 여부, 세부사항

제1차 시험	제1차 합격자 발표	제2차 시험	최종 합격자 발표
11월	**12월**	**1월**	**2월**

제1차 합격자 발표
- 제1차 시험 합격 여부
- 과목별 점수
- 제1차 시험 합격선
- 제출 필요 서류
- 제2차 시험 일정, 유의사항

제2차 시험
- 교직적성 심층면접
- 수업능력 평가: 교수·학습 지도안 작성, 수업실연 등(일부 과목은 실기·실험 포함)
- 제1차 합격자를 대상으로 시행
- 시·도별로 과목, 배점이 상이

최종 합격자 발표
- 최종 합격 여부
- 제출 필요 서류
- 추후 일정

제1차 시험

- 준비물: 수험표, 신분증, 검은색 펜, 수정테이프, 아날로그 시계
- 그 외 간단한 간식 또는 개인 도시락, 음용수(별도의 중식시간 없음)
- 시험과목 및 배점

구분	유·초등 특수교사 임용시험			중등 특수교사 임용시험				
교시 (출제분야)	1교시 (교직논술)	2교시 (교육과정 A)	3교시 (교육과정 B)	1교시 (교육학)	2교시 (전공 A)		3교시 (전공 B)	
시험시간	60분 (09:00-10:00)	70분 (10:40-11:50)	70분 (12:30-13:40)	60분 (09:00-10:00)	90분 (10:40-12:10)		90분 (12:50-14:20)	
문항 유형	논술형	기입형	서술형	기입형	서술형	논술형	기입형	서술형	기입형	서술형
문항 수	1문항	16문항 내외		1문항	4문항	8문항	2문항	9문항
배점	20점	80점		20점	2점	4점	2점	4점
합계	20점	80점		20점	40점		40점	

특수임용 답안 작성 Guide

1. 유·초·중등 제1차 시험 2-3교시 답안지 정보

: B4 크기의 OMR 용지가 교시별로 2장씩(단면) 제공되며, 초안작성용지가 주어지지 않고 시험지 여백에 초안을 작성함

유·초등 2-3교시(교육과정) 답안지	중등 2-3교시(전공) 답안지
문항 1 · · · · · · 문항 2	문항 1 (2점) / 문항 2 (2점) / 문항 3 (4점)
전 문항의 답안란 크기가 같고, 배점 표기가 없음	문항유형에 따라 답안란 크기가 다르고, 배점이 표기됨

2. 답안 작성하기

1) 단답형: 주로 이론, 개념, 원리, 체계, 유형, 구성요소 등의 명칭을 묻는 문제

1가지만 묻는 경우	통합교육
2가지 이상 묻는 경우	통합교육, 시각장애 또는 ㉠ 통합교육, ㉡ 시각장애

2) 서답형: 개념에 대한 구체적인 설명, 관련 예시, 방안, 틀린 것, 개념 간 비교 등을 묻는 문제

1가지만 묻는 경우		통합교육은 -이다.
2가지 이상 묻는 경우	개념에 대한 구체적인 설명	통합교육은 -이며, 시각장애는 -이다.
	개념과 관련 예시, 방안 등	㉠은 통합교육이며, 그 예시로는 -가 있다.
	틀린 것을 찾고 이유 대기	제시된 내용 중 틀린 부분은 -이며, 그 이유는 -이다.
	개념 A와 B의 차이점 설명	㉠ 통합교육과 ㉡ 시각장애의 차이점은 -이다.

> **(참고)**
> - 유·초등의 경우 세부문항 번호를 답안과 함께 작성하고, 작성 공간이 부족한 경우 가로선을 추가할 수 있습니다.
> - 순서대로 쓸 것을 지시하는 경우 반드시 요구한 순서대로 답안을 작성합니다.
> - 정해진 가짓수에 맞는 답안을 작성합니다. 2가지만 요구할 때 3가지를 작성하면 앞의 2가지만 채점됩니다.

3. 답안 수정하기

1) 전체 수정: 답안지를 교체하여 새로 작성하고 이전 답안지는 바로 폐기합니다.

2) 부분 수정
- 삭제: 수정테이프 사용이 불가하므로 삭제할 내용 위에 두 줄(=)을 긋고 새로 작성합니다.
- 교정: 일반적인 교정부호(예 띄어쓰기, 행갈이)를 사용하여 교정할 수 있습니다.

> **(참고)** 알아두면 좋은 교정부호

사이 띄어쓰기	사이 연결하기	줄 바꾸기	줄 이어주기	글자 삽입하기	자리 바꾸기
∨	⌒	⌐	⤶	∨	∽
특수∨교육학	특수⌒교육학	특수교육학	특수 교육학	교육 특수학	교육학 특수

답안지 작성 관련 Q&A

Q 기본적인 답안 작성 방법이 궁금해요.

A 답안지는 교시별로 2면씩 주어지며, 지정된 답안란에 답안을 기입하면 됩니다(실선 안에 작성, 점선은 무시 가능). 답안란을 벗어난 부분이나 시험지에 적은 답안은 인정되지 않으므로 꼭 주어진 답안란에 작성합니다. 1교시와 달리 2-3교시는 초안작성용지가 제공되지 않으므로, 초안 작성을 원한다면 시험지 여백을 활용하도록 합니다.

Q 꼭 알아야 하는 주의사항이 있나요?

A 답안란에 수정액과 수정테이프를 사용할 수 없으므로, 부분적인 수정이 필요한 경우 두 줄(=)을 긋고 수정할 내용을 작성하거나 일반적인 글쓰기 교정부호를 사용합니다. 이때 주의할 점은 특정 부분을 강조하는 밑줄, 기호가 금지된다는 점입니다. 전체 수정이 필요한 경우, 답안지를 교체할 수도 있습니다.

Q 학년분야별 답안 작성 방식은 동일한가요?

A 유·초등과 중등의 작성 방식은 대부분 비슷하나 일부(작성법, 문항내용 기재 여부)에 차이가 있습니다.

구분	유·초등	중등
작성법	답안을 해당하는 하위문항 번호 또는 기호와 함께 작성해야 함	하위문항 번호 또는 기호를 반드시 함께 작성할 필요는 없음
문항내용 기재 여부	문항 내용 일부를 활용한 답안 작성이 가능함	문항 내용을 기재하지 않음

Q 글자 수나 분량의 제한은 없나요?

A 글자 수와 분량은 제한이 없습니다. 다만 불필요한 수식어와 미사여구는 채점하지 않으므로 문항에서 요구한 내용을 간결하게 작성하는 것을 권장합니다.

Q 시험 종료 후 시험지와 답안지는 모두 제출해야 하나요?

A 답안지만 제출하고 시험지는 제출하지 않습니다. 답안지를 제출할 때 답안을 작성하지 않은 빈 답안지도 함께 제출해야 하며 2장 모두에 성명, 수험번호, 쪽 번호를 기재합니다.

답안 작성 연습 TIP

- 문제 풀이와 답안지 작성은 기본이론 학습을 완료한 후 일정 수준 이상의 인출이 가능할 때 시작하는 것을 권장합니다.
- 기출문제, 기출변형문제, 모의고사 등의 실제 특수임용 시험 대비용 문제를 풀이하는 것이 가장 좋습니다.
- 가능한 한 고사장과 비슷한 환경을 조성하고, 실제 시험시간에 맞게 답안을 작성하는 연습을 하는 것이 중요합니다.
- 채점 시 문항에서 요구하는 키워드와 조건을 정확한 내용으로 빠짐없이 포함했는지 확인해야 합니다.

제1장
통합교육

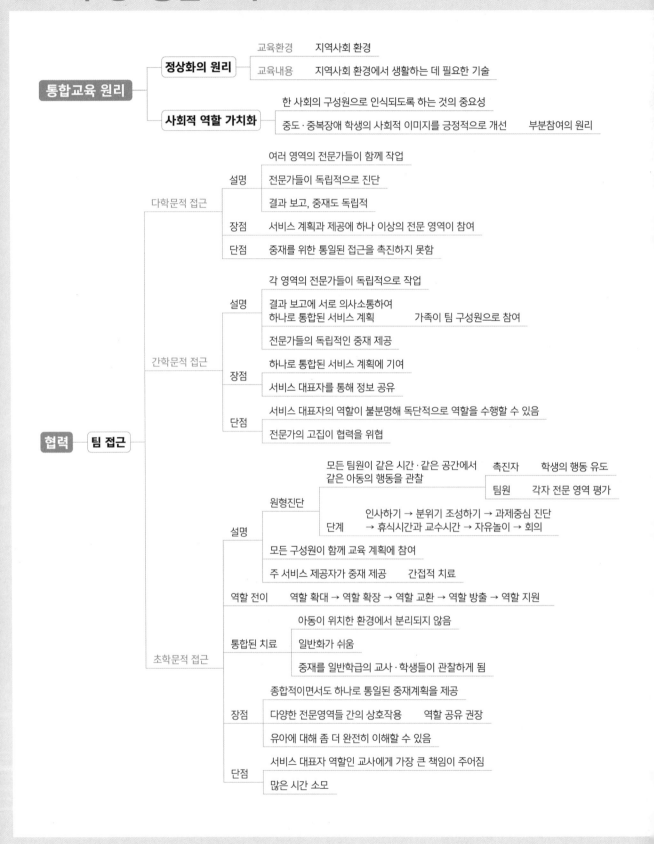

통합교육 원리

정상화의 원리
- 교육환경 — 지역사회 환경
- 교육내용 — 지역사회 환경에서 생활하는 데 필요한 기술

사회적 역할 가치화
- 한 사회의 구성원으로 인식되도록 하는 것의 중요성
- 중도 · 중복장애 학생의 사회적 이미지를 긍정적으로 개선   부분참여의 원리

협력 — 팀 접근

다학문적 접근
- 설명
  - 여러 영역의 전문가들이 함께 작업
  - 전문가들이 독립적으로 진단
  - 결과 보고, 중재도 독립적
- 장점
  - 서비스 계획과 제공에 하나 이상의 전문 영역이 참여
- 단점
  - 중재를 위한 통일된 접근을 촉진하지 못함

간학문적 접근
- 설명
  - 각 영역의 전문가들이 독립적으로 작업
  - 결과 보고에 서로 의사소통하여 하나로 통합된 서비스 계획   가족이 팀 구성원으로 참여
  - 전문가들의 독립적인 중재 제공
- 장점
  - 하나로 통합된 서비스 계획에 기여
  - 서비스 대표자를 통해 정보 공유
- 단점
  - 서비스 대표자의 역할이 불분명해 독단적으로 역할을 수행할 수 있음
  - 전문가의 고집이 협력을 위협

초학문적 접근
- 설명
  - 원형진단
    - 모든 팀원이 같은 시간 · 같은 공간에서 같은 아동의 행동을 관찰
      - 촉진자 — 학생의 행동 유도
      - 팀원 — 각자 전문 영역 평가
    - 단계 — 인사하기 → 분위기 조성하기 → 과제중심 진단 → 휴식시간과 교수시간 → 자유놀이 → 회의
  - 모든 구성원이 함께 교육 계획에 참여
  - 주 서비스 제공자가 중재 제공   간접적 치료
- 역할 전이 — 역할 확대 → 역할 확장 → 역할 교환 → 역할 방출 → 역할 지원
- 통합된 치료
  - 아동이 위치한 환경에서 분리되지 않음
  - 일반화가 쉬움
  - 중재를 일반학급의 교사 · 학생들이 관찰하게 됨
- 장점
  - 종합적이면서도 하나로 통일된 중재계획을 제공
  - 다양한 전문영역들 간의 상호작용   역할 공유 권장
  - 유아에 대해 좀 더 완전히 이해할 수 있음
- 단점
  - 서비스 대표자 역할인 교사에게 가장 큰 책임이 주어짐
  - 많은 시간 소모

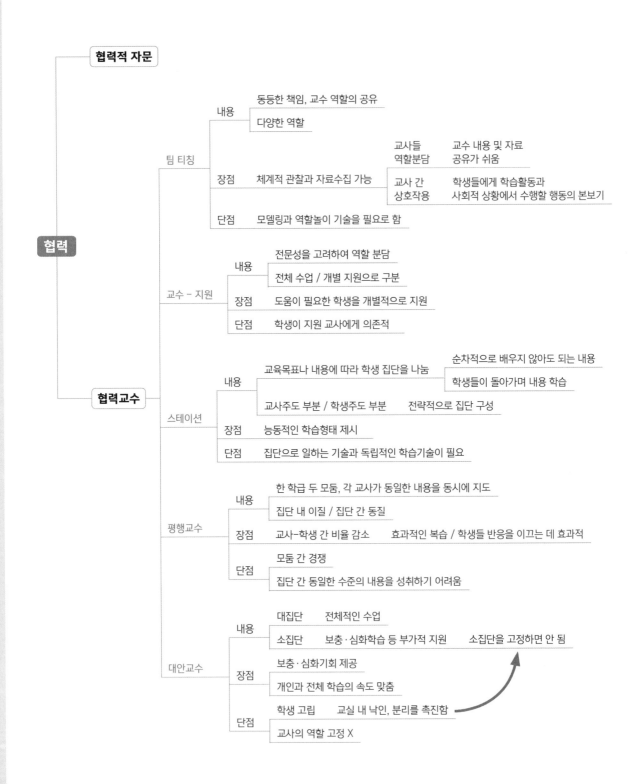

협력적 자문

협력
├ 협력적 자문
└ 협력교수

팀 티칭
- 내용
  - 동등한 책임, 교수 역할의 공유
  - 다양한 역할
- 장점 — 체계적 관찰과 자료수집 가능
  - 교사들 역할분담 — 교수 내용 및 자료 공유가 쉬움
  - 교사 간 상호작용 — 학생들에게 학습활동과 사회적 상황에서 수행할 행동의 본보기
- 단점 — 모델링과 역할놀이 기술을 필요로 함

교수 - 지원
- 내용
  - 전문성을 고려하여 역할 분담
  - 전체 수업 / 개별 지원으로 구분
- 장점 — 도움이 필요한 학생을 개별적으로 지원
- 단점 — 학생이 지원 교사에게 의존적

스테이션
- 내용
  - 교육목표나 내용에 따라 학생 집단을 나눔
    - 순차적으로 배우지 않아도 되는 내용
    - 학생들이 돌아가며 내용 학습
  - 교사주도 부분 / 학생주도 부분 — 전략적으로 집단 구성
- 장점 — 능동적인 학습형태 제시
- 단점 — 집단으로 일하는 기술과 독립적인 학습기술이 필요

평행교수
- 내용
  - 한 학급 두 모둠, 각 교사가 동일한 내용을 동시에 지도
  - 집단 내 이질 / 집단 간 동질
- 장점 — 교사-학생 간 비율 감소   효과적인 복습 / 학생들 반응을 이끄는 데 효과적
- 단점
  - 모둠 간 경쟁
  - 집단 간 동일한 수준의 내용을 성취하기 어려움

대안교수
- 내용
  - 대집단   전체적인 수업
  - 소집단   보충·심화학습 등 부가적 지원   소집단을 고정하면 안 됨
- 장점
  - 보충·심화기회 제공
  - 개인과 전체 학습의 속도 맞춤
- 단점
  - 학생 고립   교실 내 낙인, 분리를 촉진함
  - 교사의 역할 고정 X

해커스임용 설지민 특수교육학 마인드맵

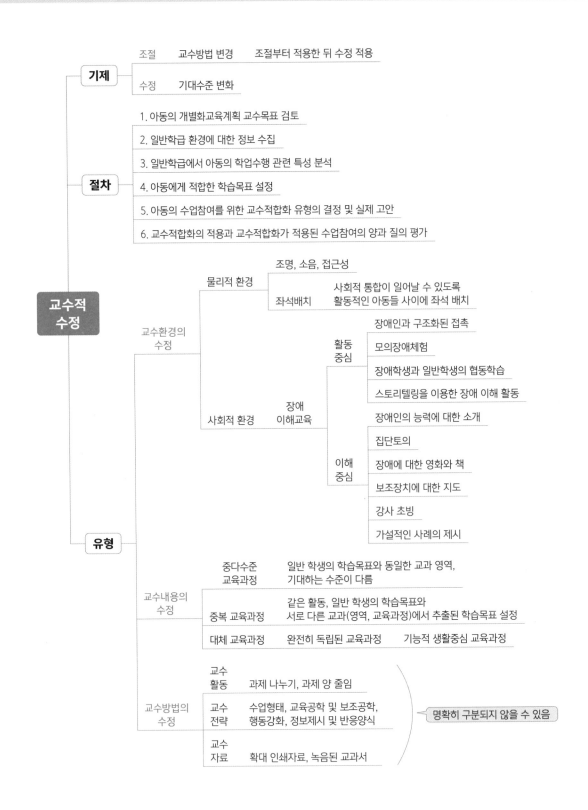

교수적 수정

기제
- 조절 — 교수방법 변경 — 조절부터 적용한 뒤 수정 적용
- 수정 — 기대수준 변화

절차
1. 아동의 개별화교육계획 교수목표 검토
2. 일반학급 환경에 대한 정보 수집
3. 일반학급에서 아동의 학업수행 관련 특성 분석
4. 아동에게 적합한 학습목표 설정
5. 아동의 수업참여를 위한 교수적합화 유형의 결정 및 실제 고안
6. 교수적합화의 적용과 교수적합화가 적용된 수업참여의 양과 질의 평가

유형

교수환경의 수정
- 물리적 환경
  - 조명, 소음, 접근성
  - 좌석배치 — 사회적 통합이 일어날 수 있도록 활동적인 아동들 사이에 좌석 배치
- 사회적 환경 — 장애 이해교육
  - 활동 중심
    - 장애인과 구조화된 접촉
    - 모의장애체험
    - 장애학생과 일반학생의 협동학습
    - 스토리텔링을 이용한 장애 이해 활동
  - 이해 중심
    - 장애인의 능력에 대한 소개
    - 집단토의
    - 장애에 대한 영화와 책
    - 보조장치에 대한 지도
    - 강사 초빙
    - 가설적인 사례의 제시

교수내용의 수정
- 중다수준 교육과정 — 일반 학생의 학습목표와 동일한 교과 영역, 기대하는 수준이 다름
- 중복 교육과정 — 같은 활동, 일반 학생의 학습목표와 서로 다른 교과(영역, 교육과정)에서 추출된 학습목표 설정
- 대체 교육과정 — 완전히 독립된 교육과정 — 기능적 생활중심 교육과정

교수방법의 수정
- 교수 활동 — 과제 나누기, 과제 양 줄임
- 교수 전략 — 수업형태, 교육공학 및 보조공학, 행동강화, 정보제시 및 반응양식
- 교수 자료 — 확대 인쇄자료, 녹음된 교과서

> 명확히 구분되지 않을 수 있음

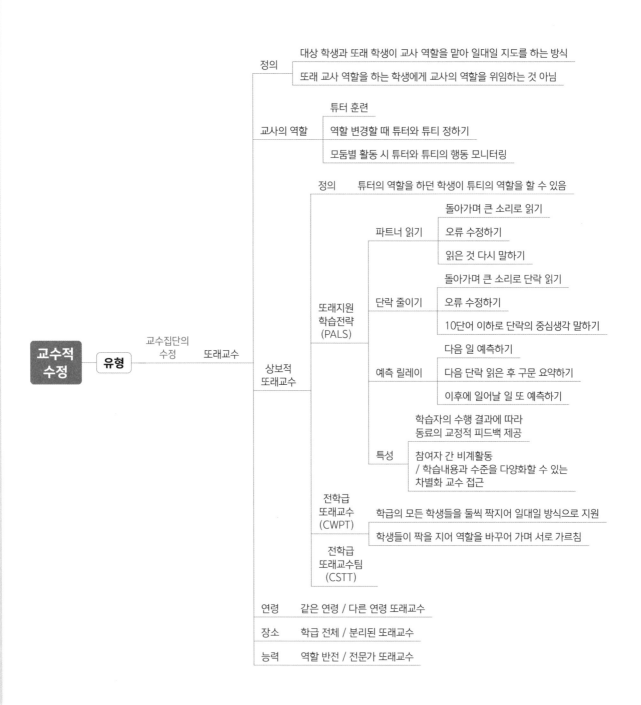

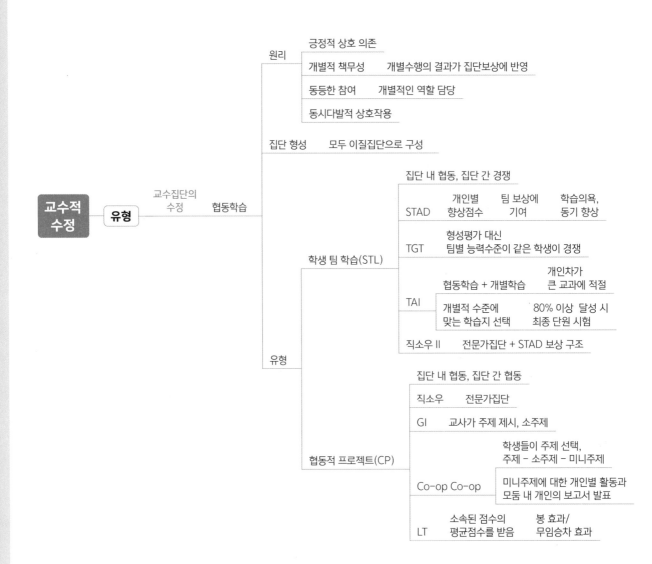

원리
- 긍정적 상호 의존
- 개별적 책무성 — 개별수행의 결과가 집단보상에 반영
- 동등한 참여 — 개별적인 역할 담당
- 동시다발적 상호작용

집단 형성 — 모두 이질집단으로 구성

교수적 수정 — 유형 — 교수집단의 수정

협동학습

집단 내 협동, 집단 간 경쟁

학생 팀 학습(STL)
- STAD — 개인별 향상점수 / 팀 보상에 기여 / 학습의욕, 동기 향상
- TGT — 형성평가 대신 팀별 능력수준이 같은 학생이 경쟁
- TAI — 협동학습 + 개별학습 / 개인차가 큰 교과에 적절 / 개별적 수준에 맞는 학습지 선택 / 80% 이상 달성 시 최종 단원 시험
- 직소우 II — 전문가집단 + STAD 보상 구조

유형

집단 내 협동, 집단 간 협동

협동적 프로젝트(CP)
- 직소우 — 전문가집단
- GI — 교사가 주제 제시, 소주제
- Co-op Co-op — 학생들이 주제 선택, 주제 – 소주제 – 미니주제 / 미니주제에 대한 개인별 활동과 모둠 내 개인의 보고서 발표
- LT — 소속된 점수의 평균점수를 받음 / 봉 효과/ 무임승차 효과

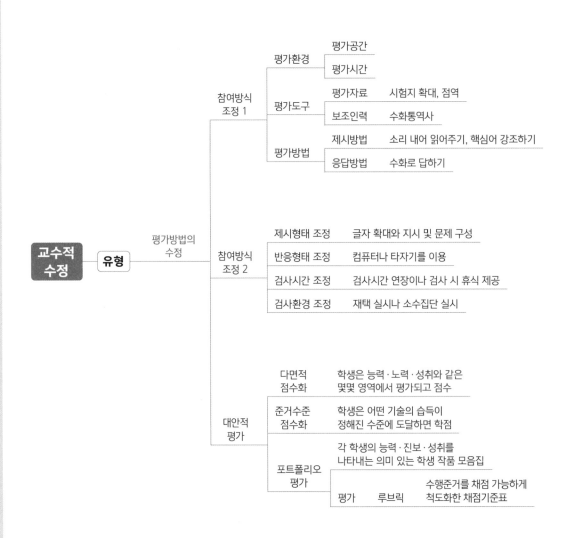

해커스임용 설지민 특수교육학 마인드맵

제2장
시각장애

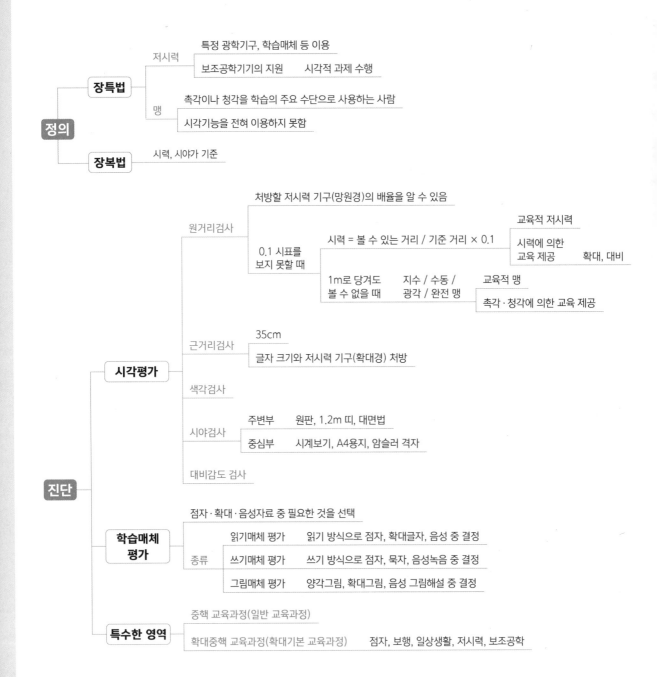

정의
- 장특법
  - 저시력
    - 특정 광학기구, 학습매체 등 이용
    - 보조공학기기의 지원 　 시각적 과제 수행
  - 맹
    - 촉각이나 청각을 학습의 주요 수단으로 사용하는 사람
    - 시각기능을 전혀 이용하지 못함
- 장복법 — 시력, 시야가 기준

진단
- 시각평가
  - 원거리검사
    - 처방할 저시력 기구(망원경)의 배율을 알 수 있음
    - 0.1 시표를 보지 못할 때
      - 시력 = 볼 수 있는 거리 / 기준 거리 × 0.1
        - 교육적 저시력 — 시력에 의한 교육 제공 　 확대, 대비
      - 1m로 당겨도 볼 수 없을 때 　 지수 / 수동 / 광각 / 완전 맹
        - 교육적 맹 — 촉각 · 청각에 의한 교육 제공
  - 근거리검사
    - 35cm
    - 글자 크기와 저시력 기구(확대경) 처방
  - 색각검사
  - 시야검사
    - 주변부 　 원판, 1.2m 띠, 대면법
    - 중심부 　 시계보기, A4용지, 암슬러 격자
  - 대비감도 검사
- 학습매체 평가
  - 점자 · 확대 · 음성자료 중 필요한 것을 선택
  - 종류
    - 읽기매체 평가 　 읽기 방식으로 점자, 확대글자, 음성 중 결정
    - 쓰기매체 평가 　 쓰기 방식으로 점자, 묵자, 음성녹음 중 결정
    - 그림매체 평가 　 양각그림, 확대그림, 음성 그림해설 중 결정
- 특수한 영역
  - 중핵 교육과정(일반 교육과정)
  - 확대중핵 교육과정(확대기본 교육과정) 　 점자, 보행, 일상생활, 저시력, 보조공학

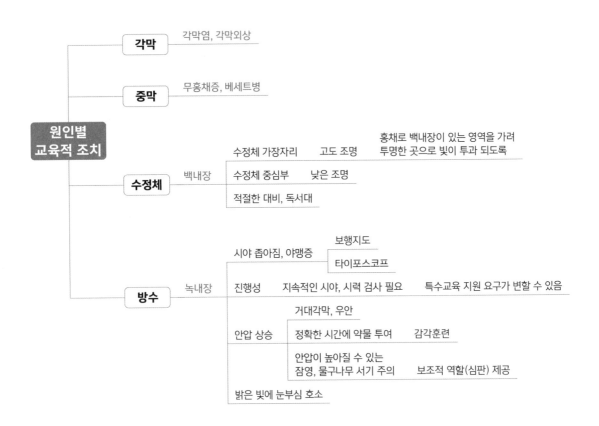

각막 — 각막염, 각막외상

중막 — 무홍채증, 베세트병

원인별 교육적 조치

수정체 — 백내장

- 수정체 가장자리 — 고도 조명 — 홍채로 백내장이 있는 영역을 가려 투명한 곳으로 빛이 투과 되도록
- 수정체 중심부 — 낮은 조명
- 적절한 대비, 독서대

방수 — 녹내장

- 시야 좁아짐, 야맹증 — 보행지도 — 타이포스코프
- 진행성 — 지속적인 시야, 시력 검사 필요 — 특수교육 지원 요구가 변할 수 있음
- 안압 상승 — 거대각막, 우안 — 정확한 시간에 약물 투여 — 감각훈련
- 안압이 높아질 수 있는 잠영, 물구나무 서기 주의 — 보조적 역할(심판) 제공
- 밝은 빛에 눈부심 호소

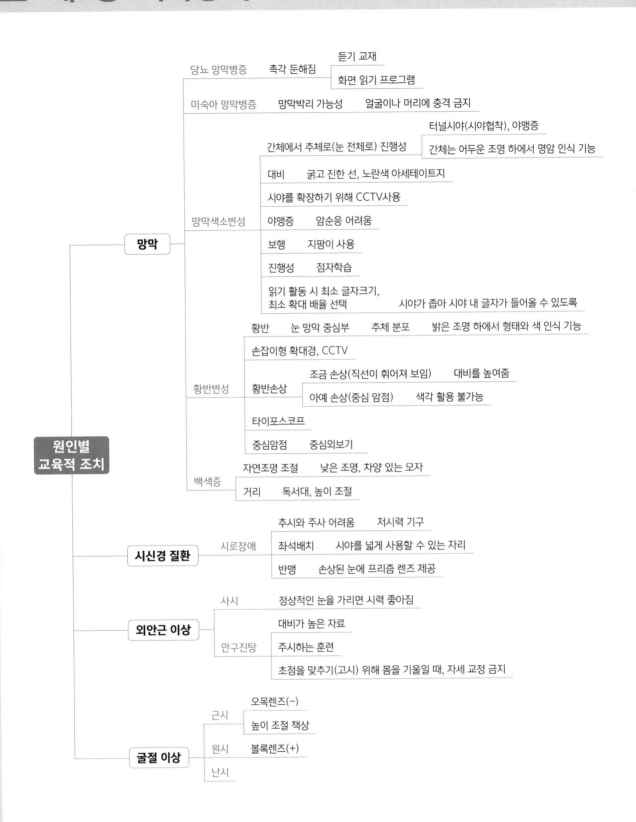

원인별
교육적 조치

망막

당뇨 망막병증 ─ 촉각 둔해짐 ┬ 듣기 교재
                              └ 화면 읽기 프로그램

미숙아 망막병증 ─ 망막박리 가능성 ─ 얼굴이나 머리에 충격 금지

망막색소변성
- 간체에서 추체로(눈 전체로) 진행성 ┬ 터널시야(시야협착), 야맹증
                                      └ 간체는 어두운 조명 하에서 명암 인식 기능
- 대비 ─ 굵고 진한 선, 노란색 아세테이트지
- 시야를 확장하기 위해 CCTV사용
- 야맹증 ─ 암순응 어려움
- 보행 ─ 지팡이 사용
- 진행성 ─ 점자학습
- 읽기 활동 시 최소 글자크기, 최소 확대 배율 선택 ─ 시야가 좁아 시야 내 글자가 들어올 수 있도록

황반변성
- 황반 ─ 눈 망막 중심부 ─ 추체 분포 ─ 밝은 조명 하에서 형태와 색 인식 기능
- 손잡이형 확대경, CCTV
- 황반손상 ┬ 조금 손상(직선이 휘어져 보임) ─ 대비를 높여줌
            └ 아예 손상(중심 암점) ─ 색각 활용 불가능
- 타이포스코프
- 중심암점 ─ 중심외보기

백색증
- 자연조명 조절 ─ 낮은 조명, 차양 있는 모자
- 거리 ─ 독서대, 높이 조절

시신경 질환

시로장애
- 추시와 주사 어려움 ─ 저시력 기구
- 좌석배치 ─ 시야를 넓게 사용할 수 있는 자리
- 반맹 ─ 손상된 눈에 프리즘 렌즈 제공

외안근 이상

사시 ─ 정상적인 눈을 가리면 시력 좋아짐

안구진탕
- 대비가 높은 자료
- 주시하는 훈련
- 초점을 맞추기(고시) 위해 몸을 기울일 때, 자세 교정 금지

굴절 이상

근시 ┬ 오목렌즈(−)
      └ 높이 조절 책상

원시 ─ 볼록렌즈(+)

난시

해커스임용 설지민 특수교육학 마인드맵

교육 — 저시력 교육 — 보조공학

확대경

- 처방
  - 근거리 시력검사 결과를 바탕으로 처방
  - 좋은 쪽 눈에 처방
  - 배율이 높을수록 시야 감소
  - 렌즈 주변부 상의 왜곡으로 읽기 효율성 낮음
- 종류
  - 손잡이형
    - 확대경 – 눈 거리 자유롭게 조절
    - 초점거리
      - 1X = 4D
      - D = 100cm / 초점거리
      - 간단 방법 — 자료 위에 확대경을 대었다가 들어 올리며 초점 맞춤
      - 선명한 상을 얻을 수 있음
    - 작업거리 — 눈과 렌즈 간의 거리를 가까이 — 시야를 넓게
  - 스탠드형 — 수전증, 근육운동장애 — 확대경과 자료 간의 거리 일정하게 유지
  - 플랫베드형 — 빛 모음
  - 안경장착형 — 두 손 자유로움 — 읽기와 쓰기 동시에 가능
    - 확대경과 책 간의 거리 일정하게 유지
  - 막대형 — 글씨 위에 놓고 읽기 편리
- 사용자
  - 중심암점이 있는 학생 — 상을 크게 확대하여 암점의 영향 최소화
  - 시야가 좁아진 학생에게 사용 불가 — 시야를 더 좁게 만듦
- 영향
  - 렌즈 지름 — 클수록 넓은 시야
  - 확대 배율 — 높을수록 좁은 시야
  - 눈과 렌즈거리 — 확대경에 가까이 할수록 넓은 시야

망원경

- 처방 — 원거리 시력검사 결과를 바탕으로 처방
- 순서 — 망원경 기초 이해하기 → 바른자세 잡기 → 위치 찾기 → 고시하기 → 식별하기 → 추시하기 → 추적하기 → 주사하기
- 배율 — 목표 원거리 시력 / 현재 원거리 시력
- 착용 — 좋은 쪽 눈 — 낮은 배율의 망원경 제공 — 넓은 시야, 편안한 착용
- 초기 연습 — 더 낮은 배율의 망원경 제시 — 더 넓은 시야

CCTV
- 보다 선명한 대비와 시야 확장에 도움
- 화면 100배까지 확대, 컬러 · 흑백 · 역상모드 지원

시야 확대 보조기
- 프레스넬 프리즘 — 반맹학생에게 손상된 눈에 제공
- 리버스 망원경

비광학 기구
- 노란색 아세테이트지 — 대비 증가
- 타이포스코프
  - 대비 높임, 눈부심 막아줌
  - 읽을 줄 제시 — 추시하기에 도움

해커스임용 설지민 특수교육학 마인드맵

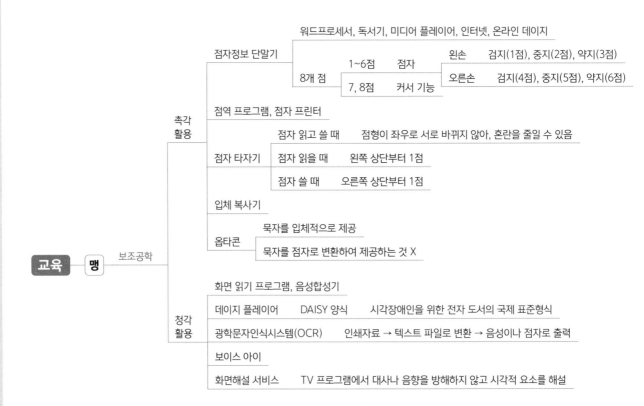

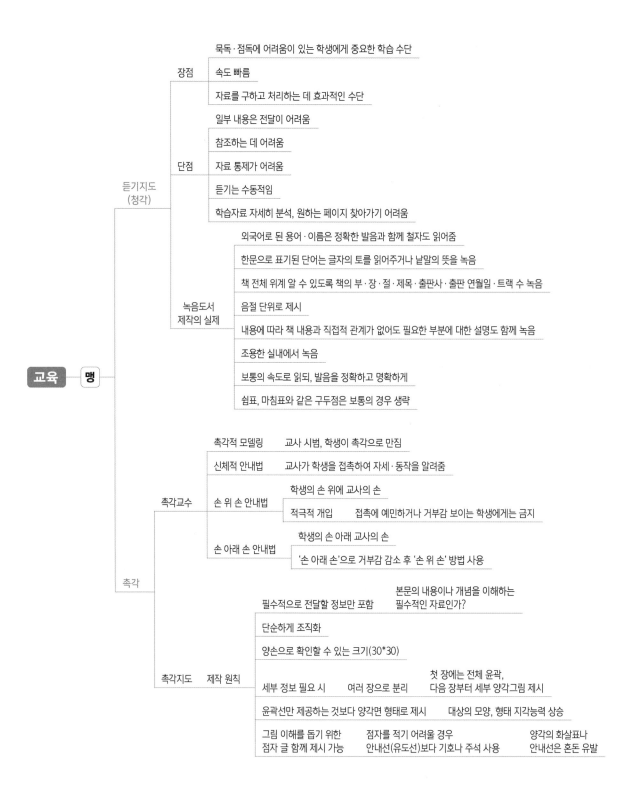

교육 — **맹**

듣기지도 (청각)

장점
- 묵독·점독에 어려움이 있는 학생에게 중요한 학습 수단
- 속도 빠름
- 자료를 구하고 처리하는 데 효과적인 수단

단점
- 일부 내용은 전달이 어려움
- 참조하는 데 어려움
- 자료 통제가 어려움
- 듣기는 수동적임
- 학습자료 자세히 분석, 원하는 페이지 찾아가기 어려움

녹음도서 제작의 실제
- 외국어로 된 용어·이름은 정확한 발음과 함께 철자도 읽어줌
- 한문으로 표기된 단어는 글자의 토를 읽어주거나 낱말의 뜻을 녹음
- 책 전체 위계 알 수 있도록 책의 부·장·절·제목·출판사·출판 연월일·트랙 수 녹음
- 음절 단위로 제시
- 내용에 따라 책 내용과 직접적 관계가 없어도 필요한 부분에 대한 설명도 함께 녹음
- 조용한 실내에서 녹음
- 보통의 속도로 읽되, 발음을 정확하고 명확하게
- 쉼표, 마침표와 같은 구두점은 보통의 경우 생략

촉각

촉각교수
- **촉각적 모델링** — 교사 시범, 학생이 촉각으로 만짐
- **신체적 안내법** — 교사가 학생을 접촉하여 자세·동작을 알려줌
- **손 위 손 안내법** — 학생의 손 위에 교사의 손 / 적극적 개입 — 접촉에 예민하거나 거부감 보이는 학생에게는 금지
- **손 아래 손 안내법** — 학생의 손 아래 교사의 손 / '손 아래 손'으로 거부감 감소 후 '손 위 손' 방법 사용

촉각지도 — 제작 원칙
- 필수적으로 전달할 정보만 포함 — 본문의 내용이나 개념을 이해하는 필수적인 자료인가?
- 단순하게 조직화
- 양손으로 확인할 수 있는 크기(30*30)
- 세부 정보 필요 시 — 여러 장으로 분리 — 첫 장에는 전체 윤곽, 다음 장부터 세부 양각그림 제시
- 윤곽선만 제공하는 것보다 양각면 형태로 제시 — 대상의 모양, 형태 지각능력 상승
- 그림 이해를 돕기 위한 점자 글 함께 제시 가능 — 점자를 적기 어려울 경우 안내선(유도선)보다 기호나 주석 사용 — 양각의 화살표나 안내선은 혼돈 유발

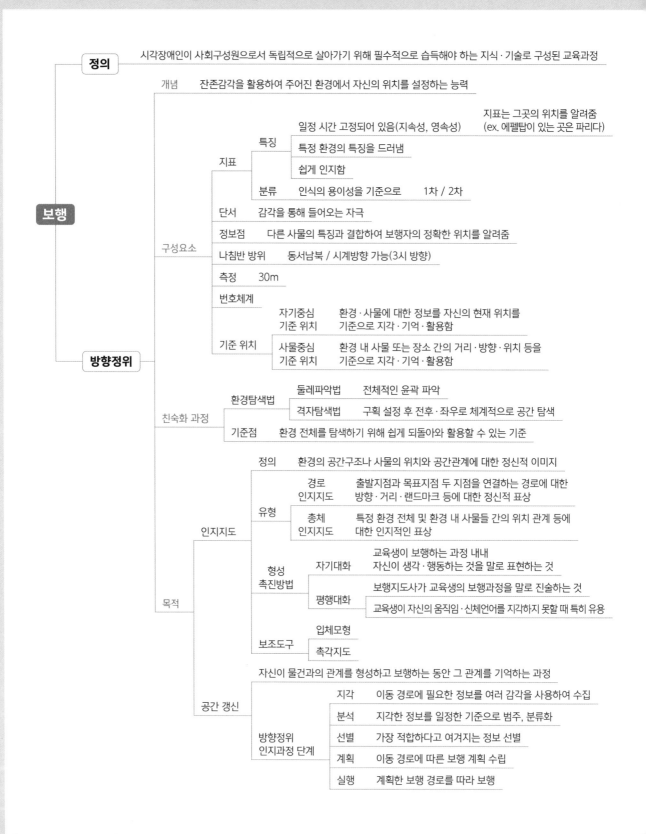

정의 ─ 시각장애인이 사회구성원으로서 독립적으로 살아가기 위해 필수적으로 습득해야 하는 지식·기술로 구성된 교육과정

보행

방향정위

- 개념 ── 잔존감각을 활용하여 주어진 환경에서 자신의 위치를 설정하는 능력

- 구성요소
  - 지표
    - 특징
      - 일정 시간 고정되어 있음(지속성, 영속성) ── 지표는 그곳의 위치를 알려줌 (ex. 에펠탑이 있는 곳은 파리다)
      - 특정 환경의 특징을 드러냄
      - 쉽게 인지함
    - 분류 ── 인식의 용이성을 기준으로 ── 1차 / 2차
  - 단서 ── 감각을 통해 들어오는 자극
  - 정보점 ── 다른 사물의 특징과 결합하여 보행자의 정확한 위치를 알려줌
  - 나침반 방위 ── 동서남북 / 시계방향 가능(3시 방향)
  - 측정 ── 30m
  - 번호체계
  - 기준 위치
    - 자기중심 기준 위치 ── 환경·사물에 대한 정보를 자신의 현재 위치를 기준으로 지각·기억·활용함
    - 사물중심 기준 위치 ── 환경 내 사물 또는 장소 간의 거리·방향·위치 등을 기준으로 지각·기억·활용함

- 친숙화 과정
  - 환경탐색법
    - 둘레파악법 ── 전체적인 윤곽 파악
    - 격자탐색법 ── 구획 설정 후 전후·좌우로 체계적으로 공간 탐색
  - 기준점 ── 환경 전체를 탐색하기 위해 쉽게 되돌아와 활용할 수 있는 기준

- 목적
  - 인지지도
    - 정의 ── 환경의 공간구조나 사물의 위치와 공간관계에 대한 정신적 이미지
    - 유형
      - 경로 인지지도 ── 출발지점과 목표지점 두 지점을 연결하는 경로에 대한 방향·거리·랜드마크 등에 대한 정신적 표상
      - 총체 인지지도 ── 특정 환경 전체 및 환경 내 사물들 간의 위치 관계 등에 대한 인지적인 표상
    - 형성 촉진방법
      - 자기대화 ── 교육생이 보행하는 과정 내내 자신이 생각·행동하는 것을 말로 표현하는 것
      - 평행대화 ── 보행지도사가 교육생의 보행과정을 말로 진술하는 것 / 교육생이 자신의 움직임·신체언어를 지각하지 못할 때 특히 유용
    - 보조도구
      - 입체모형
      - 촉각지도
  - 공간 갱신 ── 자신이 물건과의 관계를 형성하고 보행하는 동안 그 관계를 기억하는 과정
    - 방향정위 인지과정 단계
      - 지각 ── 이동 경로에 필요한 정보를 여러 감각을 사용하여 수집
      - 분석 ── 지각한 정보를 일정 기준으로 범주, 분류화
      - 선별 ── 가장 적합하다고 여겨지는 정보 선별
      - 계획 ── 이동 경로에 따른 보행 계획 수립
      - 실행 ── 계획한 보행 경로를 따라 보행

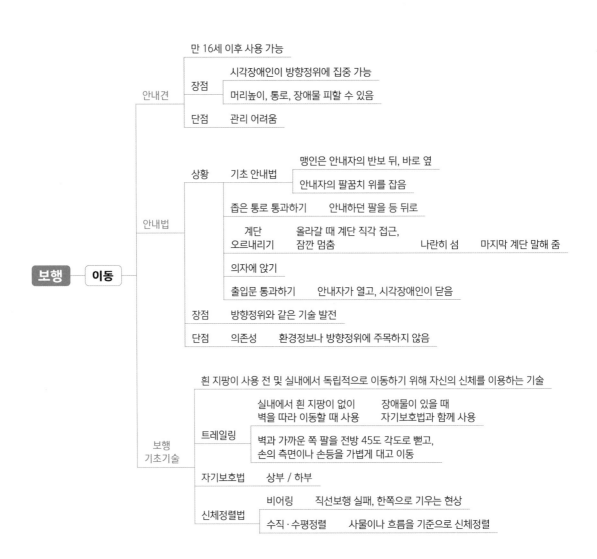

보행 — 이동

안내견
- 만 16세 이후 사용 가능
- 장점
  - 시각장애인이 방향정위에 집중 가능
  - 머리높이, 통로, 장애물 피할 수 있음
- 단점 ─ 관리 어려움

안내법
- 상황
  - 기초 안내법
    - 맹인은 안내자의 반보 뒤, 바로 옆
    - 안내자의 팔꿈치 위를 잡음
  - 좁은 통로 통과하기 ─ 안내하던 팔을 등 뒤로
  - 계단 오르내리기 ─ 올라갈 때 계단 직각 접근, 잠깐 멈춤 ─ 나란히 섬 ─ 마지막 계단 말해 줌
  - 의자에 앉기
  - 출입문 통과하기 ─ 안내자가 열고, 시각장애인이 닫음
- 장점 ─ 방향정위와 같은 기술 발전
- 단점 ─ 의존성 ─ 환경정보나 방향정위에 주목하지 않음

보행 기초기술
- 흰 지팡이 사용 전 및 실내에서 독립적으로 이동하기 위해 자신의 신체를 이용하는 기술
- 트레일링
  - 실내에서 흰 지팡이 없이 벽을 따라 이동할 때 사용 ─ 장애물이 있을 때 자기보호법과 함께 사용
  - 벽과 가까운 쪽 팔을 전방 45도 각도로 뻗고, 손의 측면이나 손등을 가볍게 대고 이동
- 자기보호법 ─ 상부 / 하부
- 신체정렬법
  - 비어링 ─ 직선보행 실패, 한쪽으로 기우는 현상
  - 수직·수평정렬 ─ 사물이나 흐름을 기준으로 신체정렬

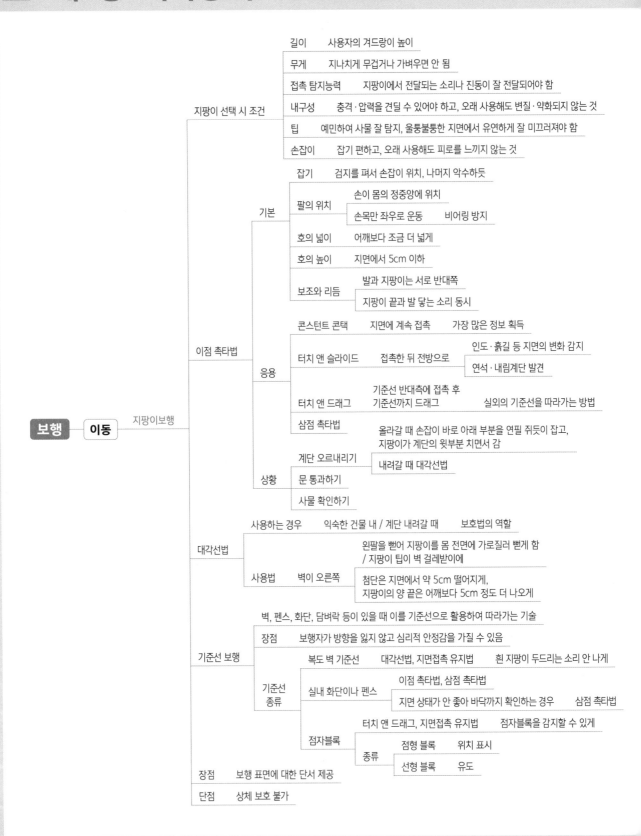

해커스임용 설지민 특수교육학 마인드맵

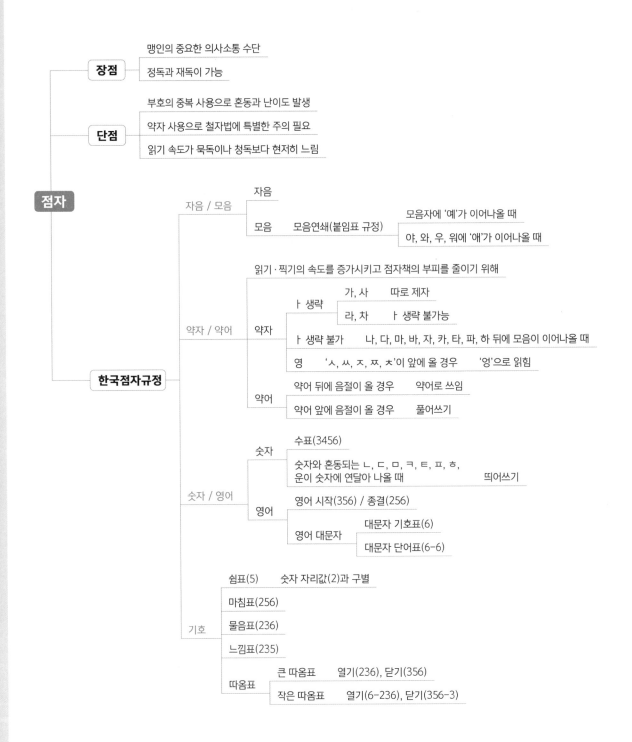

장점
- 맹인의 중요한 의사소통 수단
- 정독과 재독이 가능

단점
- 부호의 중복 사용으로 혼동과 난이도 발생
- 약자 사용으로 철자법에 특별한 주의 필요
- 읽기 속도가 묵독이나 청독보다 현저히 느림

점자

한국점자규정

자음 / 모음
- 자음
- 모음 — 모음연쇄(붙임표 규정)
  - 모음자에 '예'가 이어나올 때
  - 야, 와, 우, 워에 '애'가 이어나올 때

약자 / 약어 — 읽기·찍기의 속도를 증가시키고 점자책의 부피를 줄이기 위해
- 약자
  - ㅏ 생략
    - 가, 사 — 따로 제자
    - 라, 차 — ㅏ 생략 불가능
  - ㅏ 생략 불가 — 나, 다, 마, 바, 자, 카, 타, 파, 하 뒤에 모음이 이어나올 때
  - 영 — 'ㅅ, ㅆ, ㅈ, ㅉ, ㅊ'이 앞에 올 경우 — '엉'으로 읽힘
- 약어
  - 약어 뒤에 음절이 올 경우 — 약어로 쓰임
  - 약어 앞에 음절이 올 경우 — 풀어쓰기

숫자 / 영어
- 숫자
  - 수표(3456)
  - 숫자와 혼동되는 ㄴ, ㄷ, ㅁ, ㅋ, ㅌ, ㅍ, ㅎ, 운이 숫자에 연달아 나올 때 — 띄어쓰기
- 영어
  - 영어 시작(356) / 종결(256)
  - 영어 대문자
    - 대문자 기호표(6)
    - 대문자 단어표(6-6)

기호
- 쉼표(5) — 숫자 자리값(2)과 구별
- 마침표(256)
- 물음표(236)
- 느낌표(235)
- 따옴표
  - 큰 따옴표 — 열기(236), 닫기(356)
  - 작은 따옴표 — 열기(6-236), 닫기(356-3)

해커스임용 설지민 특수교육학 마인드맵

제3장
청각장애

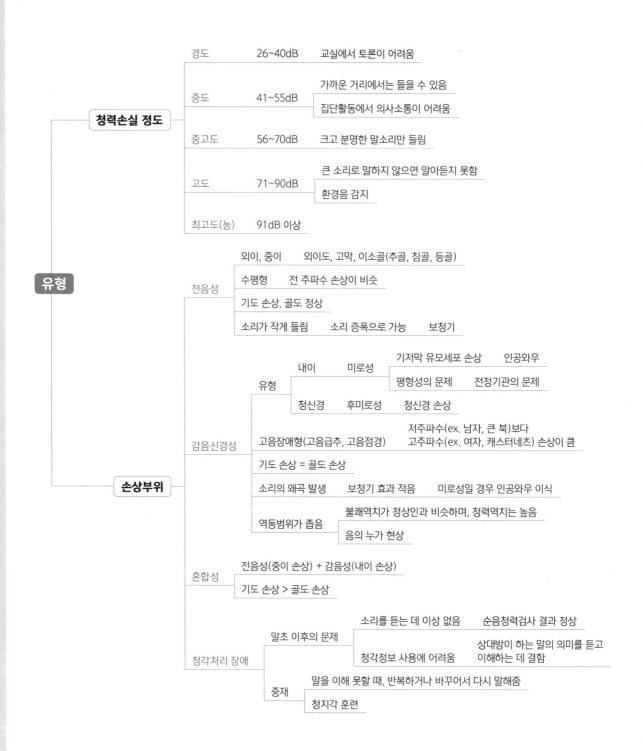

유형

청력손실 정도
- 경도 ─ 26~40dB ─ 교실에서 토론이 어려움
- 중도 ─ 41~55dB ─ 가까운 거리에서는 들을 수 있음 / 집단활동에서 의사소통이 어려움
- 중고도 ─ 56~70dB ─ 크고 분명한 말소리만 들림
- 고도 ─ 71~90dB ─ 큰 소리로 말하지 않으면 알아듣지 못함 / 환경음 감지
- 최고도(농) ─ 91dB 이상

손상부위
- 전음성
  - 외이, 중이 ─ 외이도, 고막, 이소골(추골, 침골, 등골)
  - 수평형 ─ 전 주파수 손상이 비슷
  - 기도 손상, 골도 정상
  - 소리가 작게 들림 ─ 소리 증폭으로 가능 ─ 보청기
- 감음신경성
  - 유형
    - 내이 ─ 미로성 ─ 기저막 유모세포 손상 ─ 인공와우 / 평형성의 문제 ─ 전정기관의 문제
    - 청신경 ─ 후미로성 ─ 청신경 손상
  - 고음장애형(고음급추, 고음점경) ─ 저주파수(ex. 남자, 큰 북)보다 고주파수(ex. 여자, 캐스터네츠) 손상이 큼
  - 기도 손상 = 골도 손상
  - 소리의 왜곡 발생 ─ 보청기 효과 적음 ─ 미로성일 경우 인공와우 이식
  - 역동범위가 좁음 ─ 불쾌역치가 정상인과 비슷하며, 청력역치는 높음 / 음의 누가 현상
- 혼합성
  - 전음성(중이 손상) + 감음성(내이 손상)
  - 기도 손상 > 골도 손상
- 청각처리 장애
  - 말초 이후의 문제 ─ 소리를 듣는 데 이상 없음 ─ 순음청력검사 결과 정상 / 청각정보 사용에 어려움 ─ 상대방이 하는 말의 의미를 듣고 이해하는 데 결함
  - 중재 ─ 말을 이해 못할 때, 반복하거나 바꾸어서 다시 말해줌 / 청지각 훈련

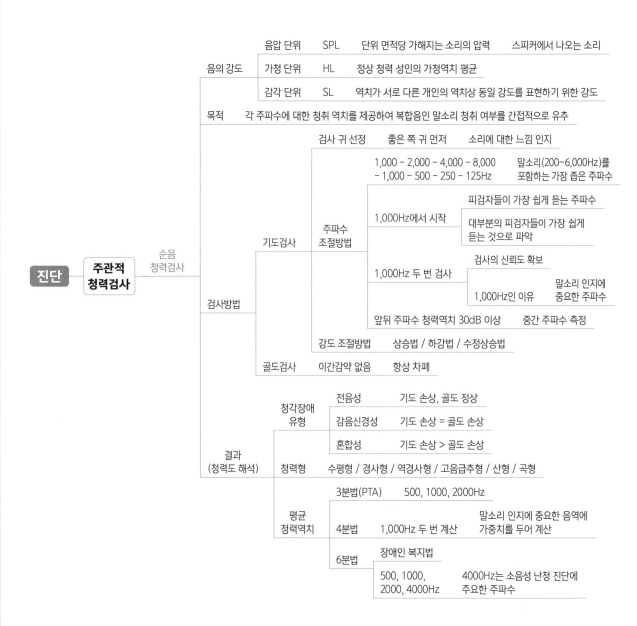

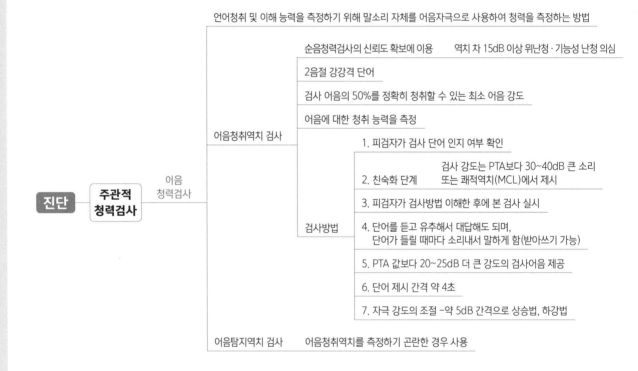

언어청취 및 이해 능력을 측정하기 위해 말소리 자체를 어음자극으로 사용하여 청력을 측정하는 방법

진단 — **주관적 청력검사** — 어음 청력검사

어음청취역치 검사
- 순음청력검사의 신뢰도 확보에 이용 — 역치 차 15dB 이상 위난청·기능성 난청 의심
- 2음절 강강격 단어
- 검사 어음의 50%를 정확히 청취할 수 있는 최소 어음 강도
- 어음에 대한 청취 능력을 측정
- 검사방법
  1. 피검자가 검사 단어 인지 여부 확인
  2. 친숙화 단계 — 검사 강도는 PTA보다 30~40dB 큰 소리 또는 쾌적역치(MCL)에서 제시
  3. 피검자가 검사방법 이해한 후에 본 검사 실시
  4. 단어를 듣고 유추해서 대답해도 되며, 단어가 들릴 때마다 소리내서 말하게 함(받아쓰기 가능)
  5. PTA 값보다 20~25dB 더 큰 강도의 검사어음 제공
  6. 단어 제시 간격 약 4초
  7. 자극 강도의 조절 -약 5dB 간격으로 상승법, 하강법

어음탐지역치 검사 — 어음청취역치를 측정하기 곤란한 경우 사용

해커스임용 설지민 특수교육학 마인드맵

최대 명료도값과 명료도 곡선을 구할 수 있음

말소리의 변별도를 측정   쾌적역치에서 검사어음을 얼마나 정확하게 이해하는가?

미로성과 후미로성을 구별

검사방법

1. 검사방법 설명 – 단어가 들릴 때마다 말하거나 쓰도록 함

2. 검사방법 숙지한 후 본 검사 실시

3. 청력이 좋은 쪽 귀를 먼저 검사

4. SRT보다 30~40dB 더 큰 강도, 쾌적역치(MCL)로 어음 제시

5. 정확히 들은 검사어음의 수를 백분율로 산출

6. 10~20dB 간격으로 명료도를 구하고,
   이 점들을 연결하면 어음명료도 곡선

7. 검사결과 50dB HL/Score 100%
   – 50dB HL에서 들려준 어음의 100%를 정확하게 인지함을 의미

어음명료도 산출 공식   맞는 검사 어음 수 / 전체 검사 어음 수 ×100

진단   주관적 청력검사   어음 청력검사   어음명료도 검사

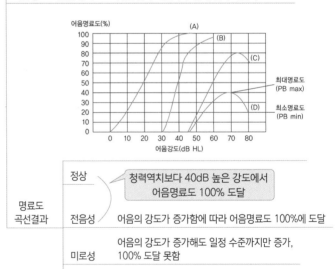

명료도 곡선결과

정상	청력역치보다 40dB 높은 강도에서 어음명료도 100% 도달	
전음성	어음의 강도가 증가함에 따라 어음명료도 100%에 도달	
미로성	어음의 강도가 증가해도 일정 수준까지만 증가, 100% 도달 못함	
후미로성	말림현상	최대명료도에서 소리 강도를 더 높이면 명료도가 낮아짐

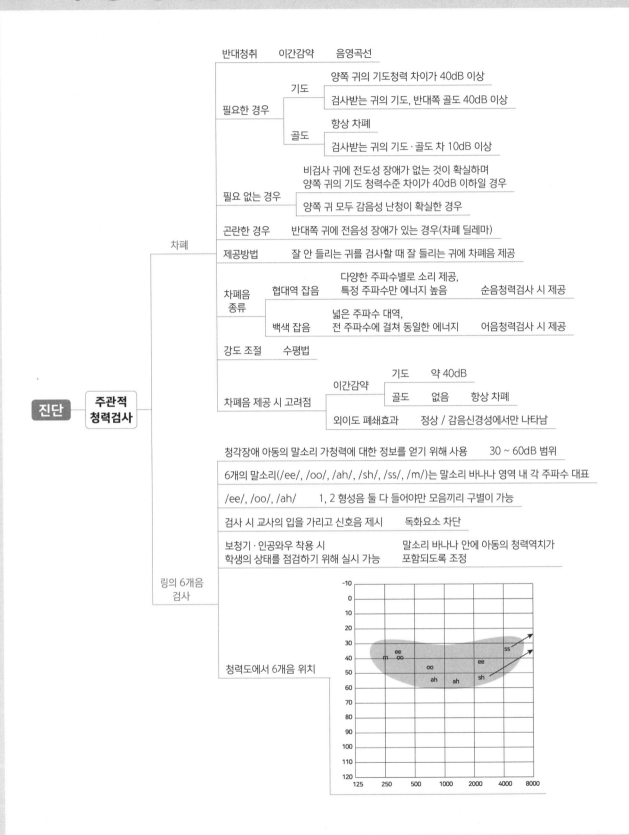

반대청취 이간감약 음영곡선

필요한 경우
- 기도
  - 양쪽 귀의 기도청력 차이가 40dB 이상
  - 검사받는 귀의 기도, 반대쪽 골도 40dB 이상
- 골도
  - 항상 차폐
  - 검사받는 귀의 기도·골도 차 10dB 이상

필요 없는 경우
- 비검사 귀에 전도성 장애가 없는 것이 확실하며 양쪽 귀의 기도 청력수준 차이가 40dB 이하일 경우
- 양쪽 귀 모두 감음성 난청이 확실한 경우

곤란한 경우 반대쪽 귀에 전음성 장애가 있는 경우(차폐 딜레마)

제공방법 잘 안 들리는 귀를 검사할 때 잘 들리는 귀에 차폐음 제공

차폐음 종류
- 협대역 잡음 다양한 주파수별로 소리 제공, 특정 주파수만 에너지 높음 순음청력검사 시 제공
- 백색 잡음 넓은 주파수 대역, 전 주파수에 걸쳐 동일한 에너지 어음청력검사 시 제공

강도 조절 수평법

차폐음 제공 시 고려점
- 이간감약
  - 기도 약 40dB
  - 골도 없음 항상 차폐
- 외이도 폐쇄효과 정상 / 감음신경성에서만 나타남

진단 — 주관적 청력검사 — 차폐 / 링의 6개음 검사

청각장애 아동의 말소리 가청력에 대한 정보를 얻기 위해 사용 30 ~ 60dB 범위

6개의 말소리(/ee/, /oo/, /ah/, /sh/, /ss/, /m/)는 말소리 바나나 영역 내 각 주파수 대표

/ee/, /oo/, /ah/ 1, 2 형성음 둘 다 들어야만 모음끼리 구별이 가능

검사 시 교사의 입을 가리고 신호음 제시 독화요소 차단

보청기·인공와우 착용 시 학생의 상태를 점검하기 위해 실시 가능 말소리 바나나 안에 아동의 청력역치가 포함되도록 조정

청력도에서 6개음 위치

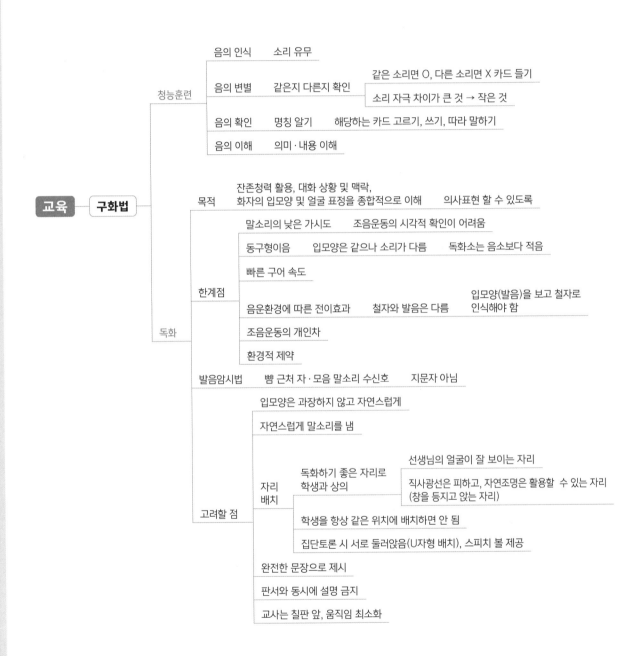

교육 — 구화법

청능훈련
- 음의 인식 — 소리 유무
- 음의 변별 — 같은지 다른지 확인
  - 같은 소리면 O, 다른 소리면 X 카드 들기
  - 소리 자극 차이가 큰 것 → 작은 것
- 음의 확인 — 명칭 알기 — 해당하는 카드 고르기, 쓰기, 따라 말하기
- 음의 이해 — 의미·내용 이해

독화
- 목적 — 잔존청력 활용, 대화 상황 및 맥락, 화자의 입모양 및 얼굴 표정을 종합적으로 이해 — 의사표현 할 수 있도록
- 한계점
  - 말소리의 낮은 가시도 — 조음운동의 시각적 확인이 어려움
  - 동구형이음 — 입모양은 같으나 소리가 다름 — 독화소는 음소보다 적음
  - 빠른 구어 속도
  - 음운환경에 따른 전이효과 — 철자와 발음은 다름 — 입모양(발음)을 보고 철자로 인식해야 함
  - 조음운동의 개인차
  - 환경적 제약
- 발음암시법 — 뺨 근처 자·모음 말소리 수신호 — 지문자 아님
- 고려할 점
  - 입모양은 과장하지 않고 자연스럽게
  - 자연스럽게 말소리를 냄
  - 자리 배치 — 독화하기 좋은 자리로 학생과 상의
    - 선생님의 얼굴이 잘 보이는 자리
    - 직사광선은 피하고, 자연조명은 활용할 수 있는 자리 (창을 등지고 앉는 자리)
    - 학생을 항상 같은 위치에 배치하면 안 됨
    - 집단토론 시 서로 둘러앉음(U자형 배치), 스피치 볼 제공
  - 완전한 문장으로 제시
  - 판서와 동시에 설명 금지
  - 교사는 칠판 앞, 움직임 최소화

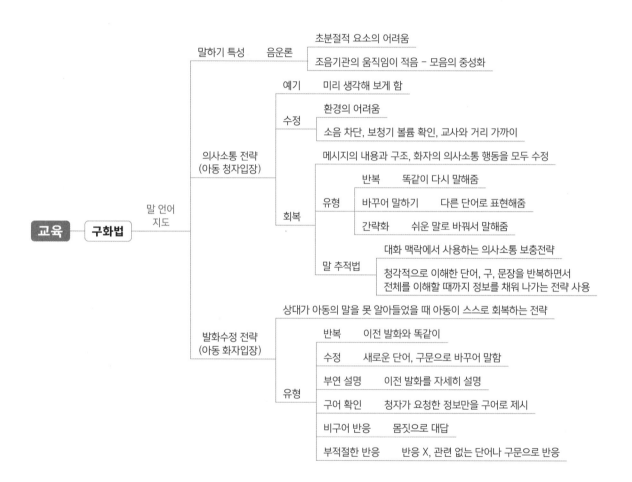

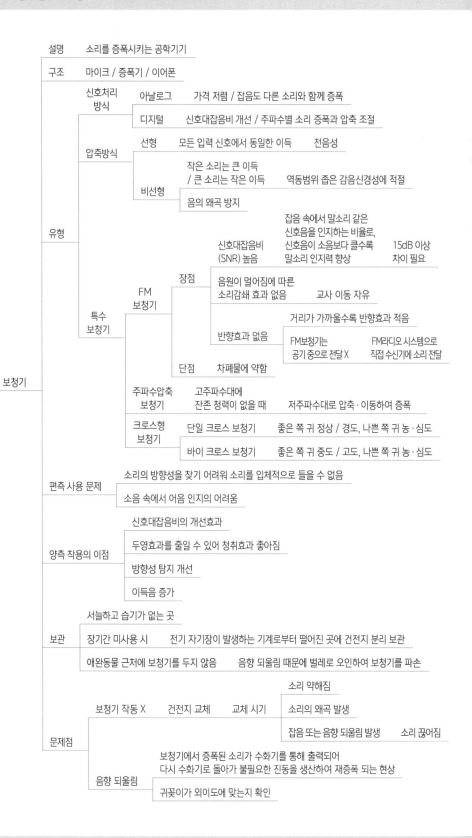

교육 — 구화법 — 공학 — 보청기

- 설명: 소리를 증폭시키는 공학기기
- 구조: 마이크 / 증폭기 / 이어폰
- 유형
  - 신호처리 방식
    - 아날로그: 가격 저렴 / 잡음도 다른 소리와 함께 증폭
    - 디지털: 신호대잡음비 개선 / 주파수별 소리 증폭과 압축 조절
  - 압축방식
    - 선형: 모든 입력 신호에서 동일한 이득 — 전음성
    - 비선형
      - 작은 소리는 큰 이득 / 큰 소리는 작은 이득 — 역동범위 좁은 감음신경성에 적절
      - 음의 왜곡 방지
  - 특수 보청기
    - FM 보청기
      - 장점
        - 신호대잡음비(SNR) 높음: 잡음 속에서 말소리 같은 신호음을 인지하는 비율로, 신호음이 소음보다 클수록 말소리 인지력 향상 — 15dB 이상 차이 필요
        - 음원이 멀어짐에 따른 소리감쇄 효과 없음 — 교사 이동 자유
        - 반향효과 없음: 거리가 가까울수록 반향효과 적음 / FM보청기는 공기 중으로 전달 X — FM라디오 시스템으로 직접 수신기에 소리 전달
      - 단점: 차폐물에 약함
    - 주파수압축 보청기: 고주파수대에 잔존 청력이 없을 때 — 저주파수대로 압축·이동하여 증폭
    - 크로스형 보청기
      - 단일 크로스 보청기: 좋은 쪽 귀 정상 / 경도, 나쁜 쪽 귀 농·심도
      - 바이 크로스 보청기: 좋은 쪽 귀 중도 / 고도, 나쁜 쪽 귀 농·심도
- 편측 사용 문제
  - 소리의 방향성을 찾기 어려워 소리를 입체적으로 들을 수 없음
  - 소음 속에서 어음 인지의 어려움
- 양측 착용의 이점
  - 신호대잡음비의 개선효과
  - 두영효과를 줄일 수 있어 청취효과 좋아짐
  - 방향성 탐지 개선
  - 이득음 증가
- 보관
  - 서늘하고 습기가 없는 곳
  - 장기간 미사용 시: 전기 자기장이 발생하는 기계로부터 떨어진 곳에 건전지 분리 보관
  - 애완동물 근처에 보청기를 두지 않음: 음향 되울림 때문에 벌레로 오인하여 보청기를 파손
- 문제점
  - 보청기 작동 X — 건전지 교체 — 교체 시기
    - 소리 약해짐
    - 소리의 왜곡 발생
    - 잡음 또는 음향 되울림 발생 — 소리 끊어짐
  - 음향 되울림: 보청기에서 증폭된 소리가 수화기를 통해 출력되어 다시 수화기로 돌아가 불필요한 진동을 생산하여 재증폭 되는 현상
    - 귀꽂이가 외이도에 맞는지 확인

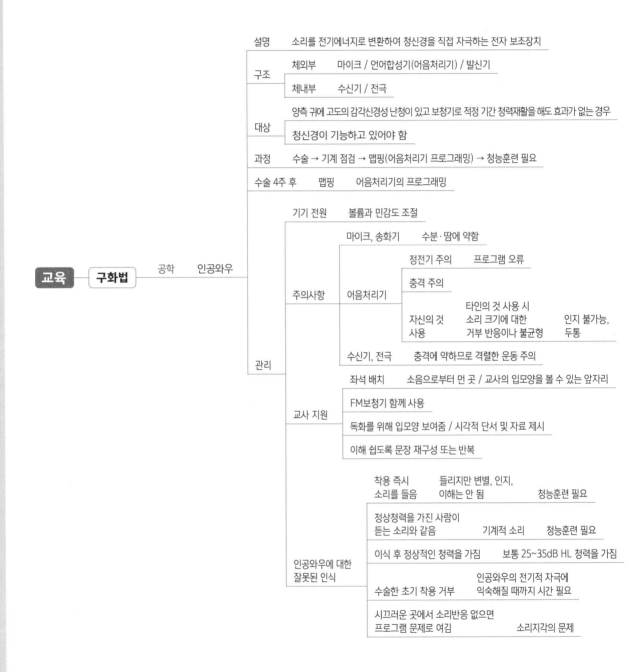

교육 — 구화법 — 공학 — 인공와우

- 설명 : 소리를 전기에너지로 변환하여 청신경을 직접 자극하는 전자 보조장치
- 구조
  - 체외부 : 마이크 / 언어합성기(어음처리기) / 발신기
  - 체내부 : 수신기 / 전극
- 대상
  - 양측 귀에 고도의 감각신경성 난청이 있고 보청기로 적정 기간 청력재활을 해도 효과가 없는 경우
  - 청신경이 기능하고 있어야 함
- 과정 : 수술 → 기계 점검 → 맵핑(어음처리기 프로그래밍) → 청능훈련 필요
- 수술 4주 후 : 맵핑 — 어음처리기의 프로그래밍
- 관리
  - 기기 전원 : 볼륨과 민감도 조절
  - 주의사항
    - 마이크, 송화기 : 수분·땀에 약함
    - 어음처리기
      - 정전기 주의 : 프로그램 오류
      - 충격 주의
      - 자신의 것 사용 : 타인의 것 사용 시 소리 크기에 대한 거부 반응이나 불균형 — 인지 불가능, 두통
    - 수신기, 전극 : 충격에 약하므로 격렬한 운동 주의
  - 교사 지원
    - 좌석 배치 : 소음으로부터 먼 곳 / 교사의 입모양을 볼 수 있는 앞자리
    - FM보청기 함께 사용
    - 독화를 위해 입모양 보여줌 / 시각적 단서 및 자료 제시
    - 이해 쉽도록 문장 재구성 또는 반복
  - 인공와우에 대한 잘못된 인식
    - 착용 즉시 소리를 들음 : 들리지만 변별, 인지, 이해는 안 됨 — 청능훈련 필요
    - 정상청력을 가진 사람이 듣는 소리와 같음 : 기계적 소리 — 청능훈련 필요
    - 이식 후 정상적인 청력을 가짐 : 보통 25~35dB HL 청력을 가짐
    - 수술한 초기 착용 거부 : 인공와우의 전기적 자극에 익숙해질 때까지 시간 필요
    - 시끄러운 곳에서 소리반응 없으면 프로그램 문제로 여김 : 소리지각의 문제

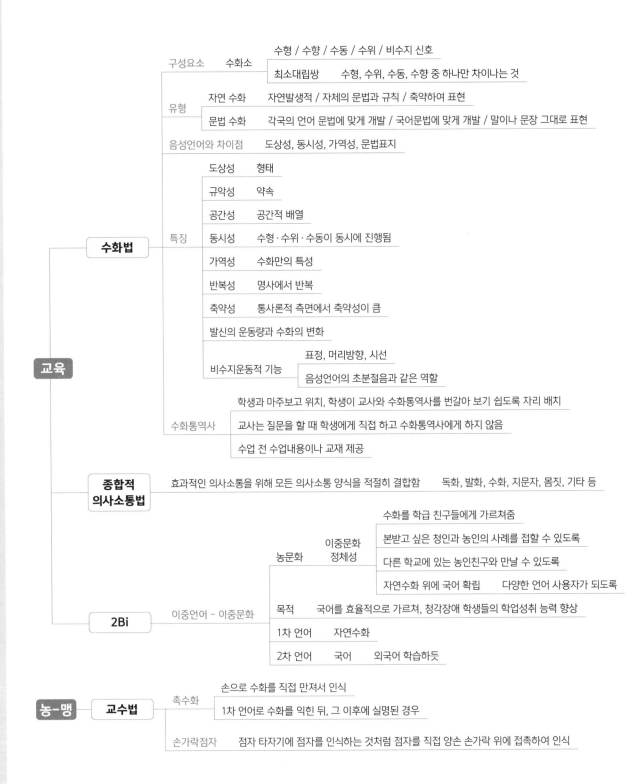

구성요소 — 수화소 — 수형 / 수향 / 수동 / 수위 / 비수지 신호

최소대립쌍 — 수형, 수위, 수동, 수향 중 하나만 차이나는 것

유형 — 자연 수화 — 자연발생적 / 자체의 문법과 규칙 / 축약하여 표현

문법 수화 — 각국의 언어 문법에 맞게 개발 / 국어문법에 맞게 개발 / 말이나 문장 그대로 표현

음성언어와 차이점 — 도상성, 동시성, 가역성, 문법표지

특징

도상성 — 형태

규약성 — 약속

공간성 — 공간적 배열

동시성 — 수형 · 수위 · 수동이 동시에 진행됨

가역성 — 수화만의 특성

반복성 — 명사에서 반복

축약성 — 통사론적 측면에서 축약성이 큼

발신의 운동량과 수화의 변화

비수지운동적 기능 — 표정, 머리방향, 시선 / 음성언어의 초분절음과 같은 역할

수화통역사
- 학생과 마주보고 위치, 학생이 교사와 수화통역사를 번갈아 보기 쉽도록 자리 배치
- 교사는 질문을 할 때 학생에게 직접 하고 수화통역사에게 하지 않음
- 수업 전 수업내용이나 교재 제공

수화법

종합적 의사소통법 — 효과적인 의사소통을 위해 모든 의사소통 양식을 적절히 결합함 — 독화, 발화, 수화, 지문자, 몸짓, 기타 등

2Bi — 이중언어 - 이중문화

농문화 — 이중문화 정체성
- 수화를 학급 친구들에게 가르쳐줌
- 본받고 싶은 청인과 농인의 사례를 접할 수 있도록
- 다른 학교에 있는 농인친구와 만날 수 있도록
- 자연수화 위에 국어 확립 — 다양한 언어 사용자가 되도록

목적 — 국어를 효율적으로 가르쳐, 청각장애 학생들의 학업성취 능력 향상

1차 언어 — 자연수화

2차 언어 — 국어 — 외국어 학습하듯

교육

농-맹 — **교수법**

촉수화
- 손으로 수화를 직접 만져서 인식
- 1차 언어로 수화를 익힌 뒤, 그 이후에 실명된 경우

손가락점자 — 점자 타자기에 점자를 인식하는 것처럼 점자를 직접 양손 손가락 위에 접촉하여 인식

제4장
의사소통장애

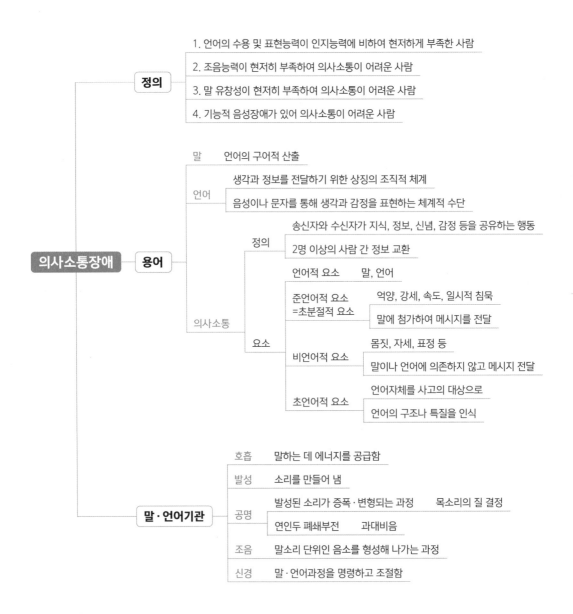

의사소통장애

정의
1. 언어의 수용 및 표현능력이 인지능력에 비하여 현저하게 부족한 사람
2. 조음능력이 현저히 부족하여 의사소통이 어려운 사람
3. 말 유창성이 현저히 부족하여 의사소통이 어려운 사람
4. 기능적 음성장애가 있어 의사소통이 어려운 사람

용어

말 — 언어의 구어적 산출

언어 — 생각과 정보를 전달하기 위한 상징의 조직적 체계
음성이나 문자를 통해 생각과 감정을 표현하는 체계적 수단

의사소통
- 정의 — 송신자와 수신자가 지식, 정보, 신념, 감정 등을 공유하는 행동
2명 이상의 사람 간 정보 교환
- 요소
  - 언어적 요소 — 말, 언어
  - 준언어적 요소 =초분절적 요소 — 억양, 강세, 속도, 일시적 침묵 / 말에 첨가하여 메시지를 전달
  - 비언어적 요소 — 몸짓, 자세, 표정 등 / 말이나 언어에 의존하지 않고 메시지 전달
  - 초언어적 요소 — 언어자체를 사고의 대상으로 / 언어의 구조나 특질을 인식

말 · 언어기관

호흡 — 말하는 데 에너지를 공급함

발성 — 소리를 만들어 냄

공명 — 발성된 소리가 증폭 · 변형되는 과정   목소리의 질 결정
연인두 폐쇄부전   과대비음

조음 — 말소리 단위인 음소를 형성해 나가는 과정

신경 — 말 · 언어과정을 명령하고 조절함

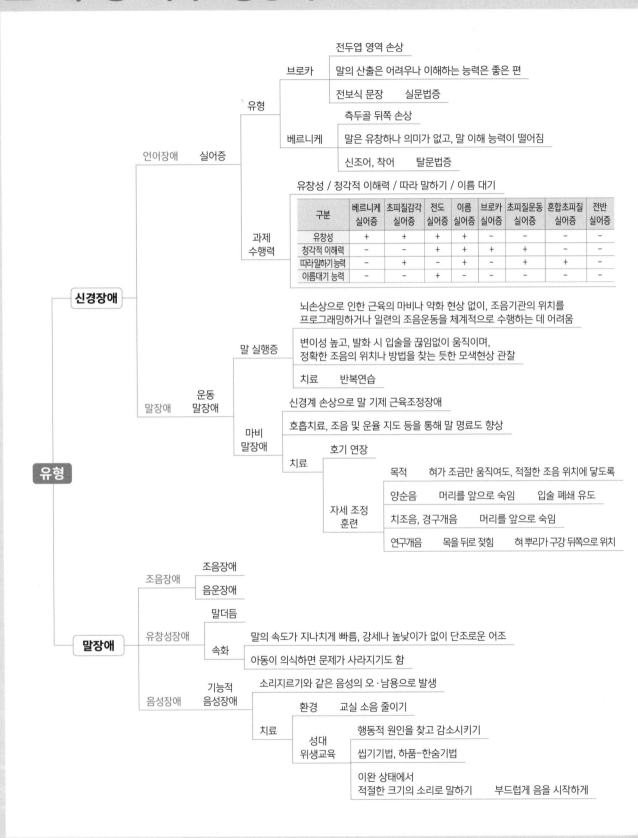

구분	베르니케 실어증	초피질감각 실어증	전도 실어증	이름 실어증	브로카 실어증	초피질운동 실어증	혼합초피질 실어증	전반 실어증
유창성	+	+	+	+	-	-	-	-
청각적 이해력	-	-	+	+	+	+	-	-
따라말하기능력	-	+	-	+	-	+	+	-
이름대기 능력	-	-	+	-	-	-	-	-

해커스임용 설지민 특수교육학 마인드맵

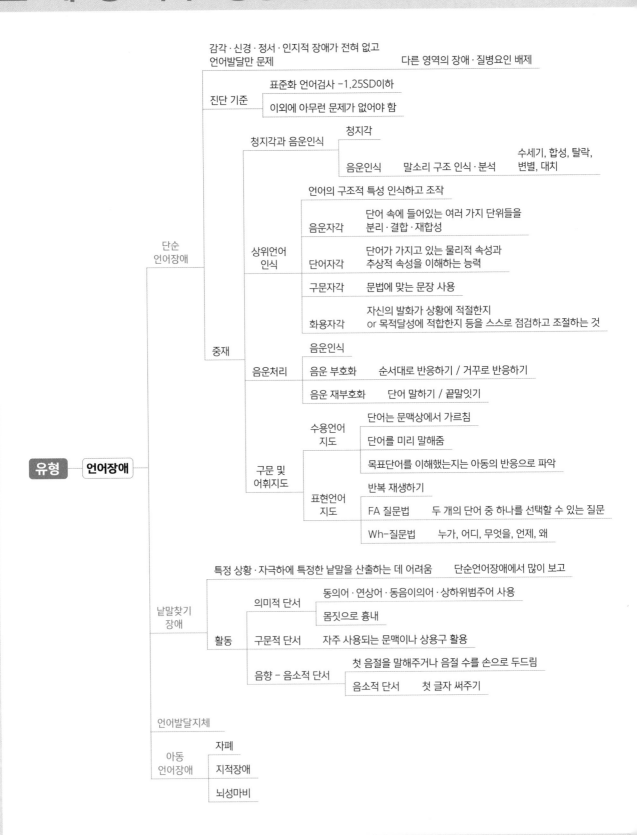

감각·신경·정서·인지적 장애가 전혀 없고
언어발달만 문제　　　　　　　　　다른 영역의 장애·질병요인 배제

진단 기준
　표준화 언어검사 −1.25SD이하
　이외에 아무런 문제가 없어야 함

청지각과 음운인식
　청지각
　음운인식　말소리 구조 인식·분석　수세기, 합성, 탈락, 변별, 대치

상위언어 인식
　언어의 구조적 특성 인식하고 조작
　음운자각　단어 속에 들어있는 여러 가지 단위들을 분리·결합·재합성
　단어자각　단어가 가지고 있는 물리적 속성과 추상적 속성을 이해하는 능력
　구문자각　문법에 맞는 문장 사용
　화용자각　자신의 발화가 상황에 적절한지 or 목적달성에 적합한지 등을 스스로 점검하고 조절하는 것

음운처리
　음운인식
　음운 부호화　순서대로 반응하기 / 거꾸로 반응하기
　음운 재부호화　단어 말하기 / 끝말잇기

구문 및 어휘지도
　수용언어 지도
　　단어는 문맥상에서 가르침
　　단어를 미리 말해줌
　　목표단어를 이해했는지는 아동의 반응으로 파악
　표현언어 지도
　　반복 재생하기
　　FA 질문법　두 개의 단어 중 하나를 선택할 수 있는 질문
　　Wh-질문법　누가, 어디, 무엇을, 언제, 왜

유형 — 언어장애

단순 언어장애 — 중재

낱말찾기 장애
특정 상황·자극하에 특정한 낱말을 산출하는 데 어려움　단순언어장애에서 많이 보고

활동
　의미적 단서
　　동의어·연상어·동음이의어·상하위범주어 사용
　　몸짓으로 흉내
　구문적 단서　자주 사용되는 문맥이나 상용구 활용
　음향 – 음소적 단서
　　첫 음절을 말해주거나 음절 수를 손으로 두드림
　　음소적 단서　첫 글자 써주기

언어발달지체

아동 언어장애
　자폐
　지적장애
　뇌성마비

해커스임용 설지민 특수교육학 마인드맵

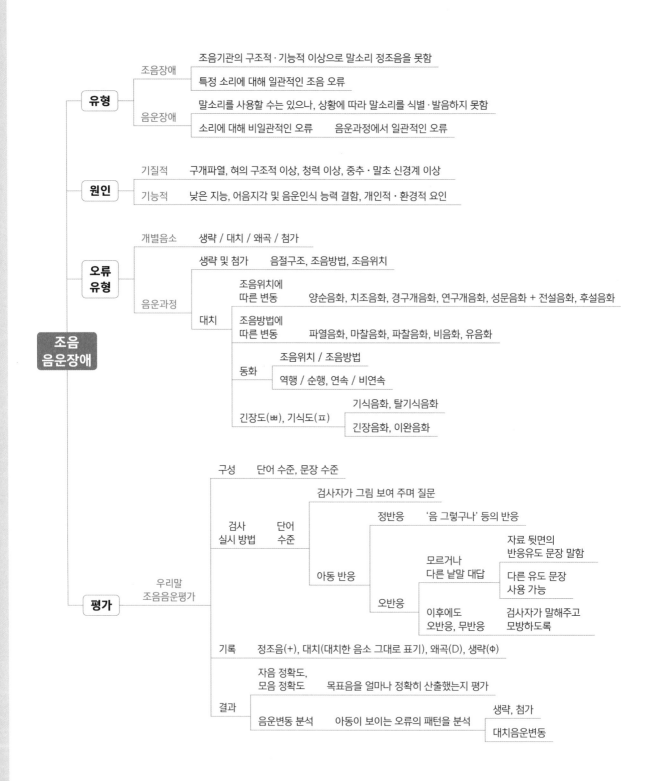

조음
음운장애

유형
- 조음장애
  - 조음기관의 구조적·기능적 이상으로 말소리 정조음을 못함
  - 특정 소리에 대해 일관적인 조음 오류
- 음운장애
  - 말소리를 사용할 수 있으나, 상황에 따라 말소리를 식별·발음하지 못함
  - 소리에 대해 비일관적인 오류   음운과정에서 일관적인 오류

원인
- 기질적   구개파열, 혀의 구조적 이상, 청력 이상, 중추·말초 신경계 이상
- 기능적   낮은 지능, 어음지각 및 음운인식 능력 결함, 개인적·환경적 요인

오류 유형
- 개별음소   생략 / 대치 / 왜곡 / 첨가
- 음운과정
  - 생략 및 첨가   음절구조, 조음방법, 조음위치
  - 대치
    - 조음위치에 따른 변동   양순음화, 치조음화, 경구개음화, 연구개음화, 성문음화 + 전설음화, 후설음화
    - 조음방법에 따른 변동   파열음화, 마찰음화, 파찰음화, 비음화, 유음화
  - 동화   조음위치 / 조음방법   역행 / 순행, 연속 / 비연속
  - 긴장도(ㅃ), 기식도(ㅍ)   기식음화, 탈기식음화   긴장음화, 이완음화

평가   우리말 조음음운평가
- 구성   단어 수준, 문장 수준
- 검사 실시 방법   단어 수준
  - 검사자가 그림 보여 주며 질문
  - 아동 반응
    - 정반응   '음 그렇구나' 등의 반응
    - 오반응
      - 모르거나 다른 낱말 대답
        - 자료 뒷면의 반응유도 문장 말함
        - 다른 유도 문장 사용 가능
      - 이후에도 오반응, 무반응   검사자가 말해주고 모방하도록
- 기록   정조음(+), 대치(대치한 음소 그대로 표기), 왜곡(D), 생략(Φ)
- 결과
  - 자음 정확도, 모음 정확도   목표음을 얼마나 정확히 산출했는지 평가
  - 음운변동 분석   아동이 보이는 오류의 패턴을 분석   생략, 첨가   대치음운변동

조음
음운장애 — 중재법

- 전통적 접근법
  - 특성
    - 단일음소에 나타나는 오류에 독립적으로 접근
    - 목표음소를 독립음·음절·낱말에서 집중적으로 훈련시킨 후 구·문장으로 일반화
  - 유형
    - 짝자극 기법
      - 핵심단어 — 10번 중 9번 정조음, 단 한 번 표적음 내포
      - 훈련단어 — 3번 중 2번 오조음, 단 한 번 표적음 내포
    - 조음 조절 프로그램
    - 조음점 지시법

- 언어인지적 접근법
  - 특성
    - 언어의 공통적인 요소에 관심, 오류 패턴을 찾아서 교정
    - 공통성분에 접근 — 유사한 음운과정의 영향을 받는 다른 음소로 전이 용이
  - 유형
    - 변별자질 접근법

아동이 보이는 오류패턴의 자질적 특성을 분석

구분		[발성 유형] 긴장성/기식성	[전방성] –		–	연구개음	성문음
			[설정성]				
			양순음	치조음	경구개음		
파열음		평음	ㅂ	ㄷ		ㄱ	
		경음[긴장성]	ㅃ	ㄸ		ㄲ	
		격음[기식성]	ㅍ	ㅌ		ㅋ	
마찰음 [지속성]		평음		ㅅ			ㅎ
		경음[긴장성]		ㅆ			
파찰음 [지연개방성]		평음			ㅈ		
		경음[긴장성]			ㅉ		
		격음[기식성]			ㅊ		
비음 [공명성]			ㅁ	ㄴ		ㅇ	
유음 [공명성], [설측성]				ㄹ			

  - 변별자질 접근법
    - 전체 음소를 훈련하기보다 그 음소의 자질을 강조하여 치료
      - 최소대립쌍 — 말소리 하나를 교체함으로써 의미 변별이 생기는 단어쌍
      - 최소대립자질 — 한 가지 자질에서만 차이가 나는 낱말쌍
      - 최대대립자질 — 최대한 많은 자질에서 차이가 나는 낱말쌍
    - 단계
      - 확인 — 어휘 개념 아는지 확인
      - 변별 — 변별자질의 지각 여부 확인
      - 훈련 — 아동은 단어를 말하고, 치료사는 일치하는 단어를 가리킴
      - 전이-훈련 — 표적단어를 발음한 후 복잡한 문장 훈련

  - 음운변동 접근법 — 아동의 부정적 음운변동을 분석하고 그 결과에 기초하여 치료

- 목표음소 설정 시 고려사항
  - 자극반응도 — 청각·시각·촉각적인 단어나 자극을 주었을 때 목표음소와 유사하게 반응하는 능력
  - 말 명료도

- 교사 중재 시 고려할 점
  - 자극반응도가 높은 음소부터 지도
  - 오류의 일관성이 없고, 정발음이 가능한 음소부터 지도
  - 첫 음절에 가장 집중이 잘 됨 — 목표음소는 초성에 위치시킴

해커스임용 설지민 특수교육학 마인드맵

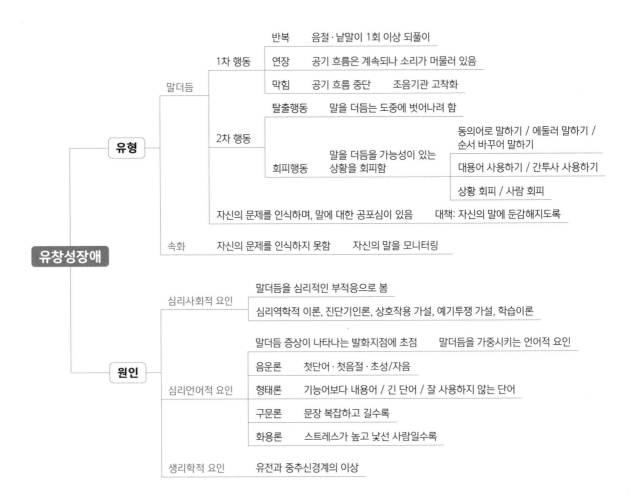

유창성장애
- 유형
  - 말더듬
    - 1차 행동
      - 반복 — 음절·낱말이 1회 이상 되풀이
      - 연장 — 공기 흐름은 계속되나 소리가 머물러 있음
      - 막힘 — 공기 흐름 중단   조음기관 고착화
    - 2차 행동
      - 탈출행동 — 말을 더듬는 도중에 벗어나려 함
      - 회피행동 — 말을 더듬을 가능성이 있는 상황을 회피함
        - 동의어로 말하기 / 에둘러 말하기 / 순서 바꾸어 말하기
        - 대용어 사용하기 / 간투사 사용하기
        - 상황 회피 / 사람 회피
    - 자신의 문제를 인식하며, 말에 대한 공포심이 있음   대책: 자신의 말에 둔감해지도록
  - 속화 — 자신의 문제를 인식하지 못함   자신의 말을 모니터링
- 원인
  - 심리사회적 요인
    - 말더듬을 심리적인 부적응으로 봄
    - 심리역학적 이론, 진단기인론, 상호작용 가설, 예기투쟁 가설, 학습이론
  - 심리언어적 요인
    - 말더듬 증상이 나타나는 발화지점에 초점   말더듬을 가중시키는 언어적 요인
    - 음운론 — 첫단어·첫음절·초성/자음
    - 형태론 — 기능어보다 내용어 / 긴 단어 / 잘 사용하지 않는 단어
    - 구문론 — 문장 복잡하고 길수록
    - 화용론 — 스트레스가 높고 낯선 사람일수록
  - 생리학적 요인 — 유전과 중추신경계의 이상

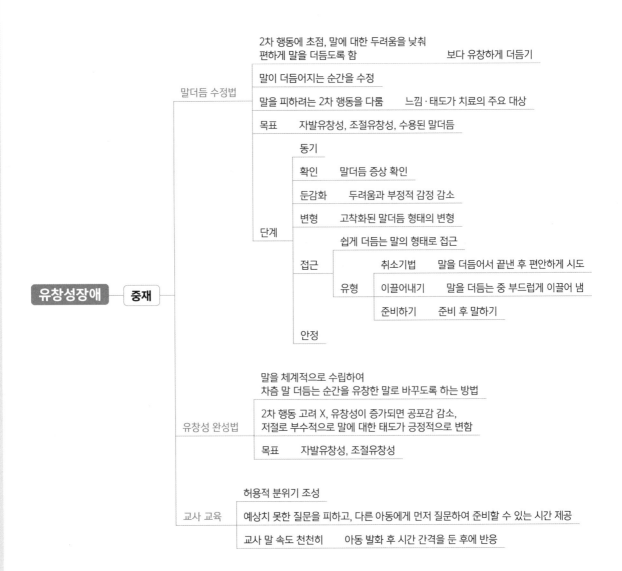

해커스임용 설지민 특수교육학 마인드맵

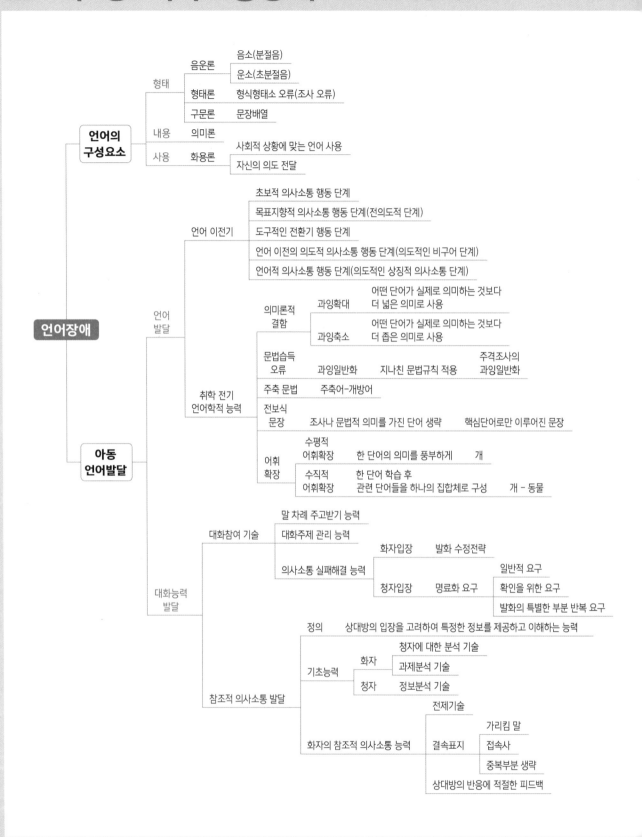

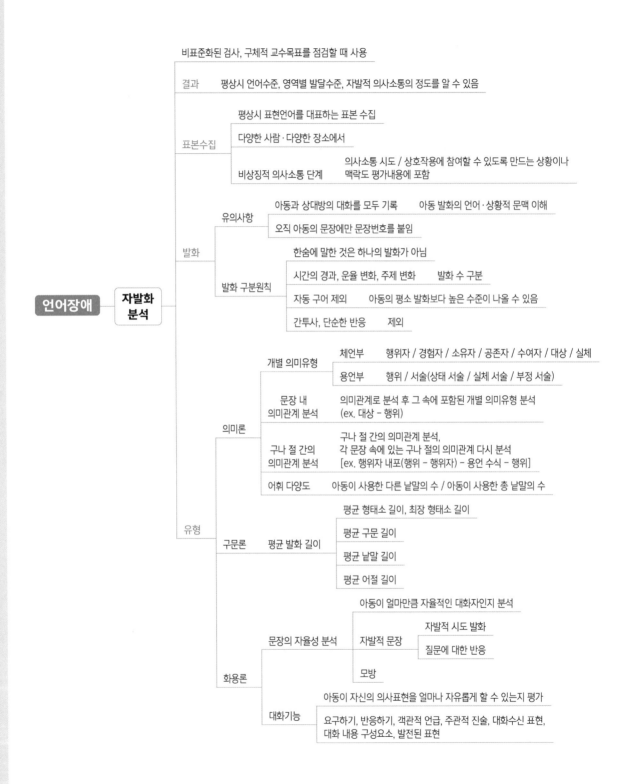

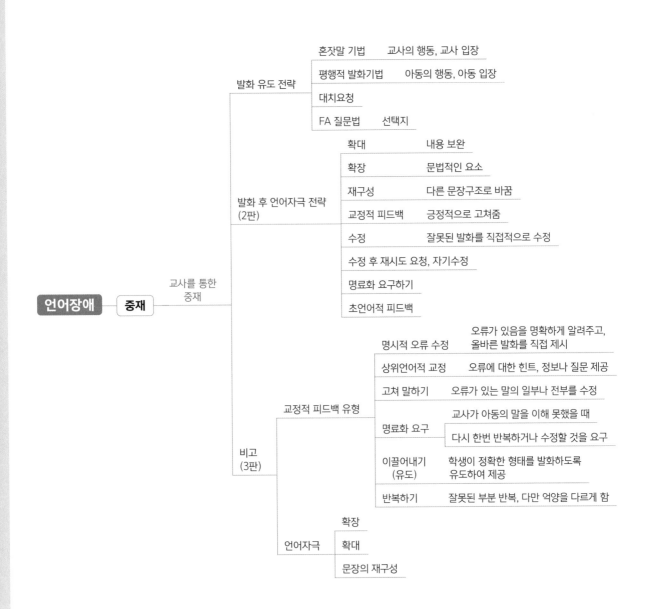

언어장애 — 중재 — 교사를 통한 중재

발화 유도 전략
- 혼잣말 기법 ── 교사의 행동, 교사 입장
- 평행적 발화기법 ── 아동의 행동, 아동 입장
- 대치요청
- FA 질문법 ── 선택지

발화 후 언어자극 전략 (2판)
- 확대 ── 내용 보완
- 확장 ── 문법적인 요소
- 재구성 ── 다른 문장구조로 바꿈
- 교정적 피드백 ── 긍정적으로 고쳐줌
- 수정 ── 잘못된 발화를 직접적으로 수정
- 수정 후 재시도 요청, 자기수정
- 명료화 요구하기
- 초언어적 피드백

비교 (3판)

교정적 피드백 유형
- 명시적 오류 수정 ── 오류가 있음을 명확하게 알려주고, 올바른 발화를 직접 제시
- 상위언어적 교정 ── 오류에 대한 힌트, 정보나 질문 제공
- 고쳐 말하기 ── 오류가 있는 말의 일부나 전부를 수정
- 명료화 요구 ── 교사가 아동의 말을 이해 못했을 때 / 다시 한번 반복하거나 수정할 것을 요구
- 이끌어내기 (유도) ── 학생이 정확한 형태를 발화하도록 유도하여 제공
- 반복하기 ── 잘못된 부분 반복, 다만 억양을 다르게 함

언어자극
- 확장
- 확대
- 문장의 재구성

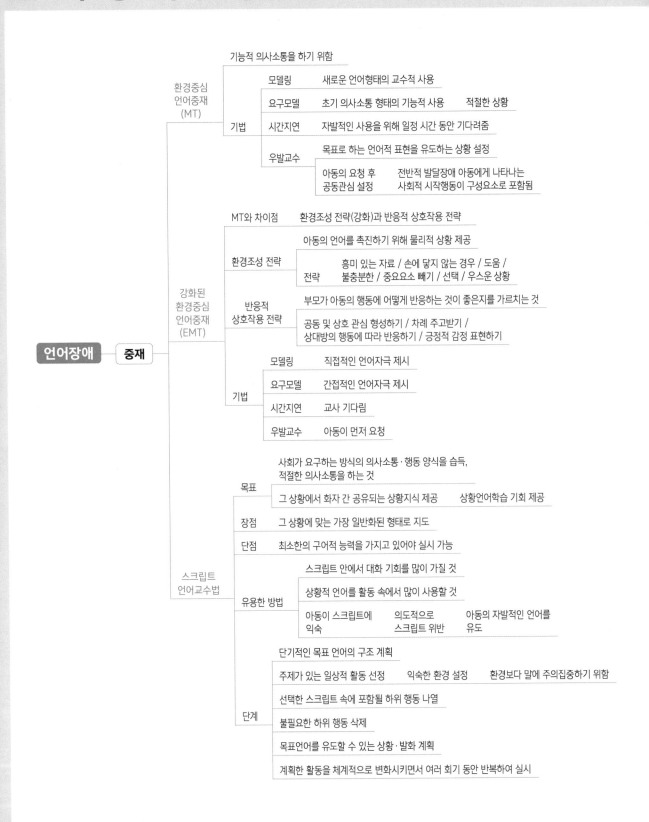

환경중심
언어중재
(MT)
- 기능적 의사소통을 하기 위함
- 기법
  - 모델링 — 새로운 언어형태의 교수적 사용
  - 요구모델 — 초기 의사소통 형태의 기능적 사용 — 적절한 상황
  - 시간지연 — 자발적인 사용을 위해 일정 시간 동안 기다려줌
  - 우발교수 — 목표로 하는 언어적 표현을 유도하는 상황 설정
    - 아동의 요청 후 공동관심 설정 — 전반적 발달장애 아동에게 나타나는 사회적 시작행동이 구성요소로 포함됨

강화된
환경중심
언어중재
(EMT)
- MT와 차이점 — 환경조성 전략(강화)과 반응적 상호작용 전략
- 환경조성 전략 — 아동의 언어를 촉진하기 위해 물리적 상황 제공
  - 전략 — 흥미 있는 자료 / 손에 닿지 않는 경우 / 도움 / 불충분한 / 중요요소 빼기 / 선택 / 우스운 상황
- 반응적 상호작용 전략 — 부모가 아동의 행동에 어떻게 반응하는 것이 좋은지를 가르치는 것
  - 공동 및 상호 관심 형성하기 / 차례 주고받기 / 상대방의 행동에 따라 반응하기 / 긍정적 감정 표현하기
- 기법
  - 모델링 — 직접적인 언어자극 제시
  - 요구모델 — 간접적인 언어자극 제시
  - 시간지연 — 교사 기다림
  - 우발교수 — 아동이 먼저 요청

언어장애 — 중재

스크립트
언어교수법
- 목표 — 사회가 요구하는 방식의 의사소통·행동 양식을 습득, 적절한 의사소통을 하는 것
  - 그 상황에서 화자 간 공유되는 상황지식 제공 — 상황언어학습 기회 제공
- 장점 — 그 상황에 맞는 가장 일반화된 형태로 지도
- 단점 — 최소한의 구어적 능력을 가지고 있어야 실시 가능
- 유용한 방법
  - 스크립트 안에서 대화 기회를 많이 가질 것
  - 상황적 언어를 활동 속에서 많이 사용할 것
  - 아동이 스크립트에 익숙 — 의도적으로 스크립트 위반 — 아동의 자발적인 언어를 유도
- 단계
  - 단기적인 목표 언어의 구조 계획
  - 주제가 있는 일상적 활동 선정 — 익숙한 환경 설정 — 환경보다 말에 주의집중하기 위함
  - 선택한 스크립트 속에 포함될 하위 행동 나열
  - 불필요한 하위 행동 삭제
  - 목표언어를 유도할 수 있는 상황·발화 계획
  - 계획한 활동을 체계적으로 변화시키면서 여러 회기 동안 반복하여 실시

제5장
지적장애

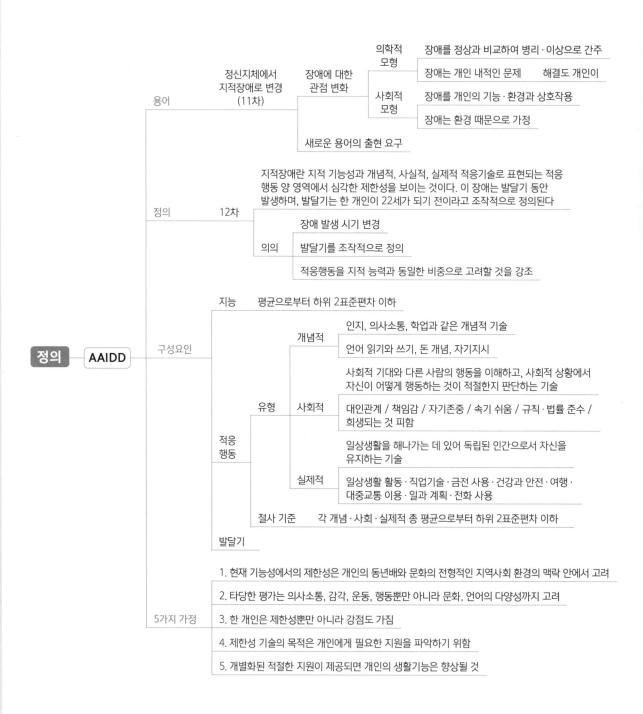

정의 ─ AAIDD

용어 ─ 정신지체에서 지적장애로 변경 (11차)
- 장애에 대한 관점 변화
  - 의학적 모형
    - 장애를 정상과 비교하여 병리·이상으로 간주
    - 장애는 개인 내적인 문제   해결도 개인이
  - 사회적 모형
    - 장애를 개인의 기능·환경과 상호작용
    - 장애는 환경 때문으로 가정
- 새로운 용어의 출현 요구

정의 ─ 12차
- 지적장애란 지적 기능성과 개념적, 사실적, 실제적 적응기술로 표현되는 적응행동 양 영역에서 심각한 제한성을 보이는 것이다. 이 장애는 발달기 동안 발생하며, 발달기는 한 개인이 22세가 되기 전이라고 조작적으로 정의된다
- 의의
  - 장애 발생 시기 변경
  - 발달기를 조작적으로 정의
  - 적응행동을 지적 능력과 동일한 비중으로 고려할 것을 강조

구성요인
- 지능 ─ 평균으로부터 하위 2표준편차 이하
- 적응행동
  - 유형
    - 개념적
      - 인지, 의사소통, 학업과 같은 개념적 기술
      - 언어 읽기와 쓰기, 돈 개념, 자기지시
    - 사회적
      - 사회적 기대와 다른 사람의 행동을 이해하고, 사회적 상황에서 자신이 어떻게 행동하는 것이 적절한지 판단하는 기술
      - 대인관계 / 책임감 / 자기존중 / 속기 쉬움 / 규칙·법률 준수 / 희생되는 것 피함
    - 실제적
      - 일상생활을 해나가는 데 있어 독립된 인간으로서 자신을 유지하는 기술
      - 일상생활 활동·직업기술·금전 사용·건강과 안전·여행·대중교통 이용·일과 계획·전화 사용
  - 절사 기준 ─ 각 개념·사회·실제적 총 평균으로부터 하위 2표준편차 이하
- 발달기

5가지 가정
1. 현재 기능성에서의 제한성은 개인의 동년배와 문화의 전형적인 지역사회 환경의 맥락 안에서 고려
2. 타당한 평가는 의사소통, 감각, 운동, 행동뿐만 아니라 문화, 언어의 다양성까지 고려
3. 한 개인은 제한성뿐만 아니라 강점도 가짐
4. 제한성 기술의 목적은 개인에게 필요한 지원을 파악하기 위함
5. 개별화된 적절한 지원이 제공되면 개인의 생활기능은 향상될 것

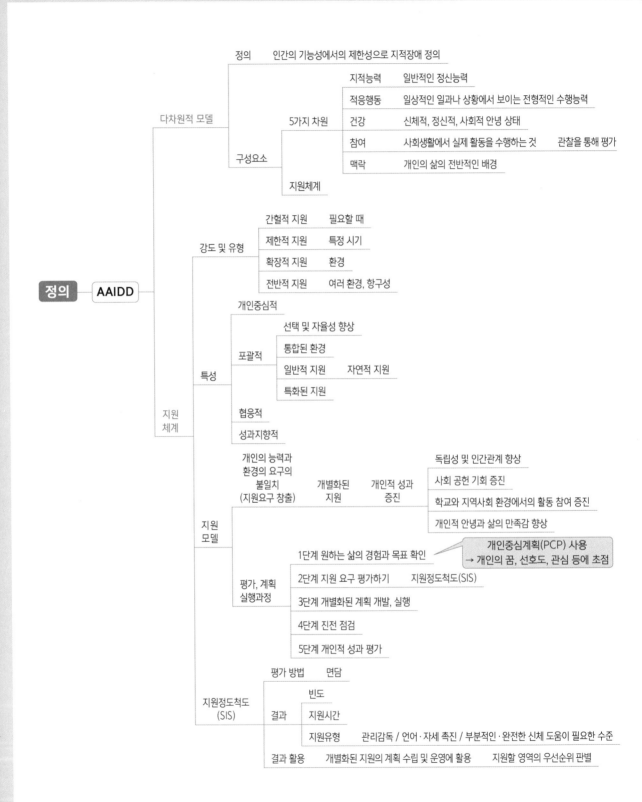

원인

예방

1차적 예방
- 예방이 아니면 지적장애를 초래 — 발생률 감소 — 특정 기간 동안 모집단에서 판별된 새로운 사례 수 / 장애의 원인 조사, 예방 프로그램 개발
- ex. 산모 알콜중독 예방 프로그램

2차적 예방
- 현존하는 상태에서 지적장애를 초래하는 것을 예방하는 조치와 관련 — 출현율 감소 — 전체인구 중 장애라는 특정 조건을 가진 장애인의 수 / 교육·재활서비스 등에 대한 요구를 파악
- ex. PKU를 가진 사람들의 식이요법

3차적 예방
- 기능적 손상 최소화, 2차적 상황 예방
- ex. 신체적, 교육적, 직업적 재활을 위한 프로그램

다중위험요인

- 생의학적   생물학적 처리과정
- 사회적   아동발달에 영향을 줄 수 있는 자극과 상호작용의 질을 좌우함
- 행동적   당사자, 부모세대의 부적절한 행동
- 교육적   정보 제공 및 교육 지원의 부재

발생시기	생의학적 요인	사회적 요인	행동적 요인	교육적 요인
출생 전	• 염색체 이상 • 단일 유전자 장애 • 증후군 • 대사 이상 • 뇌발육 부전 • 산모 질병 • 부모 연령	• 빈곤 • 산모의 영양실조 • 가정폭력 • 산전 관리 부족	• 부모의 약물 복용 • 부모의 음주 • 부모의 흡연 • 부모의 미성숙	• 지적장애를 보이는 부모에 대한 지원 결여 • 부모 역할에 대한 준비 부족
출생 전후 (주산기)	• 조산 • 출생 시 손상 • 신생아질환	• 출산 관리를 받지 못함	• 부모의 양육 거부 • 부모의 아동유기	• 퇴원 시 중재서비스에 대한 의료적 의뢰 부족
출생 후	• 외상성 뇌손상 • 영양실조 • 뇌막염 • 경련성 장애 • 퇴행성 질환	• 아동 - 양육자 간의 상호작용 문제 • 적절한 자극 부족 • 가정 빈곤 • 가족의 만성질환 • 시설 수용	• 아동학대 및 방치 • 가정폭력 • 부적절한 안전조치 • 사회적 박탈 • 다루기 힘든 아동행동	• 부적절한 양육 • 지체된 진단 • 부적절한 조기 중재서비스 • 부적절한 특수교육서비스 • 부적절한 가족지원

위험요인

유전자에 따라 겉으로 나타나는 행동유형

실제적·잠재적 또는 미래를 위해 필요한 기능적 지원 요구 예측 가능

원인 — **행동 표현형**

다운증후군
- 언어·청각적 과제보다 시·공간적 과제 수행이 우수
- 장기기억능력 요구 과제 수행능력이 동일 정신연령 아동에 비해 지체
- 지능에 비해 적응행동에서 상대적 강점
- 명랑하고 사회적인 성격
- 성인기에 우울증·치매 성향

약체 X 증후군
- 수용·표현 언어능력이 단기기억능력이나 시·공간적 기술보다 우수
- 순차처리보다는 동시처리 과제에서 강점
- 일상생활기술과 자조기술에서 상대적 강점
- 부주의, 과잉행동, 자폐증과 유사한 행동
- 모든 연령에서 불안장애 발생

프래더 - 윌리 증후군
- 이상식욕과 비만 증상
- 순차처리보다는 동시처리 과제에서 강점
- 시·공간적 처리능력 요구되는 과제와 직소 퍼즐에서 강점
- 모든 연령에서 강박·충동조절장애 발생

윌리엄스 증후군
- 언어·청각적 기억, 얼굴 인지에서 강점
- 시·공간적 기능, 지각-운동 계획과 소근육 기술에 제한
- 마음이론 측면에서 강점(대인지능)
- 손상된 사회적 지능을 갖고 친숙함을 보임
- 모든 연령에서 불안장애 발생

안젤만 증후군
- 아동기·청소년기에 종종 부적절한 웃음발작
- 모든 연령에서 일반적으로 행복해하는 기질을 보임
- 젊은 층에서 과잉행동 및 수면장애 발생

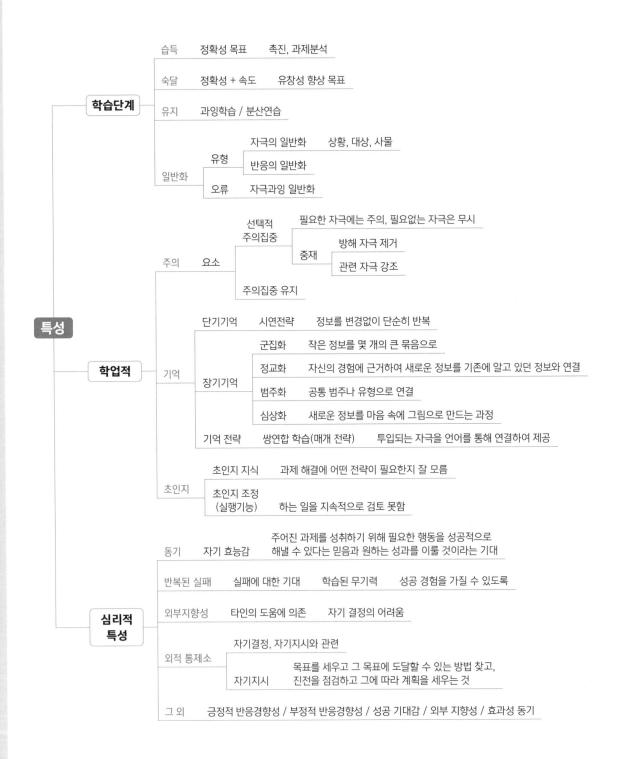

	발달론적 접근	정의	정상적 발달이론에 근거함
		교육내용 선정	정신연령에 상응하는 발달과제를 교육내용으로 선정
		교육내용 조직원리	발달의 정상성과 규준성에 입각하여 미리 다음 단계의 발달을 표준적 교수목표와 내용으로 제시
		장점	체계적 교수 가능
			개별적 발달 수준 검증 가능
			기초 기능을 학습하게 함
			기능 영역과 순서에 따른 분명한 계획 수립 가능
			최중도 지적장애아 및 청소년에게 적합
		단점	준비성 함정 때문에, 즉 정상발달 순서 및 필수 선수기술 습득 강조로 기능적 기술의 교수 이루어지지 않음
교육과정 구성 접근			활동중심적 교수가 아닌 분리된 기술을 교수함
	생태학적 접근	정의	장애학생이 살아가는 데 필요한 생활기술을 중심으로 교육과정 구성
		교육내용 선정	미래의 성인생활과 현재 및 미래 환경에 기능할 수 있도록 하는 것에 우선권 두고 교육내용 선정
		교육내용 조직원리	개별 학생의 생태학적 환경분석을 통해 학생이 배워야 할 최적의 기술들을 목표와 내용으로 조직
		장점	현재나 미래에 사용하지 않을 기술을 배우는 데 교수시간을 낭비하지 않음
			기술이 사용될 환경에서 경험하여 배우므로 일반화의 어려움 줄임
			생활연령에 적합한 기술을 배우므로 어린 아이들이 학습하는 내용을 배운다는 오명을 줄일 수 있음
			배운 기술 즉시 사용 가능 → 성공감 경험, 잘 잊어버리지 않음
		단점	특정 환경에서 익힌 기술이 다른 환경에서 일반화되기 어려울 수 있음
			기능중심 교육과정에 참여하는 만큼 일반 교육과정에 참여할 수 없음

교육

기본전제

궁극적 기능성의 기준		성인이 되어 지역사회환경에서 자신의 잠재력을 최대한 발휘하여 기능할 수 있도록
연령에 적절한 교육과정		생활연령에 적합한 내용으로 구성
최소위험가정 기준		지적장애 학생이 배우지 못할 것이 증명된 것이 없으므로 최선의 시도를 통해 교육가능성의 신념을 실현함
영수준 추측		아동이 일반화하지 못할 것이라는 전제를 두고 일반화할 수 있는지까지 확인
자기결정 증진	특성	자율성, 자기조절, 심리적 역량강화, 자아실현
	구성요소	선택하기, 문제해결, 의사결정, 목표설정 및 성취기술, 자기관리, 자기옹호와 리더십, 자기효능, 자기인식이나 자기지식

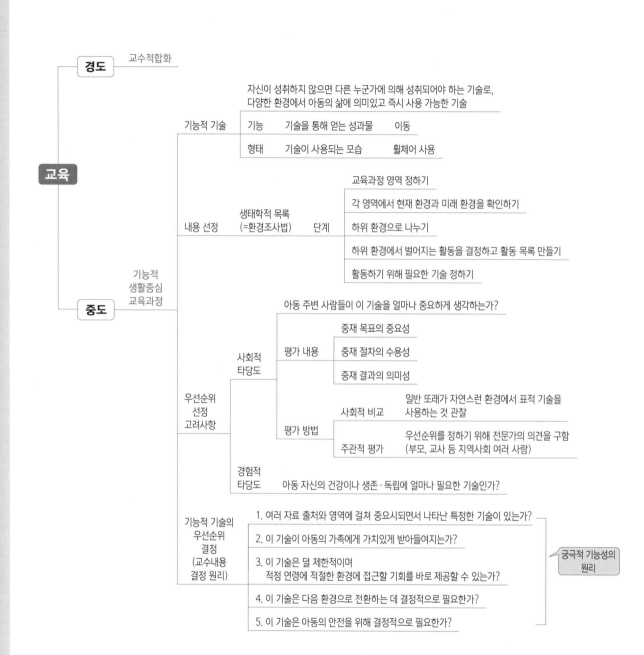

경도 ── 교수적합화

기능적 기술 ── 자신이 성취하지 않으면 다른 누군가에 의해 성취되어야 하는 기술로, 다양한 환경에서 아동의 삶에 의미있고 즉시 사용 가능한 기술

기능	기술을 통해 얻는 성과물	이동
형태	기술이 사용되는 모습	휠체어 사용

내용 선정 ── 생태학적 목록 (=환경조사법) ── 단계

- 교육과정 영역 정하기
- 각 영역에서 현재 환경과 미래 환경을 확인하기
- 하위 환경으로 나누기
- 하위 환경에서 벌어지는 활동을 결정하고 활동 목록 만들기
- 활동하기 위해 필요한 기술 정하기

우선순위 선정 고려사항

사회적 타당도 ── 아동 주변 사람들이 이 기술을 얼마나 중요하게 생각하는가?

평가 내용
- 중재 목표의 중요성
- 중재 절차의 수용성
- 중재 결과의 의미성

평가 방법
- 사회적 비교 ── 일반 또래가 자연스런 환경에서 표적 기술을 사용하는 것 관찰
- 주관적 평가 ── 우선순위를 정하기 위해 전문가의 의견을 구함 (부모, 교사 등 지역사회 여러 사람)

경험적 타당도 ── 아동 자신의 건강이나 생존·독립에 얼마나 필요한 기술인가?

기능적 기술의 우선순위 결정 (교수내용 결정 원리)

1. 여러 자료 출처와 영역에 걸쳐 중요시되면서 나타난 특정한 기술이 있는가?
2. 이 기술이 아동의 가족에게 가치있게 받아들여지는가?
3. 이 기술은 덜 제한적이며 적정 연령에 적절한 환경에 접근할 기회를 바로 제공할 수 있는가?
4. 이 기술은 다음 환경으로 전환하는 데 결정적으로 필요한가?
5. 이 기술은 아동의 안전을 위해 결정적으로 필요한가?

> 궁극적 기능성의 원리

해커스임용 설지민 특수교육학 마인드맵

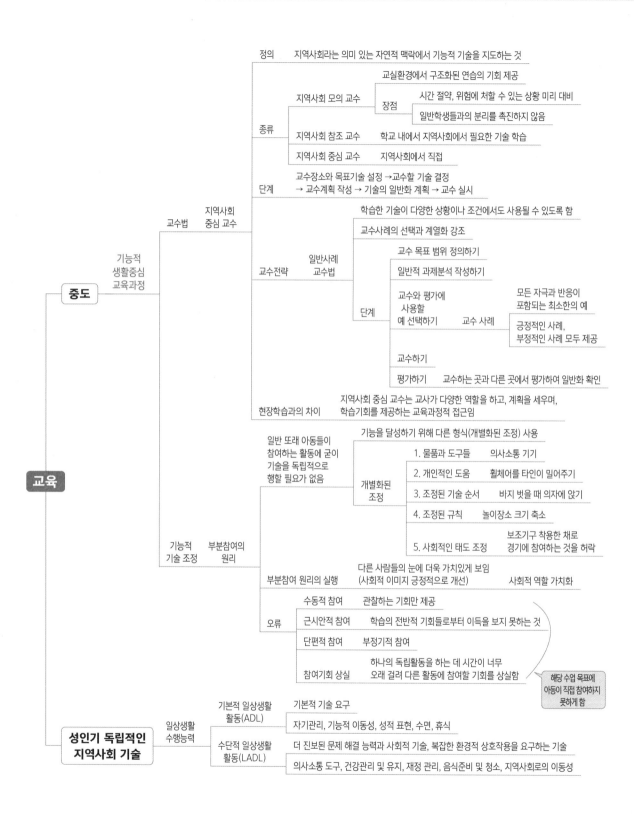

제**6**장
학습장애

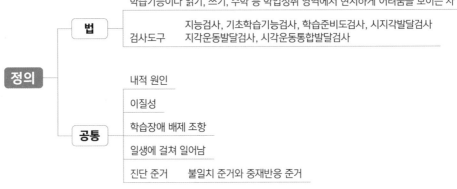

정의 ─ 법 ─ 개인의 내적 요인으로 인해 듣기, 말하기, 주의집중, 지각, 기억, 문제해결 등의 학습기능이나 읽기, 쓰기, 수학 등 학업성취 영역에서 현저하게 어려움을 보이는 자

검사도구 ─ 지능검사, 기초학습기능검사, 학습준비도검사, 시지각발달검사 지각운동발달검사, 시각운동통합발달검사

공통 ─ 내적 원인

이질성

학습장애 배제 조항

일생에 걸쳐 일어남

진단 준거 ─ 불일치 준거와 중재반응 준거

유형 ─ 발달적/학업적 ─ 발달적 ─ 1차 ─ 주의집중장애, 기억장애, 지각장애

2차 ─ 사고장애, 구어장애

학업적 ─ 읽기, 글씨쓰기, 철자 및 작문, 수학장애 등

언어성/비언어성 ─ 언어성 ─ 좌뇌의 기능 이상

비언어성 ─ 우뇌의 기능 이상 ─ 언어성 지능지수 > 동작성 지능지수

사회성 기능장애

시각 - 공간 - 조직화 문제

용어 ─ 학습부진 ─ 정상지능이지만 환경적인 원인으로 학업성취도 저하

학습지진 ─ 지적능력 및 학업성취도 저하

학습장애 ─ 정상지능이지만 신경학적 내적 문제로 학업성취도 저하

해커스임용 설지민 특수교육학 마인드맵

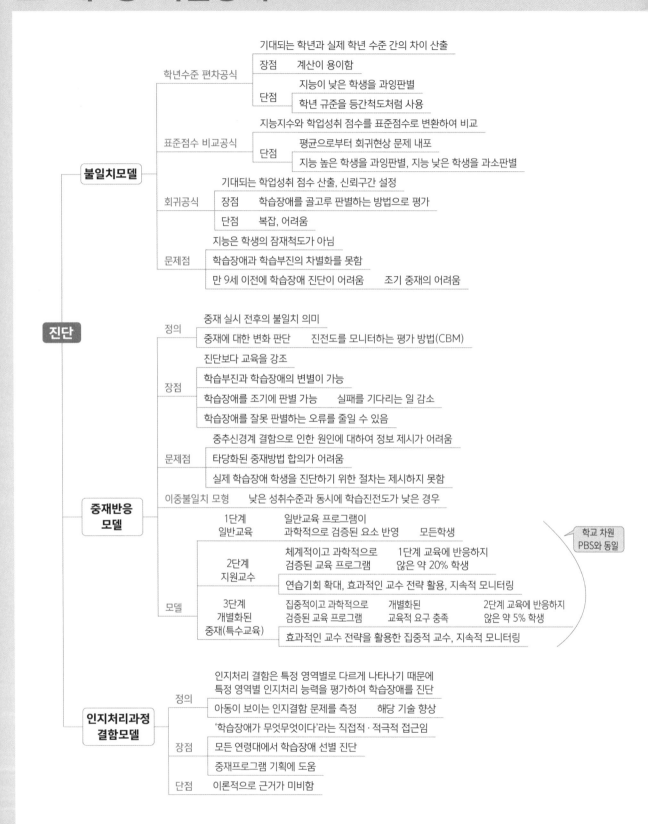

진단

- **불일치모델**
  - 학년수준 편차공식
    - 기대되는 학년과 실제 학년 수준 간의 차이 산출
    - 장점 — 계산이 용이함
    - 단점
      - 지능이 낮은 학생을 과잉판별
      - 학년 규준을 등간척도처럼 사용
  - 표준점수 비교공식
    - 지능지수와 학업성취 점수를 표준점수로 변환하여 비교
    - 단점
      - 평균으로부터 회귀현상 문제 내포
      - 지능 높은 학생을 과잉판별, 지능 낮은 학생을 과소판별
  - 회귀공식
    - 기대되는 학업성취 점수 산출, 신뢰구간 설정
    - 장점 — 학습장애를 골고루 판별하는 방법으로 평가
    - 단점 — 복잡, 어려움
  - 문제점
    - 지능은 학생의 잠재척도가 아님
    - 학습장애과 학습부진의 차별화를 못함
    - 만 9세 이전에 학습장애 진단이 어려움 — 조기 중재의 어려움
- **중재반응 모델**
  - 정의
    - 중재 실시 전후의 불일치 의미
    - 중재에 대한 변화 판단 — 진전도를 모니터링하는 평가 방법(CBM)
  - 장점
    - 진단보다 교육을 강조
    - 학습부진과 학습장애의 변별이 가능
    - 학습장애를 조기에 판별 가능 — 실패를 기다리는 일 감소
    - 학습장애를 잘못 판별하는 오류를 줄일 수 있음
  - 문제점
    - 중추신경계 결함으로 인한 원인에 대하여 정보 제시가 어려움
    - 타당화된 중재방법 합의가 어려움
    - 실제 학습장애 학생을 진단하기 위한 절차는 제시하지 못함
  - 이중불일치 모형 — 낮은 성취수준과 동시에 학습진전도가 낮은 경우
  - 모델
    - 1단계 일반교육 — 일반교육 프로그램이 과학적으로 검증된 요소 반영 — 모든학생
    - 2단계 지원교수
      - 체계적이고 과학적으로 검증된 교육 프로그램 — 1단계 교육에 반응하지 않은 약 20% 학생
      - 연습기회 확대, 효과적인 교수 전략 활용, 지속적 모니터링
    - 3단계 개별화된 중재(특수교육)
      - 집중적이고 과학적으로 검증된 교육 프로그램 — 개별화된 교육적 요구 충족 — 2단계 교육에 반응하지 않은 약 5% 학생
      - 효과적인 교수 전략을 활용한 집중적 교수, 지속적 모니터링
    - (학교 차원 PBS와 동일)
- **인지처리과정 결함모델**
  - 정의
    - 인지처리 결함은 특정 영역별로 다르게 나타나기 때문에 특정 영역별 인지처리 능력을 평가하여 학습장애를 진단
    - 아동이 보이는 인지결함 문제를 측정 — 해당 기술 향상
  - 장점
    - '학습장애가 무엇무엇이다'라는 직접적·적극적 접근임
    - 모든 연령대에서 학습장애 선별 진단
    - 중재프로그램 기획에 도움
  - 단점 — 이론적으로 근거가 미비함

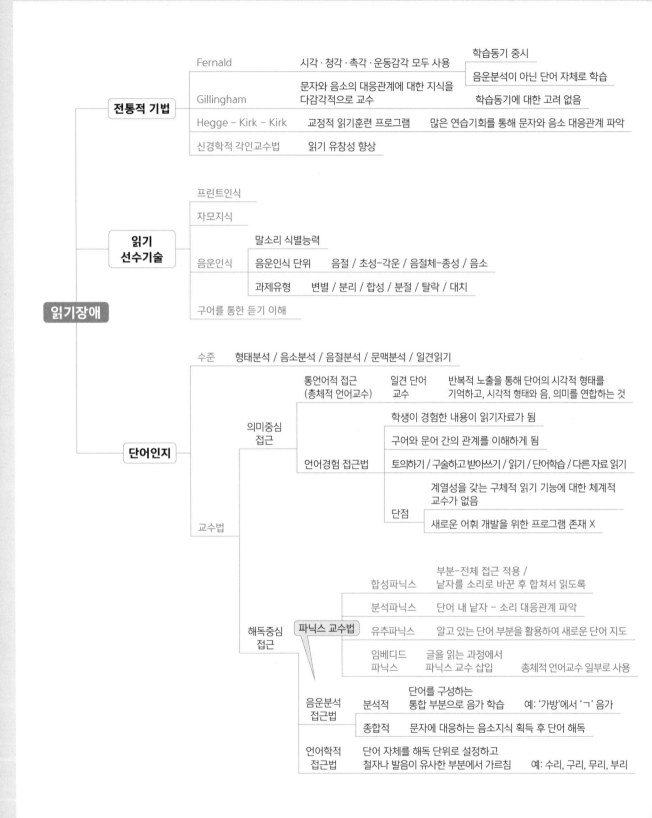

해커스임용 설지민 특수교육학 마인드맵

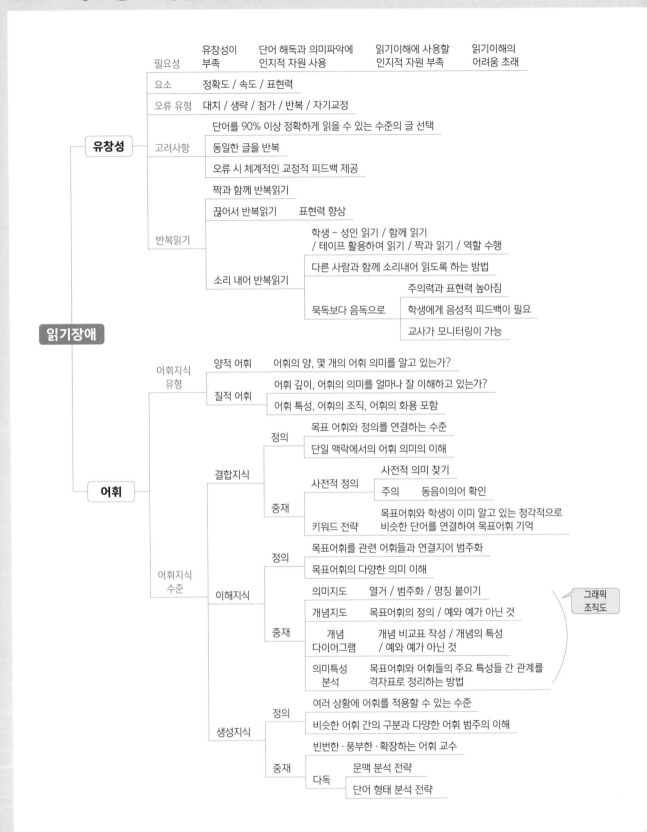

읽기장애

유창성

| 필요성 | 유창성이 부족 | 단어 해독과 의미파악에 인지적 자원 사용 | 읽기이해에 사용할 인지적 자원 부족 | 읽기이해의 어려움 초래 |

요소 — 정확도 / 속도 / 표현력

오류 유형 — 대치 / 생략 / 첨가 / 반복 / 자기교정

고려사항
- 단어를 90% 이상 정확하게 읽을 수 있는 수준의 글 선택
- 동일한 글을 반복
- 오류 시 체계적인 교정적 피드백 제공

반복읽기
- 짝과 함께 반복읽기
- 끊어서 반복읽기 — 표현력 향상
- 소리 내어 반복읽기
  - 학생 – 성인 읽기 / 함께 읽기 / 테이프 활용하여 읽기 / 짝과 읽기 / 역할 수행
  - 다른 사람과 함께 소리내어 읽도록 하는 방법
  - 묵독보다 음독으로
    - 주의력과 표현력 높아짐
    - 학생에게 음성적 피드백이 필요
    - 교사가 모니터링이 가능

어휘

어휘지식 유형
- 양적 어휘 — 어휘의 양, 몇 개의 어휘 의미를 알고 있는가?
- 질적 어휘
  - 어휘 깊이, 어휘의 의미를 얼마나 잘 이해하고 있는가?
  - 어휘 특성, 어휘의 조직, 어휘의 화용 포함

어휘지식 수준
- 결합지식
  - 정의
    - 목표 어휘와 정의를 연결하는 수준
    - 단일 맥락에서의 어휘 의미의 이해
  - 중재
    - 사전적 정의
      - 사전적 의미 찾기
      - 주의 — 동음이의어 확인
    - 키워드 전략 — 목표어휘와 학생이 이미 알고 있는 청각적으로 비슷한 단어를 연결하여 목표어휘 기억
- 이해지식
  - 정의
    - 목표어휘를 관련 어휘들과 연결지어 범주화
    - 목표어휘의 다양한 의미 이해
  - 중재
    - 의미지도 — 열거 / 범주화 / 명칭 붙이기
    - 개념지도 — 목표어휘의 정의 / 예와 예가 아닌 것
    - 개념 다이어그램 — 개념 비교표 작성 / 개념의 특성 / 예와 예가 아닌 것
    - 의미특성 분석 — 목표어휘와 어휘들의 주요 특성들 간 관계를 격자표로 정리하는 방법

    → 그래픽 조직도
- 생성지식
  - 정의
    - 여러 상황에 어휘를 적용할 수 있는 수준
    - 비슷한 어휘 간의 구분과 다양한 어휘 범주의 이해
  - 중재
    - 빈번한 · 풍부한 · 확장하는 어휘 교수
    - 다독
      - 문맥 분석 전략
      - 단어 형태 분석 전략

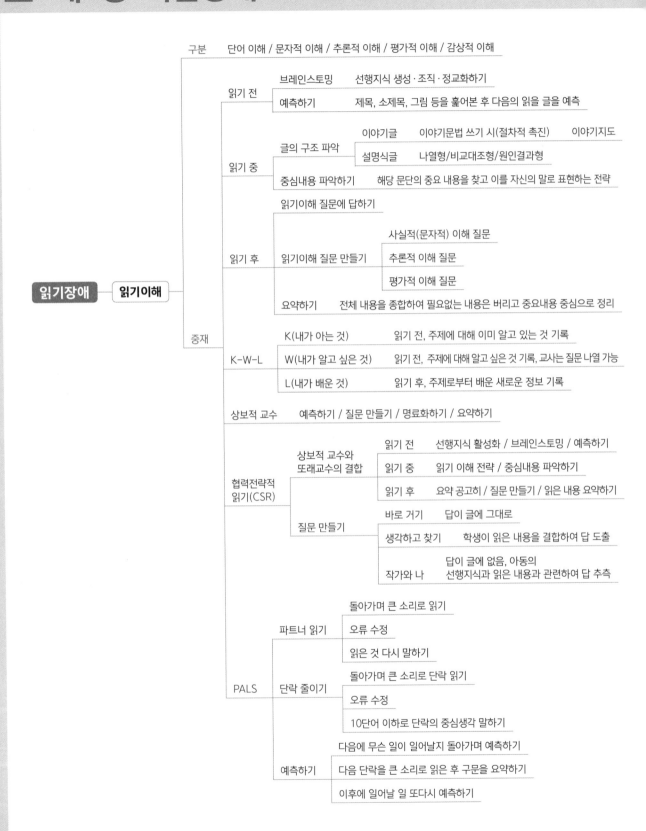

		구분	단어 이해 / 문자적 이해 / 추론적 이해 / 평가적 이해 / 감상적 이해		

읽기장애 — 읽기이해

중재
- 읽기 전
  - 브레인스토밍 — 선행지식 생성·조직·정교화하기
  - 예측하기 — 제목, 소제목, 그림 등을 훑어본 후 다음의 읽을 글을 예측
- 읽기 중
  - 글의 구조 파악
    - 이야기글 — 이야기문법 쓰기 시(절차적 촉진) — 이야기지도
    - 설명식글 — 나열형/비교대조형/원인결과형
  - 중심내용 파악하기 — 해당 문단의 중요 내용을 찾고 이를 자신의 말로 표현하는 전략
- 읽기 후
  - 읽기이해 질문에 답하기
  - 읽기이해 질문 만들기
    - 사실적(문자적) 이해 질문
    - 추론적 이해 질문
    - 평가적 이해 질문
  - 요약하기 — 전체 내용을 종합하여 필요없는 내용은 버리고 중요내용 중심으로 정리
- K-W-L
  - K(내가 아는 것) — 읽기 전, 주제에 대해 이미 알고 있는 것 기록
  - W(내가 알고 싶은 것) — 읽기 전, 주제에 대해 알고 싶은 것 기록, 교사는 질문 나열 가능
  - L(내가 배운 것) — 읽기 후, 주제로부터 배운 새로운 정보 기록
- 상보적 교수 — 예측하기 / 질문 만들기 / 명료화하기 / 요약하기
- 협력전략적 읽기(CSR)
  - 상보적 교수와 또래교수의 결합
    - 읽기 전 — 선행지식 활성화 / 브레인스토밍 / 예측하기
    - 읽기 중 — 읽기 이해 전략 / 중심내용 파악하기
    - 읽기 후 — 요약 공고히 / 질문 만들기 / 읽은 내용 요약하기
  - 질문 만들기
    - 바로 거기 — 답이 글에 그대로
    - 생각하고 찾기 — 학생이 읽은 내용을 결합하여 답 도출
    - 작가와 나 — 답이 글에 없음, 아동의 선행지식과 읽은 내용과 관련하여 답 추측
- PALS
  - 파트너 읽기
    - 돌아가며 큰 소리로 읽기
    - 오류 수정
    - 읽은 것 다시 말하기
  - 단락 줄이기
    - 돌아가며 큰 소리로 단락 읽기
    - 오류 수정
    - 10단어 이하로 단락의 중심생각 말하기
  - 예측하기
    - 다음에 무슨 일이 일어날지 돌아가며 예측하기
    - 다음 단락을 큰 소리로 읽은 후 구문을 요약하기
    - 이후에 일어날 일 또다시 예측하기

해커스임용 설지민 특수교육학 마인드맵

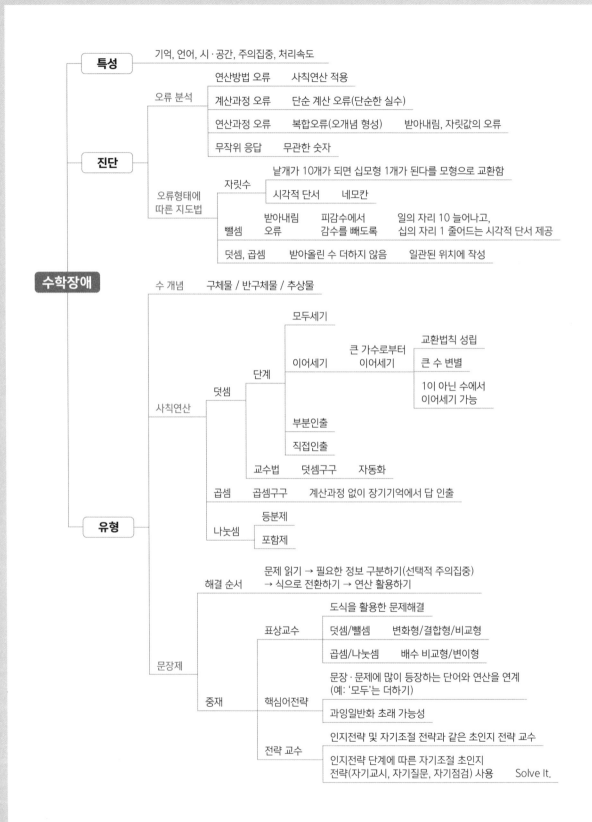

- **수학장애**
  - **특성** — 기억, 언어, 시·공간, 주의집중, 처리속도
  - **진단**
    - 오류 분석
      - 연산방법 오류 — 사칙연산 적용
      - 계산과정 오류 — 단순 계산 오류(단순한 실수)
      - 연산과정 오류 — 복합오류(오개념 형성) — 받아내림, 자릿값의 오류
      - 무작위 응답 — 무관한 숫자
    - 오류형태에 따른 지도법
      - 자릿수 — 낱개가 10개가 되면 십모형 1개가 된다를 모형으로 교환함
        - 시각적 단서 — 네모칸
      - 뺄셈 받아내림 오류 — 피감수에서 감수를 빼도록 — 일의 자리 10 늘어나고, 십의 자리 1 줄어드는 시각적 단서 제공
      - 덧셈, 곱셈 — 받아올린 수 더하지 않음 — 일관된 위치에 작성
  - **유형**
    - 수 개념 — 구체물 / 반구체물 / 추상물
    - 사칙연산
      - 덧셈
        - 단계
          - 모두세기
          - 이어세기 — 큰 가수로부터 이어세기
            - 교환법칙 성립
            - 큰 수 변별
            - 1이 아닌 수에서 이어세기 가능
          - 부분인출
          - 직접인출
        - 교수법 — 덧셈구구 — 자동화
      - 곱셈 — 곱셈구구 — 계산과정 없이 장기기억에서 답 인출
      - 나눗셈
        - 등분제
        - 포함제
    - 문장제
      - 해결 순서 — 문제 읽기 → 필요한 정보 구분하기(선택적 주의집중) → 식으로 전환하기 → 연산 활용하기
      - 중재
        - 표상교수
          - 도식을 활용한 문제해결
          - 덧셈/뺄셈 — 변화형/결합형/비교형
          - 곱셈/나눗셈 — 배수 비교형/변이형
        - 핵심어전략
          - 문장·문제에 많이 등장하는 단어와 연산을 연계 (예: '모두'는 더하기)
          - 과잉일반화 초래 가능성
        - 전략 교수
          - 인지전략 및 자기조절 전략과 같은 초인지 전략 교수
          - 인지전략 단계에 따른 자기조절 초인지 전략(자기교시, 자기질문, 자기점검) 사용 — Solve It.

해커스임용 설지민 특수교육학 마인드맵

안내노트 ── 중요 사실, 개념 및 관계성을 기록하도록 표준단서와 특정 여백을 남겨두어 학생에게 강의를 안내하도록 하는 교사 제작 인쇄물

기억전략
- 문자전략
  - 두문자법 ── 앞글자 따오기
  - 어구만들기 ── 각 단어의 첫 글자가 다른 단어를 대신하도록 문장 만들기
- 심상화
  - 키워드 전략 ── 목표어휘와 학생이 이미 알고 있는 청각적으로 비슷한 단어를 연결하여 목표어휘 기억
  - 페그워드 전략 ── 순서적 정보를 기억하기 위하여 숫자와 운이 같은 단어를 활용하여 정보기억

인지전략
- 단기기억 ── 시연 ── 정보를 변경없이 단순히 반복
- 장기기억 ── 군집화 / 정교화 / 범주화 / 심상화

내용 강화법

조직화 전략
- 그래픽 조직자
  - 유형 ── 계층적·개념적 지도 / 연속적 다이어그램 / 순환적 조직자 / 벤 다이어그램 / 매트릭스
  - 용도에 따른 유형
    - 사전 조직자 ── 학생에게 제시되는 자료에 대한 개관이나 해설을 제공하기 위해 사용되는 기법
      - 목적
        - 주제에 대한 사전지식 활성화 ── 수업준비용
        - 전체 수업에 대한 일반적인 설명을 제공하는 것
    - 수업 조직자 ── 수업 중 제시하는 내용의 핵심을 강조 ── 개념도, 학습지침의 형태
    - 마무리 조직자 ── 해당 수업에서 다룬 핵심내용 정리, 학생의 이해 정도 평가
  - 사용
    - 배우게 될 내용에 대한 틀을 제공하는 배경지식 표시
    - 배운 정보를 조직하고 회고하는 교수도구
  - 장점
    - 관련 정보에 주의
    - 새로운 지식과 사전지식을 결합 지원
    - 개념발달 촉진
    - 문해 및 사고기술 향상
    - 초점이 뚜렷한 논의를 촉진
    - 교사가 교수계획 설정에 도움
    - 사정도구로서의 역할
- 학습지
  - 안내노트
  - 워크시트 ── 활동지
  - 학습안내지 ── 단원 앞 생각해 볼 문제
  - 학습가이드 (학습지침)
    - 핵심어·핵심개념을 이해하는 데 필요한 정보를 미리 제공 ── 학생이 중요한 정보에 집중, 자세히 점검할 수 있게
    - 빈칸 채우기, 단답형, 도식 채우기 등의 양식

학습전략
- 시험보기 전략
  - 시험준비 ── FORCE
  - 시험 중 ── DETER / SCORER / PIRATES / SNOW
- 노트필기 전략 ── 안내노트
  - 주요 개념과 사실 등을 여백으로 남긴 교사 사전제작 유인물
  - 내용 요약, 글자를 적게 써도 됨
  - 복습이 아닌, 수업 전 제공하여 수업을 미리 안내하고, 수업 중 핵심 개념을 잘 파악하도록 하는 방법

해커스임용 설지민 특수교육학 마인드맵

전략교수

행동주의

직접교수

교사가 가르칠 수 있는 것을 학생들이 학습하고, 학생들이 학습할 수 없다면 교사가 가르치지 않음

구성요소

- 수업목표   행동 / 조건 / 기준
- 주의집중 단서
- 예상단계
- 검토 / 선행학습 확인 / 목표진술
- 교수와 모델링
  - 요구하는 행동을 구체적으로 제시
  - 촉진과 피드백을 통해 학생들의 대답 요구
- 안내된 연습
  - 교사의 직접적인 감독하에 수업목표 학습
  - 즉각적 피드백 제공
- 독립된 연습
  - 독립적으로 과제 수행
  - 교사의 지연된 피드백 제공
- 마무리

단계   목표제시 → 모델링 → 안내된 연습 → 독립된 연습

정밀교수   교수방법이 아닌 학생의 학업수행을 모니터링하기 위한 방법

인지주의

상보적 교수

- 정의   교사와 학생 간 구조화된 대화를 통해 글의 이해력 증가
- 전략
  - 예측하기   목적 설정
  - 질문 만들기   읽은 글의 중요한 내용에 집중
  - 명료화하기   자신의 이해 여부 점검
  - 요약하기   정리 / 중요한 내용 기억
- 활용   POSSE   예측 / 조직 / 찾기 / 요약 / 평가

전략중재 모형(SIM)

- 사전검사와 수업 참여 약속
- 학습전략의 설명
- 학습전략 모델링
- 학습전략의 언어적 정교화 및 시연
- 통제된 연습과 피드백
- 심화된 연습과 피드백
- 학습전략 습득 평가와 일반화 약속
- 일반화 촉진

자기조절 전략 교수(SRSD)

- 배경지식 개발, 활성화
- 전략에 관한 토의
- 전략 시범
- 전략 기억
- 전략 지원
- 독립적 수행

자기점검

- 정의   내적언어를 사용하여 자신의 행동·학업을 평가
- 활용   자기교정법

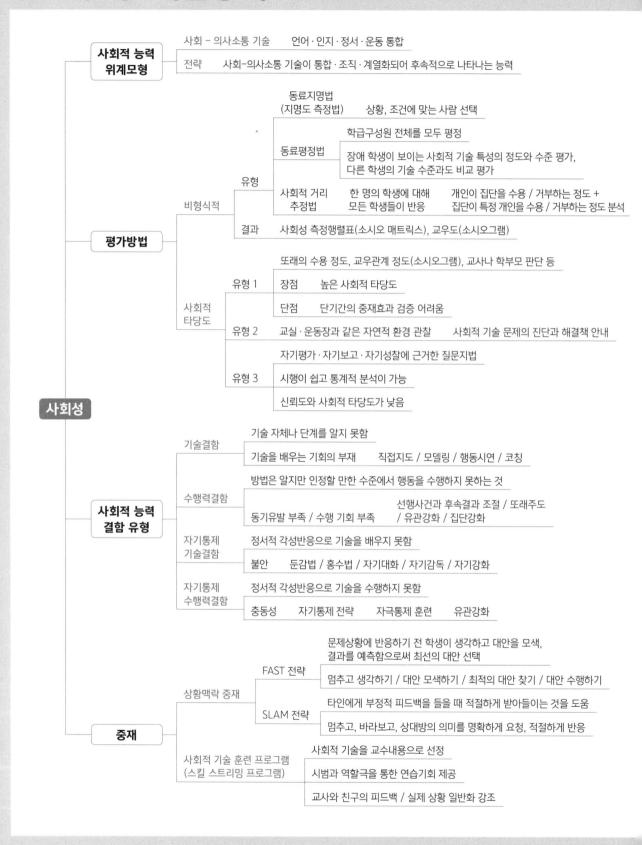

사회성

- **사회적 능력 위계모형**
  - 사회 - 의사소통 기술 — 언어·인지·정서·운동 통합
  - 전략 — 사회-의사소통 기술이 통합·조직·계열화되어 후속적으로 나타나는 능력

- **평가방법**
  - 비형식적
    - 유형
      - 동료지명법 (지명도 측정법) — 상황, 조건에 맞는 사람 선택
      - 동료평정법
        - 학급구성원 전체를 모두 평정
        - 장애 학생이 보이는 사회적 기술 특성의 정도와 수준 평가, 다른 학생의 기술 수준과도 비교 평가
      - 사회적 거리 추정법 — 한 명의 학생에 대해 모든 학생들이 반응 — 개인이 집단을 수용 / 거부하는 정도 + 집단이 특정 개인을 수용 / 거부하는 정도 분석
    - 결과 — 사회성 측정행렬표(소시오 매트릭스), 교우도(소시오그램)
  - 사회적 타당도
    - 또래의 수용 정도, 교우관계 정도(소시오그램), 교사나 학부모 판단 등
    - 유형 1
      - 장점 — 높은 사회적 타당도
      - 단점 — 단기간의 중재효과 검증 어려움
    - 유형 2 — 교실·운동장과 같은 자연적 환경 관찰 — 사회적 기술 문제의 진단과 해결책 안내
    - 유형 3
      - 자기평가·자기보고·자기성찰에 근거한 질문지법
      - 시행이 쉽고 통계적 분석이 가능
      - 신뢰도와 사회적 타당도가 낮음

- **사회적 능력 결함 유형**
  - 기술결함
    - 기술 자체나 단계를 알지 못함
    - 기술을 배우는 기회의 부재 — 직접지도 / 모델링 / 행동시연 / 코칭
  - 수행력결함
    - 방법은 알지만 인정할 만한 수준에서 행동을 수행하지 못하는 것
    - 동기유발 부족 / 수행 기회 부족 — 선행사건과 후속결과 조절 / 또래주도 / 유관강화 / 집단강화
  - 자기통제 기술결함
    - 정서적 각성반응으로 기술을 배우지 못함
    - 불안 — 둔감법 / 홍수법 / 자기대화 / 자기감독 / 자기강화
  - 자기통제 수행력결함
    - 정서적 각성반응으로 기술을 수행하지 못함
    - 충동성 — 자기통제 전략 — 자극통제 훈련 — 유관강화

- **중재**
  - 상황맥락 중재
    - FAST 전략
      - 문제상황에 반응하기 전 학생이 생각하고 대안을 모색, 결과를 예측함으로써 최선의 대안 선택
      - 멈추고 생각하기 / 대안 모색하기 / 최적의 대안 찾기 / 대안 수행하기
    - SLAM 전략
      - 타인에게 부정적 피드백을 들을 때 적절하게 받아들이는 것을 도움
      - 멈추고, 바라보고, 상대방의 의미를 명확하게 요청, 적절하게 반응
  - 사회적 기술 훈련 프로그램 (스킬 스트리밍 프로그램)
    - 사회적 기술을 교수내용으로 선정
    - 시범과 역할극을 통한 연습기회 제공
    - 교사와 친구의 피드백 / 실제 상황 일반화 강조

제**7**장
정서 · 행동장애

제7장 정서·행동장애 01 정의, 분류, 진단

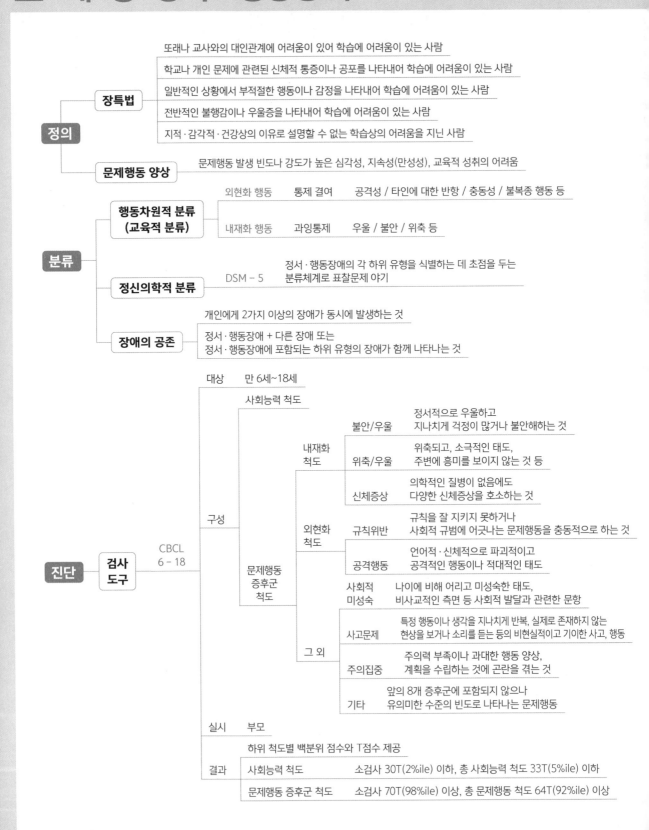

정의
- 장특법
  - 또래나 교사와의 대인관계에 어려움이 있어 학습에 어려움이 있는 사람
  - 학교나 개인 문제에 관련된 신체적 통증이나 공포를 나타내어 학습에 어려움이 있는 사람
  - 일반적인 상황에서 부적절한 행동이나 감정을 나타내어 학습에 어려움이 있는 사람
  - 전반적인 불행감이나 우울증을 나타내어 학습에 어려움이 있는 사람
  - 지적·감각적·건강상의 이유로 설명할 수 없는 학습상의 어려움을 지닌 사람
- 문제행동 양상
  - 문제행동 발생 빈도나 강도가 높은 심각성, 지속성(만성성), 교육적 성취의 어려움

분류
- 행동차원적 분류 (교육적 분류)
  - 외현화 행동 — 통제 결여 — 공격성 / 타인에 대한 반항 / 충동성 / 불복종 행동 등
  - 내재화 행동 — 과잉통제 — 우울 / 불안 / 위축 등
- 정신의학적 분류
  - DSM – 5 — 정서·행동장애의 각 하위 유형을 식별하는 데 초점을 두는 분류체계로 표찰문제 야기
- 장애의 공존
  - 개인에게 2가지 이상의 장애가 동시에 발생하는 것
  - 정서·행동장애 + 다른 장애 또는 정서·행동장애에 포함되는 하위 유형의 장애가 함께 나타나는 것

진단
- 검사 도구
  - CBCL 6 – 18
    - 대상 — 만 6세~18세
    - 구성
      - 사회능력 척도
      - 문제행동 증후군 척도
        - 내재화 척도
          - 불안/우울 — 정서적으로 우울하고 지나치게 걱정이 많거나 불안해하는 것
          - 위축/우울 — 위축되고, 소극적인 태도, 주변에 흥미를 보이지 않는 것 등
          - 신체증상 — 의학적인 질병이 없음에도 다양한 신체증상을 호소하는 것
        - 외현화 척도
          - 규칙위반 — 규칙을 잘 지키지 못하거나 사회적 규범에 어긋나는 문제행동을 충동적으로 하는 것
          - 공격행동 — 언어적·신체적으로 파괴적이고 공격적인 행동이나 적대적인 태도
        - 그 외
          - 사회적 미성숙 — 나이에 비해 어리고 미성숙한 태도, 비사교적인 측면 등 사회적 발달과 관련한 문항
          - 사고문제 — 특정 행동이나 생각을 지나치게 반복, 실제로 존재하지 않는 현상을 보거나 소리를 듣는 등의 비현실적이고 기이한 사고, 행동
          - 주의집중 — 주의력 부족이나 과대한 행동 양상, 계획을 수립하는 것에 곤란을 겪는 것
          - 기타 — 앞의 8개 증후군에 포함되지 않으나 유의미한 수준의 빈도로 나타나는 문제행동
    - 실시 — 부모
    - 결과 — 하위 척도별 백분위 점수와 T점수 제공
      - 사회능력 척도 — 소검사 30T(2%ile) 이하, 총 사회능력 척도 33T(5%ile) 이하
      - 문제행동 증후군 척도 — 소검사 70T(98%ile) 이상, 총 문제행동 척도 64T(92%ile) 이상

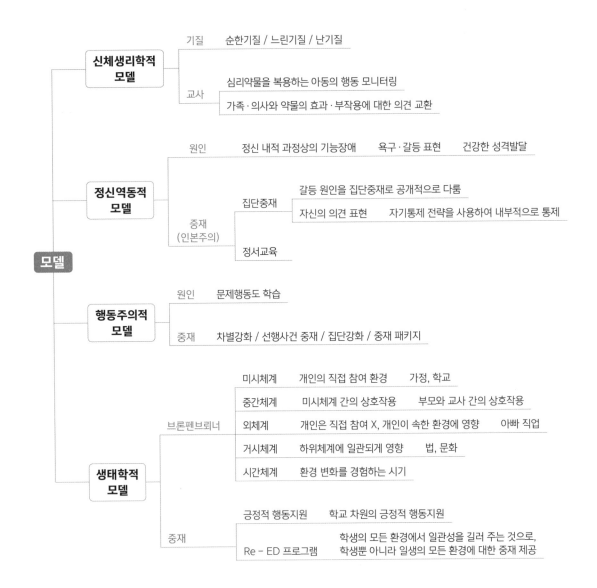

모델

신체생리학적 모델
- 기질 — 순한기질 / 느린기질 / 난기질
- 교사 — 심리약물을 복용하는 아동의 행동 모니터링
       — 가족·의사와 약물의 효과·부작용에 대한 의견 교환

정신역동적 모델
- 원인 — 정신 내적 과정상의 기능장애   욕구·갈등 표현   건강한 성격발달
- 중재 (인본주의)
  - 집단중재 — 갈등 원인을 집단중재로 공개적으로 다룸
            — 자신의 의견 표현   자기통제 전략을 사용하여 내부적으로 통제
  - 정서교육

행동주의적 모델
- 원인 — 문제행동도 학습
- 중재 — 차별강화 / 선행사건 중재 / 집단강화 / 중재 패키지

생태학적 모델
- 브론펜브뢰너
  - 미시체계   개인의 직접 참여 환경   가정, 학교
  - 중간체계   미시체계 간의 상호작용   부모와 교사 간의 상호작용
  - 외체계   개인은 직접 참여 X, 개인이 속한 환경에 영향   아빠 직업
  - 거시체계   하위체계에 일관되게 영향   법, 문화
  - 시간체계   환경 변화를 경험하는 시기
- 중재
  - 긍정적 행동지원   학교 차원의 긍정적 행동지원
  - Re - ED 프로그램   학생의 모든 환경에서 일관성을 길러 주는 것으로, 학생뿐 아니라 일생의 모든 환경에 대한 중재 제공

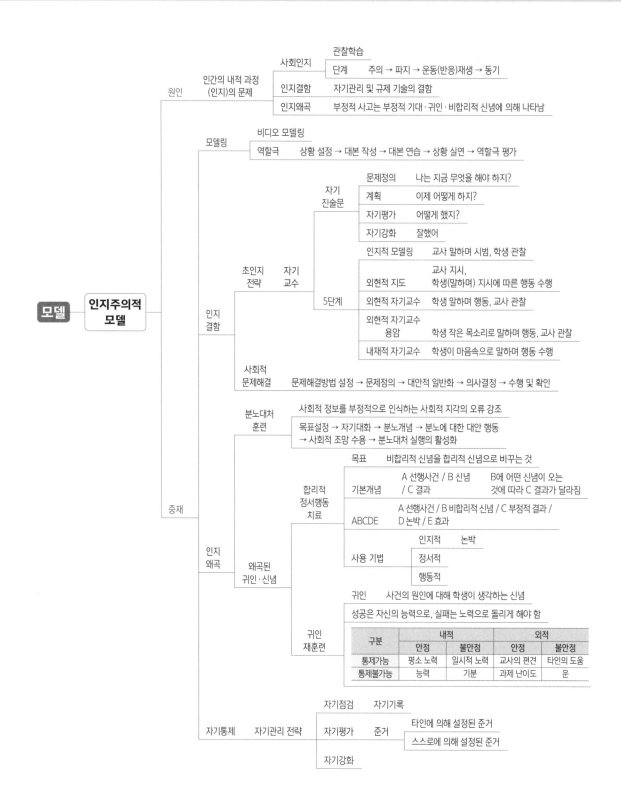

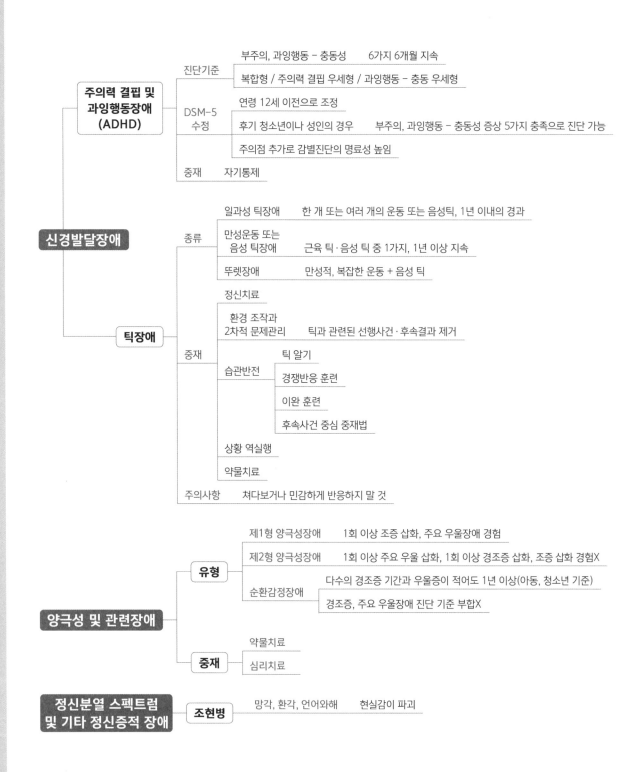

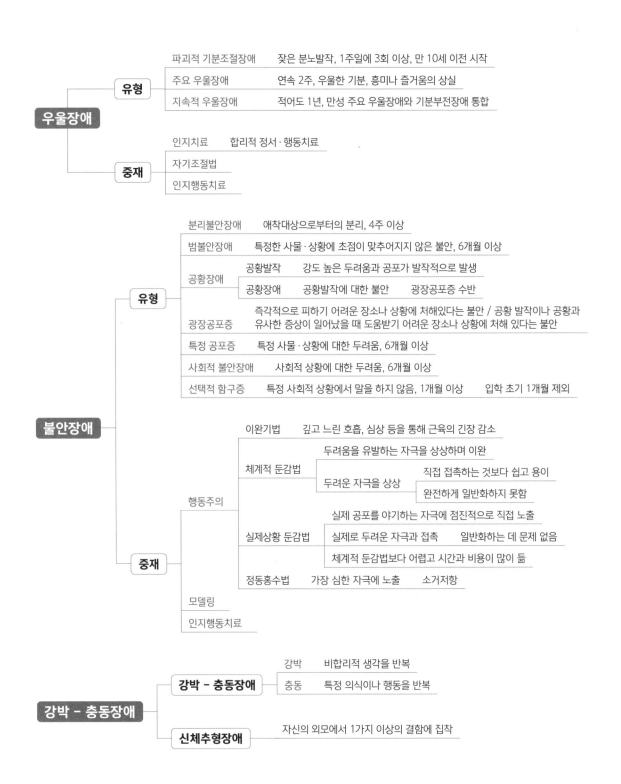

우울장애

유형
파괴적 기분조절장애 ── 잦은 분노발작, 1주일에 3회 이상, 만 10세 이전 시작
주요 우울장애 ── 연속 2주, 우울한 기분, 흥미나 즐거움의 상실
지속적 우울장애 ── 적어도 1년, 만성 주요 우울장애와 기분부전장애 통합

중재
인지치료 ── 합리적 정서·행동치료
자기조절법
인지행동치료

불안장애

유형
분리불안장애 ── 애착대상으로부터의 분리, 4주 이상
범불안장애 ── 특정한 사물·상황에 초점이 맞추어지지 않은 불안, 6개월 이상
공황장애
　공황발작 ── 강도 높은 두려움과 공포가 발작적으로 발생
　공황장애 ── 공황발작에 대한 불안 ── 광장공포증 수반
광장공포증 ── 즉각적으로 피하기 어려운 장소나 상황에 처해있다는 불안 / 공황 발작이나 공황과 유사한 증상이 일어났을 때 도움받기 어려운 장소나 상황에 처해 있다는 불안
특정 공포증 ── 특정 사물·상황에 대한 두려움, 6개월 이상
사회적 불안장애 ── 사회적 상황에 대한 두려움, 6개월 이상
선택적 함구증 ── 특정 사회적 상황에서 말을 하지 않음, 1개월 이상 ── 입학 초기 1개월 제외

중재
행동주의
　이완기법 ── 깊고 느린 호흡, 심상 등을 통해 근육의 긴장 감소
　체계적 둔감법
　　두려움을 유발하는 자극을 상상하며 이완
　　두려운 자극을 상상 ── 직접 접촉하는 것보다 쉽고 용이 / 완전하게 일반화하지 못함
　실제상황 둔감법
　　실제 공포를 야기하는 자극에 점진적으로 직접 노출
　　실제로 두려운 자극과 접촉 ── 일반화하는 데 문제 없음
　　체계적 둔감법보다 어렵고 시간과 비용이 많이 듦
　정동홍수법 ── 가장 심한 자극에 노출 ── 소거저항
모델링
인지행동치료

강박 - 충동장애

강박 - 충동장애
　강박 ── 비합리적 생각을 반복
　충동 ── 특정 의식이나 행동을 반복

신체추형장애 ── 자신의 외모에서 1가지 이상의 결함에 집착

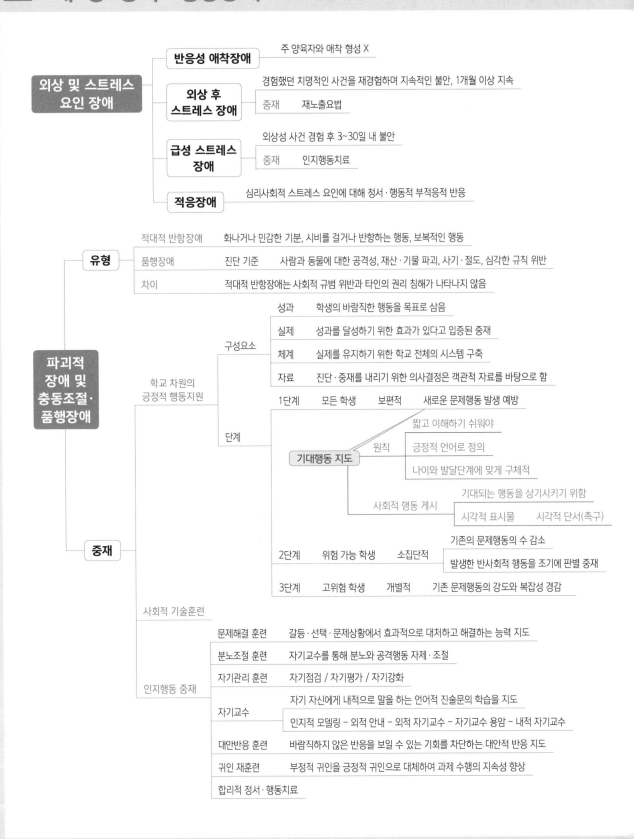

외상 및 스트레스 요인 장애

- 반응성 애착장애 — 주 양육자와 애착 형성 X
- 외상 후 스트레스 장애 — 경험했던 치명적인 사건을 재경험하며 지속적인 불안, 1개월 이상 지속
  - 중재 — 재노출요법
- 급성 스트레스 장애 — 외상성 사건 경험 후 3~30일 내 불안
  - 중재 — 인지행동치료
- 적응장애 — 심리사회적 스트레스 요인에 대해 정서 · 행동적 부적응적 반응

파괴적 장애 및 충동조절 · 품행장애

- 유형
  - 적대적 반항장애 — 화나거나 민감한 기분, 시비를 걸거나 반항하는 행동, 보복적인 행동
  - 품행장애 — 진단 기준 — 사람과 동물에 대한 공격성, 재산 · 기물 파괴, 사기 · 절도, 심각한 규칙 위반
  - 차이 — 적대적 반항장애는 사회적 규범 위반과 타인의 권리 침해가 나타나지 않음
- 중재
  - 학교 차원의 긍정적 행동지원
    - 구성요소
      - 성과 — 학생의 바람직한 행동을 목표로 삼음
      - 실제 — 성과를 달성하기 위한 효과가 있다고 입증된 중재
      - 체계 — 실제를 유지하기 위한 학교 전체의 시스템 구축
      - 자료 — 진단 · 중재를 내리기 위한 의사결정은 객관적 자료를 바탕으로 함
    - 단계
      - 1단계 모든 학생 보편적 새로운 문제행동 발생 예방
        - 기대행동 지도 — 원칙
          - 짧고 이해하기 쉬워야
          - 긍정적 언어로 정의
          - 나이와 발달단계에 맞게 구체적
        - 사회적 행동 게시 — 기대되는 행동을 상기시키기 위함
          - 시각적 표시물 시각적 단서(촉구)
      - 2단계 위험 가능 학생 소집단적
        - 기존의 문제행동의 수 감소
        - 발생한 반사회적 행동을 조기에 판별 중재
      - 3단계 고위험 학생 개별적 기존 문제행동의 강도와 복잡성 경감
  - 사회적 기술훈련
    - 문제해결 훈련 — 갈등 · 선택 · 문제상황에서 효과적으로 대처하고 해결하는 능력 지도
  - 인지행동 중재
    - 분노조절 훈련 — 자기교수를 통해 분노와 공격행동 자제 · 조절
    - 자기관리 훈련 — 자기점검 / 자기평가 / 자기강화
    - 자기교수 — 자기 자신에게 내적으로 말을 하는 언어적 진술문의 학습을 지도
      - 인지적 모델링 – 외적 안내 – 외적 자기교수 – 자기교수 용암 – 내적 자기교수
    - 대안반응 훈련 — 바람직하지 않은 반응을 보일 수 있는 기회를 차단하는 대안적 반응 지도
    - 귀인 재훈련 — 부정적 귀인을 긍정적 귀인으로 대체하여 과제 수행의 지속성 향상
    - 합리적 정서 · 행동치료

제8장
자폐성장애

제8장 자폐성장애 01 정의

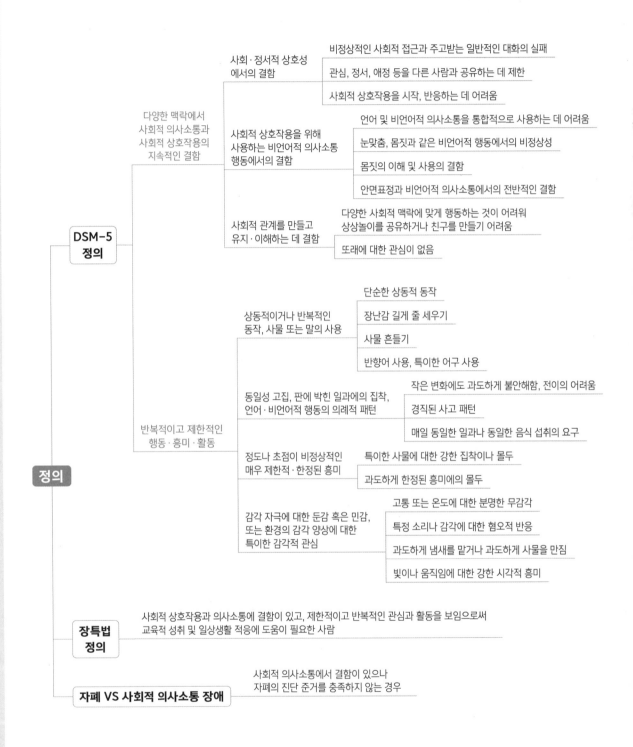

정의

- **DSM-5 정의**
  - 다양한 맥락에서 사회적 의사소통과 사회적 상호작용의 지속적인 결함
    - 사회·정서적 상호성에서의 결함
      - 비정상적인 사회적 접근과 주고받는 일반적인 대화의 실패
      - 관심, 정서, 애정 등을 다른 사람과 공유하는 데 제한
      - 사회적 상호작용을 시작, 반응하는 데 어려움
    - 사회적 상호작용을 위해 사용하는 비언어적 의사소통 행동에서의 결함
      - 언어 및 비언어적 의사소통을 통합적으로 사용하는 데 어려움
      - 눈맞춤, 몸짓과 같은 비언어적 행동에서의 비정상성
      - 몸짓의 이해 및 사용의 결함
      - 안면표정과 비언어적 의사소통에서의 전반적인 결함
    - 사회적 관계를 만들고 유지·이해하는 데 결함
      - 다양한 사회적 맥락에 맞게 행동하는 것이 어려워 상상놀이를 공유하거나 친구를 만들기 어려움
      - 또래에 대한 관심이 없음
  - 반복적이고 제한적인 행동·흥미·활동
    - 상동적이거나 반복적인 동작, 사물 또는 말의 사용
      - 단순한 상동적 동작
      - 장난감 길게 줄 세우기
      - 사물 흔들기
      - 반향어 사용, 특이한 어구 사용
    - 동일성 고집, 판에 박힌 일과에의 집착, 언어·비언어적 행동의 의례적 패턴
      - 작은 변화에도 과도하게 불안해함, 전이의 어려움
      - 경직된 사고 패턴
      - 매일 동일한 일과나 동일한 음식 섭취의 요구
    - 정도나 초점이 비정상적인 매우 제한적·한정된 흥미
      - 특이한 사물에 대한 강한 집착이나 몰두
      - 과도하게 한정된 흥미에의 몰두
    - 감각 자극에 대한 둔감 혹은 민감, 또는 환경의 감각 양상에 대한 특이한 감각적 관심
      - 고통 또는 온도에 대한 분명한 무감각
      - 특정 소리나 감각에 대한 혐오적 반응
      - 과도하게 냄새를 맡거나 과도하게 사물을 만짐
      - 빛이나 움직임에 대한 강한 시각적 흥미
- **장특법 정의**
  - 사회적 상호작용과 의사소통에 결함이 있고, 제한적이고 반복적인 관심과 활동을 보임으로써 교육적 성취 및 일상생활 적응에 도움이 필요한 사람
- **자폐 VS 사회적 의사소통 장애**
  - 사회적 의사소통에서 결함이 있으나 자폐의 진단 준거를 충족하지 않는 경우

행동특성

- 특성
  - 반복적이고 제한된 행동
  - 파괴적 행동
  - 상동행동

- 중재
  - 자기관리기술
    - 목적
      - 습득한 행동 일반화
      - 자폐 학생의 행동 통제에 쏟는 시간을 교수 시간에 할애
    - 종류
      - 목표설정, 자기점검, 자기평가, 자기강화, 자기교수, 문제해결 기술, 분노조절 기술, 긴장완화 훈련
  - 기능적 의사소통 훈련
    - 대체행동 차별 강화
    - 대체행동
      - 반응의 효율성
        - 빠르고 쉽게 목적 달성
        - 요소
          - 노력: 문제행동보다 더 쉽고 빠르게 원하는 것을 얻을 수 있는 행동인가?
          - 결과의 질: 문제행동보다 더 원하는 결과를 얻을 수 있는 행동인가?
          - 결과의 즉각성: 문제행동보다 더 즉각적으로 원하는 결과를 얻을 수 있는 행동인가?
          - 결과의 일관성: 문제행동보다 더 일관되게 원하는 결과를 얻을 수 있는 행동인가?
          - 처벌 개연성: 문제행동에는 혐오적 결과가, 교체기술 사용에는 긍정적 결과가 주어지는가?
      - 반응의 수용성: 다른 사람들이 받아들여야 함
      - 반응의 인식성: 쉽게 알아야 함

해커스임용 설지민 특수교육학 마인드맵

감각 자극에 대한 둔감 혹은 민감 반응 또는   감각 자극에 대한 민감반응, 둔감반응,
환경의 감각 양상에 대한 특이한 감각적 관심   자극추구 행동으로 나타남

감각적 특성

- 유형
  - 시각, 청각, 후각, 미각   외부 환경 정보 제공
  - 촉각   우리 자신의 신체 정보를 중추신경계에 제공   외부세계로부터 자극정보 등록
  - 고유수용 감각
    - 우리 자신의 신체 정보를 중추신경계에 제공   신체 내부로부터 감각정보 등록
    - 신체 도식 개발과 운동 계획 발달에 중요
  - 전정감각
    - 신체가 환경에 어떻게 상호작용하는지에 대한 정보 제공
    - 신체의 움직임, 자세, 균형, 협응과 관련   회전, 수평, 수직, 직선 움직임을 조절하여 안정적인 자세와 움직임의 활동을 유지

- 역치
  - 높은 역치 (둔감)   자극이 등록되지 않아, 둔감하거나 무관심
  - 낮은 역치 (민감)
    - 모든 자극이 등록되어 자극을 피하거나, 우울, 불안과 같은 민감반응
    - 감각 자극의 민감성   많이 경험할수록 둔감   감각자극을 익숙한 것으로 받아들이면 더는 등록 안 함
    - 습관화   감각 자극의 등록을 감소시키는 학습된 반응

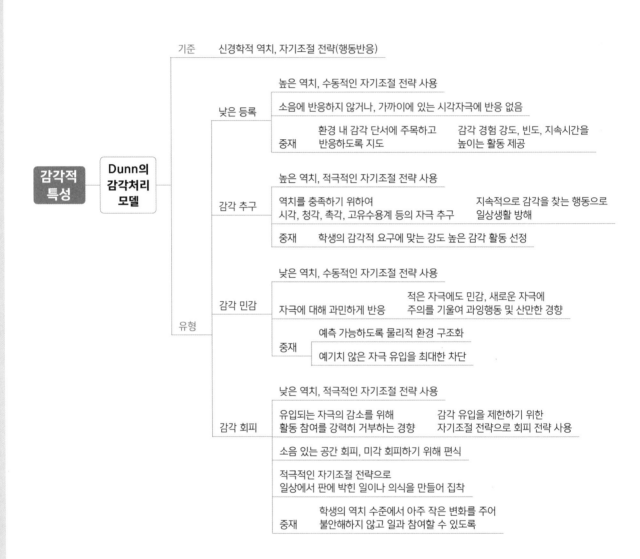

감각적
특성

Dunn의
감각처리
모델

기준　　신경학적 역치, 자기조절 전략(행동반응)

낮은 등록

높은 역치, 수동적인 자기조절 전략 사용

소음에 반응하지 않거나, 가까이에 있는 시각자극에 반응 없음

중재　　환경 내 감각 단서에 주목하고　　감각 경험 강도, 빈도, 지속시간을
　　　　반응하도록 지도　　　　　　　　높이는 활동 제공

감각 추구

높은 역치, 적극적인 자기조절 전략 사용

역치를 충족하기 위하여　　　　　　　　　지속적으로 감각을 찾는 행동으로
시각, 청각, 촉각, 고유수용계 등의 자극 추구　일상생활 방해

중재　　학생의 감각적 요구에 맞는 강도 높은 감각 활동 선정

유형

감각 민감

낮은 역치, 수동적인 자기조절 전략 사용

자극에 대해 과민하게 반응　　적은 자극에도 민감, 새로운 자극에
　　　　　　　　　　　　　　　주의를 기울여 과잉행동 및 산만한 경향

중재　　예측 가능하도록 물리적 환경 구조화

　　　　예기치 않은 자극 유입을 최대한 차단

감각 회피

낮은 역치, 적극적인 자기조절 전략 사용

유입되는 자극의 감소를 위해　　감각 유입을 제한하기 위한
활동 참여를 강력히 거부하는 경향　자기조절 전략으로 회피 전략 사용

소음 있는 공간 회피, 미각 회피하기 위해 편식

적극적인 자기조절 전략으로
일상에서 판에 박힌 일이나 의식을 만들어 집착

중재　　학생의 역치 수준에서 아주 작은 변화를 주어
　　　　불안해하지 않고 일과 참여할 수 있도록

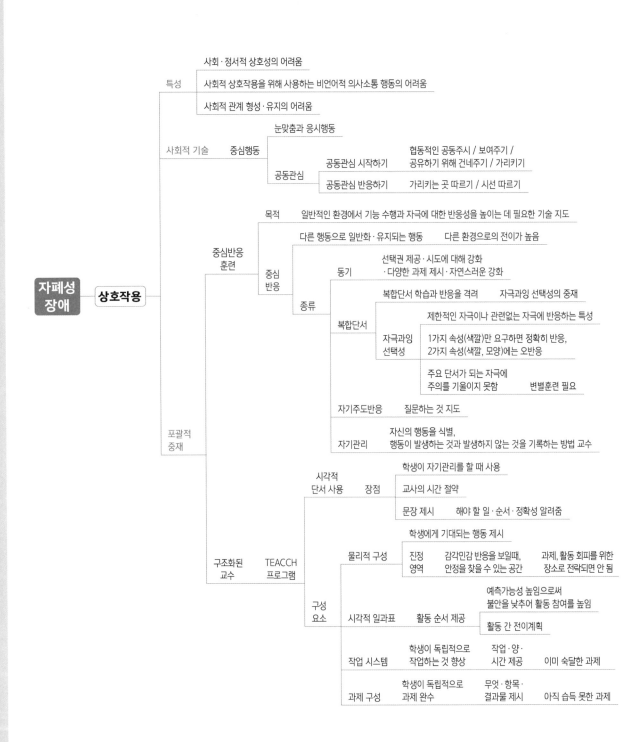

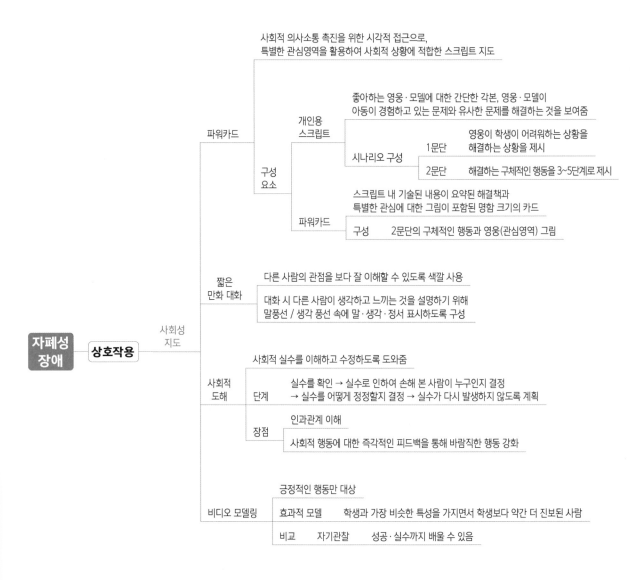

자폐성
장애 — 상호작용 — 사회성
지도

파워카드
- 사회적 의사소통 촉진을 위한 시각적 접근으로,
  특별한 관심영역을 활용하여 사회적 상황에 적합한 스크립트 지도
- 구성
  요소
  - 개인용
    스크립트
    - 좋아하는 영웅·모델에 대한 간단한 각본, 영웅·모델이
      아동이 경험하고 있는 문제와 유사한 문제를 해결하는 것을 보여줌
    - 시나리오 구성
      - 1문단 영웅이 학생이 어려워하는 상황을 해결하는 상황을 제시
      - 2문단 해결하는 구체적인 행동을 3~5단계로 제시
  - 파워카드
    - 스크립트 내 기술된 내용이 요약된 해결책과
      특별한 관심에 대한 그림이 포함된 명함 크기의 카드
    - 구성 2문단의 구체적인 행동과 영웅(관심영역) 그림

짧은
만화 대화
- 다른 사람의 관점을 보다 잘 이해할 수 있도록 색깔 사용
- 대화 시 다른 사람이 생각하고 느끼는 것을 설명하기 위해
  말풍선 / 생각 풍선 속에 말·생각·정서 표시하도록 구성

사회적
도해
- 사회적 실수를 이해하고 수정하도록 도와줌
- 단계 실수를 확인 → 실수로 인하여 손해 본 사람이 누구인지 결정
  → 실수를 어떻게 정정할지 결정 → 실수가 다시 발생하지 않도록 계획
- 장점 인과관계 이해
  사회적 행동에 대한 즉각적인 피드백을 통해 바람직한 행동 강화

비디오 모델링
- 긍정적인 행동만 대상
- 효과적 모델 학생과 가장 비슷한 특성을 가지면서 학생보다 약간 더 진보된 사람
- 비교 자기관찰 성공·실수까지 배울 수 있음

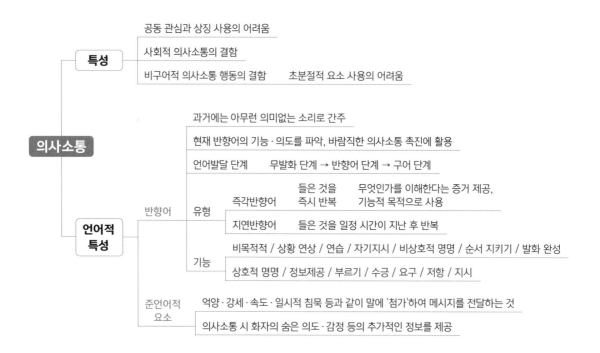

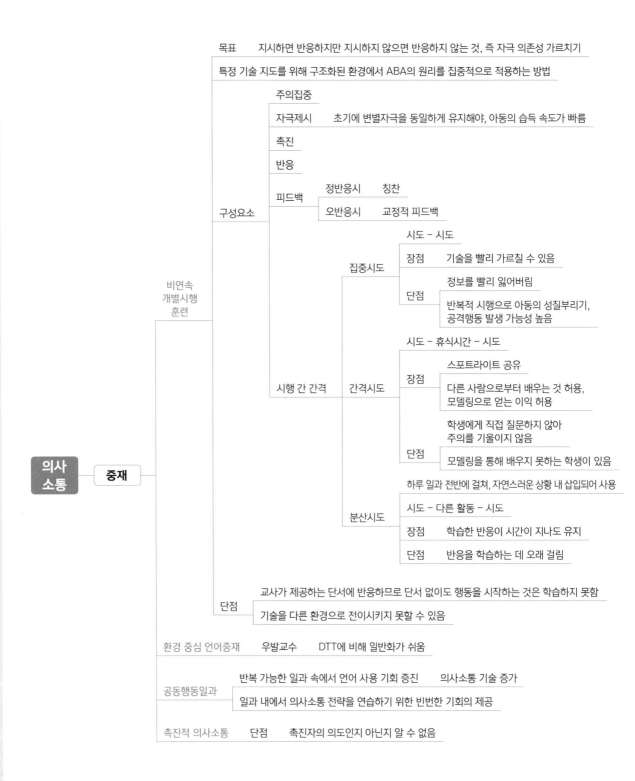

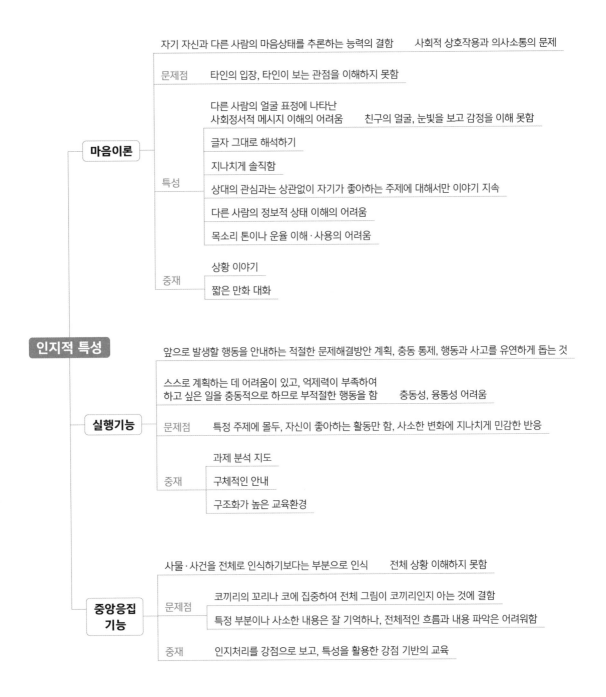

제9장
긍정적 행동지원

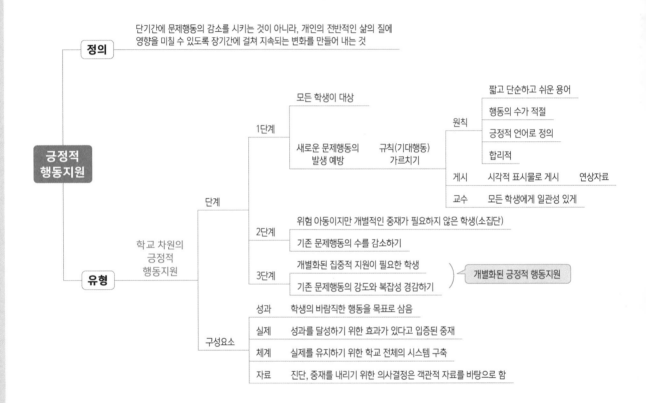

긍정적
행동지원

정의 ── 단기간에 문제행동의 감소를 시키는 것이 아니라, 개인의 전반적인 삶의 질에
영향을 미칠 수 있도록 장기간에 걸쳐 지속되는 변화를 만들어 내는 것

유형

학교 차원의
긍정적
행동지원

단계

1단계 ── 모든 학생이 대상
　　　　 새로운 문제행동의　규칙(기대행동)
　　　　 발생 예방　　　　　가르치기

원칙 ── 짧고 단순하고 쉬운 용어
　　　　행동의 수가 적절
　　　　긍정적 언어로 정의
　　　　합리적

게시 ── 시각적 표시물로 게시　연상자료

교수 ── 모든 학생에게 일관성 있게

2단계 ── 위험 아동이지만 개별적인 중재가 필요하지 않은 학생(소집단)
　　　　 기존 문제행동의 수를 감소하기

3단계 ── 개별화된 집중적 지원이 필요한 학생　　개별화된 긍정적 행동지원
　　　　 기존 문제행동의 강도와 복잡성 경감하기

구성요소

성과 ── 학생의 바람직한 행동을 목표로 삼음
실제 ── 성과를 달성하기 위한 효과가 있다고 입증된 중재
체계 ── 실제를 유지하기 위한 학교 전체의 시스템 구축
자료 ── 진단, 중재를 내리기 위한 의사결정은 객관적 자료를 바탕으로 함

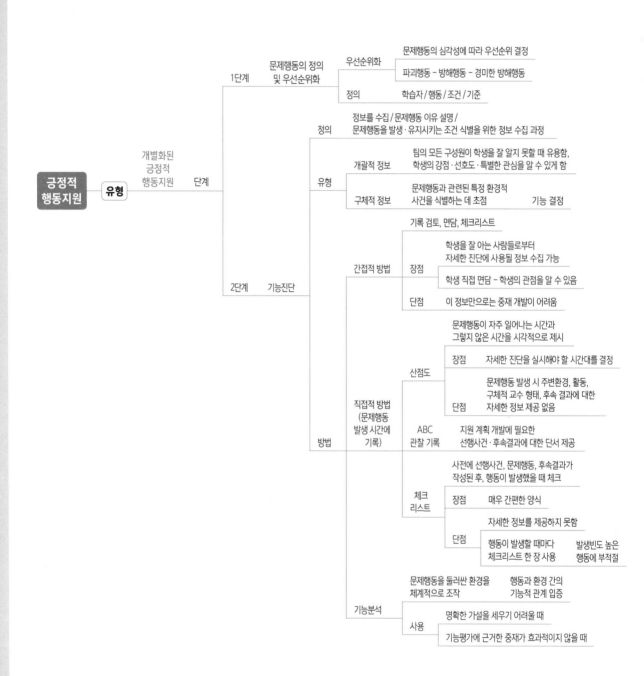

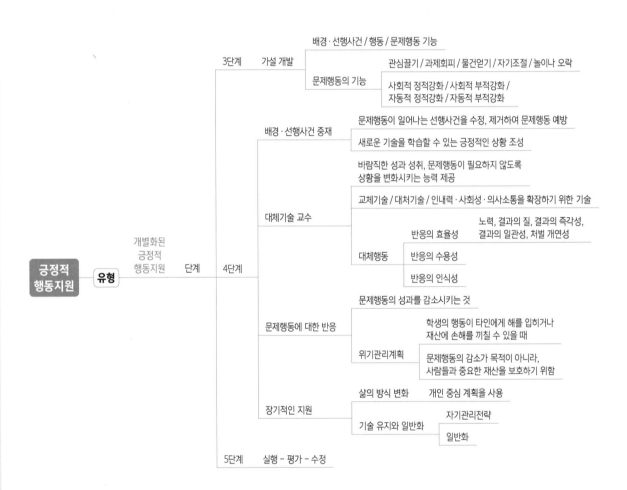

조작적 정의의 필요성

- 표적행동 설정 후　아동의 표적행동 변화수준을 측정해야 함
- 행동은 관찰 가능하고 구체적이어야 함
  - 관찰 가능　행동의 시작과 끝이 분명
  - 구체적　행동의 측정이 가능
- 행동에 대한 구체적 교수목표를 세울 수 있음
- 목표의 달성 여부를 객관적으로 측정　서로 다른 관찰자가 행동을 변별하고, 행동 발생 여부에 대해 동의하기 위해
- 중재효과 평가　행동과 중재 프로그램 사이의 기능적 관계 입증

행동의 차원

- 조작적 정의를 하려면 행동을 6가지 차원으로 설명할 수 있어야 함
- 빈도　행동의 발생 수
- 지속시간　행동이 지속되는 시간 길이
- 지연시간　선행자극과 반응행동의 시작 사이에 걸리는 시간 길이
- 위치　행동이 일어난 장소
- 형태　반응 행동의 모양
- 강도　행동의 힘 또는 세기

행동 목표

- 학습자
- 학생의 행동　조작적 정의
- 행동이 일어나는 상황의 조건
  - 기대되는 표적행동과 관련된 선행자극
  - 환경적 상황, 사용될 자료, 도움의 정도, 구어적/문어적 지시
- 목표가 되는 기준　행동이 얼마나 변화될 것인지에 대해 수용할 만한 최소한의 수행수준

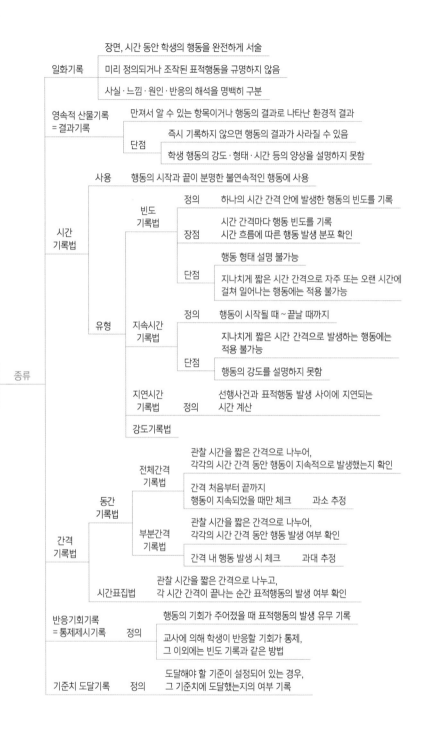

일화기록
- 장면, 시간 동안 학생의 행동을 완전하게 서술
- 미리 정의되거나 조작된 표적행동을 규명하지 않음
- 사실·느낌·원인·반응의 해석을 명백히 구분

영속적 산물기록
= 결과기록
- 만져서 알 수 있는 항목이거나 행동의 결과로 나타난 환경적 결과
- 단점
  - 즉시 기록하지 않으면 행동의 결과가 사라질 수 있음
  - 학생 행동의 강도·형태·시간 등의 양상을 설명하지 못함

시간
기록법
- 사용
  - 행동의 시작과 끝이 분명한 불연속적인 행동에 사용
- 유형
  - 빈도 기록법
    - 정의: 하나의 시간 간격 안에 발생한 행동의 빈도를 기록
    - 장점: 시간 간격마다 행동 빈도를 기록 / 시간 흐름에 따른 행동 발생 분포 확인
    - 단점: 행동 형태 설명 불가능 / 지나치게 짧은 시간 간격으로 자주 또는 오랜 시간에 걸쳐 일어나는 행동에는 적용 불가능
  - 지속시간 기록법
    - 정의: 행동이 시작될 때 ~ 끝날 때까지
    - 단점: 지나치게 짧은 시간 간격으로 발생하는 행동에는 적용 불가능 / 행동의 강도를 설명하지 못함
  - 지연시간 기록법
    - 정의: 선행사건과 표적행동 발생 사이에 지연되는 시간 계산
  - 강도기록법

간격
기록법
- 동간 기록법
  - 전체간격 기록법: 관찰 시간을 짧은 간격으로 나누어, 각각의 시간 간격 동안 행동이 지속적으로 발생했는지 확인 / 간격 처음부터 끝까지 행동이 지속되었을 때만 체크 — 과소 추정
  - 부분간격 기록법: 관찰 시간을 짧은 간격으로 나누어, 각각의 시간 간격 동안 행동 발생 여부 확인 / 간격 내 행동 발생 시 체크 — 과대 추정
- 시간표집법
  - 관찰 시간을 짧은 간격으로 나누고, 각 시간 간격이 끝나는 순간 표적행동의 발생 여부 확인

반응기회기록
= 통제제시기록
- 정의
  - 행동의 기회가 주어졌을 때 표적행동의 발생 유무 기록
  - 교사에 의해 학생이 반응할 기회가 통제, 그 이외에는 빈도 기록과 같은 방법

기준치 도달기록
- 정의
  - 도달해야 할 기준이 설정되어 있는 경우, 그 기준치에 도달했는지의 여부 기록

응용행동분석 (연구방법) → 행동 측정 방법 (관찰) → 종류

			빈도기록	횟수 / 비율
		사건기록	지속시간	시간의 누계 / 평균시간 / 백분율
			지연시간	평균시간
	자료요약	반응기회	횟수 / 백분율	
		기준치 도달	횟수	
		간격기록	백분율	

응용행동분석 (연구방법) → 행동 측정 방법 (관찰)

	필요성	자료의 객관도 확보	
	사건기록법	총 발생횟수	작은 수치 / 큰 수치 × 100
		평균 발생횟수	(제1간격 IOA + 제2간격 IOA + ⋯ +제n간격 IOA) / 전체 단위 간격 수(n)
관찰자 간 신뢰도	간격기록법	총 간격일치도	일치 간격 수/(일치 간격 수 + 불일치 간격 수) × 100

		관찰과 측정에 대한 반응성	관찰자가 자신의 행동을 타인이 관찰한다는 것을 의식	더 잘하거나 못하거나
	신뢰도 높이는 방법	관찰자 표류	시간의 흐름에 따라 관찰자의 기준이 바뀌는 것	
		관찰자의 기대	관찰자가 중재 목적을 아는 경우	모르는 것이 좋음
		관찰의 복잡성 정도	관찰자 훈련	관찰 내용·방법·규칙· 기록방법 훈련

해커스임용 설지민 특수교육학 마인드맵

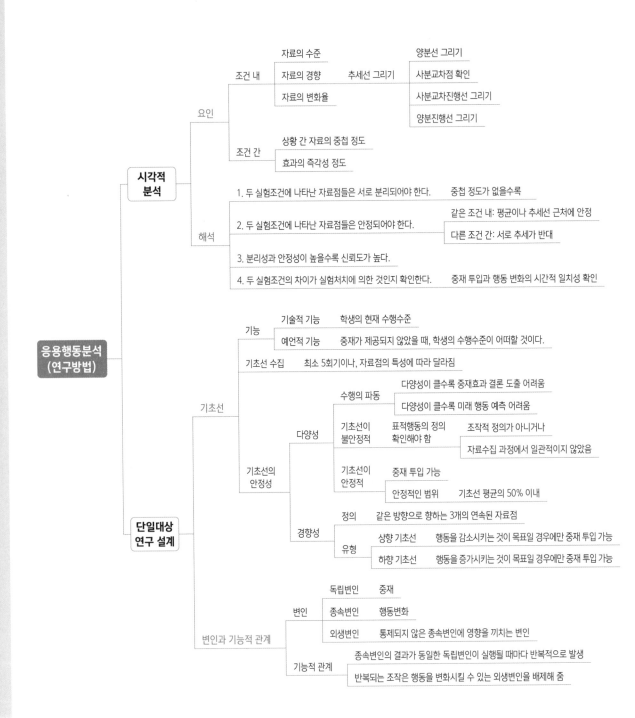

해커스임용 설지민 특수교육학 마인드맵

```
응용행동분석          단일대상
(연구방법)           연구 설계
```

AB 설계
- 사전(A)과 사후(B)의 결과만을 대조하는 설계
  - 장점　간편함
  - 단점　기능적 관계 입증 불가능

ABAB 설계
- 기초선 자료를 중재구간 자료와 반복적으로 비교함으로써 기능적 관계 입증
  - 장점　간편함 / 실험통제가 가능하여 기능적 관계 입증이 쉬움
  - 단점　기능적 관계입증을 위하여 중재철회가 필요-윤리적 문제
  - 사용 불가능한 상황
    - 표적행동이 위험한 행동일 경우
    - 학습되어 표적행동을 기초선 단계로 되돌리기 어려운 경우
  - 기능적 관계
    - 두 번째 기초선 자료가 원래 A 구간의 평균에 근접한 수준에 도달
    - 두 번째 기초선 구간이 첫 번째 B 구간과 반대 추세

준거변경 설계
- 중재를 적용하면서도 행동의 기준을 계속 변화시켜가는 설계　중간 준거는 조정 가능
- AB 설계와 다른 점은 중재 단계에서 행동의 기준이 계획적으로 지정되는 점
- 기능적 관계　학생의 수행수준이 연속적으로 3개 구간에서 강화준거에 맞을 때
  - 내적 타당도
    - 다음 하위 구간으로 넘어가기 전 행동을 2회기 동안 중간 준거에 유지
    - 중간 준거의 회기가 하위 구간마다 다름(하위 구간의 길이가 다름)
    - 준거의 변화 크기 다르게 설정
    - 준거의 변화가 최종목표와 다르게 설정
  - 장점
    - ABAB 설계에서 요구하는 반치료적 행동변화를 요구하지 않음
    - 중다기초선 설계에서 요구하는 기능적으로 독립적인 행동을 요구하지 않음
  - 적용
    - 단계별로 변화시킬 수 있는 경우
    - 기준이 바뀔 때 새롭게 안정적인 수준의 행동을 기대할 수 있는 경우
    - 행동의 정확성, 빈도, 길이, 지연시간 또는 정도나 수준에서 단계별로 증가시키거나 감소시키는 것이 목표인 경우 유용

여러 개의 기초선을 측정하고 순차적으로 중재를 적용하여
표적행동의 변화가 중재 때문에 변화한 것을 입증하는 설계 ─ 한 개 이상의 종속변수를 동시에 분석

**응용행동분석
(연구방법)**

**중다기초선
설계**

적절한 시점에 중재를 순차적으로 도입하는 것이 매우 중요

중재투입 시점
- 첫 번째 변인이 행동 목표에 설정해 놓은 준거에 도달했을 때
- 첫 번째 변인에 대한 자료가 연속 3회 바람직한 방향으로 변화가 실시될 때

사용
중재를 제거하는 것이 윤리적으로 문제가 있거나,
중재의 효과가 기초선으로 돌아갈 수 없을 때 사용

기능적 관계
각 행동의 변화가 중재 투입 시점에 따라 연속적으로 변화할 때

장점
중재효과의 입증을 위해 중재를 제거할 필요 없이 다른 기초선에 중재 실시

단점
- 다수의 기초선 동시 측정
- 기초선 기간이 길어질 수 있음
  - 첫 번째 중재구간에서 효과가 나타날 때까지
    두 번째, 세 번째 중재 실시 불가능
  - 보완 ─ 중다 간헐 기초선 설계

가정
- 각각의 종속변수가 기능적으로 독립적
  공변효과(동시변화)
  : 중재가 투입되지 않은 다른 표적행동이 영향을 받는 것
- 각각의 종속변수는 기능적으로 유사해야 동일한 중재에 반응

유형
행동 간 / 상황 간 / 대상 간

중재 비교

중재의 효과를 증명하는 것이 아닌, 2개 이상의 중재의 효과를 비교하는 설계

조건변경 설계
(복수 중재)
한 중재기간과 다른 중재기간 사이에 기초선 기간을 집어 넣어 중재 간 효과를 비교
- 사용
  - 중재를 제거할 경우 중재 적용 전으로 돌아갈 수 있는 행동에 사용
  - 하나의 중재 투입 후, 아동의 행동 변화가 없어 다른 중재를 투입하고 싶을 때 사용
- 단점 ─ 중재의 효과가 누적적임을 주의
- 주의점 ─ 바로 옆에 있는 중재끼리만 비교 가능

교대중재 설계
한 대상자에게 여러 중재를 교대로 실시하여 그 중재들 간의 효과 비교
- 장점
  - 기초선을 반드시 측정하지 않아도 됨
  - 중재 효과를 비교하는 것이기 때문에 중재 철회 필요 없음
  - 기초선이 안정적이지 않아도 중재를 교체할 수 있음
- 내적 타당도 ─ 중재의 임의적 배열과 평형화를 계획
- 기능적 관계 ─ 복제구간 도입 ─ 효과적이지 않은 중재로 다루어졌던 행동에 효과적인 중재 투입

해커스임용 설지민 특수교육학 마인드맵

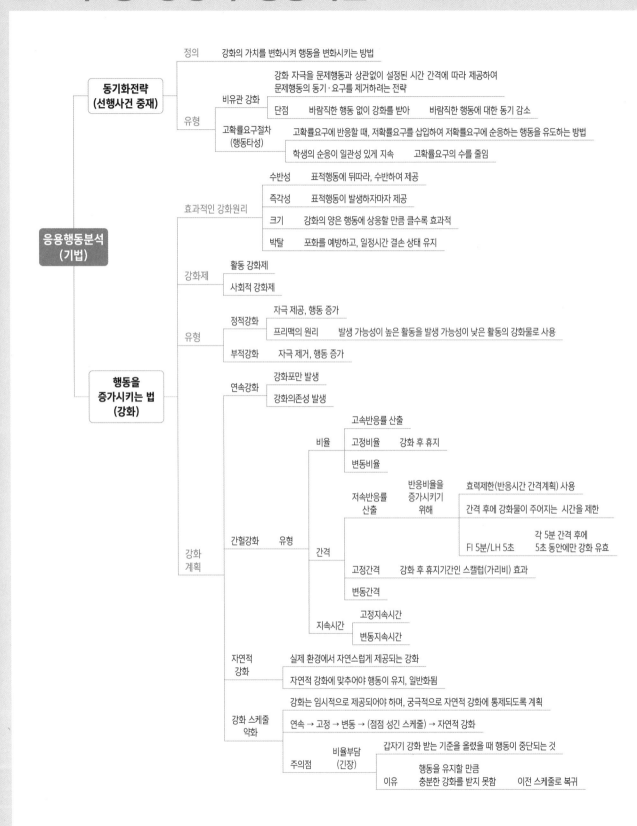

동기화전략 (선행사건 중재)
- 정의: 강화의 가치를 변화시켜 행동을 변화시키는 방법
- 유형
  - 비유관 강화: 강화 자극을 문제행동과 상관없이 설정된 시간 간격에 따라 제공하여 문제행동의 동기·요구를 제거하려는 전략
    - 단점: 바람직한 행동 없이 강화를 받아 / 바람직한 행동에 대한 동기 감소
  - 고확률요구절차 (행동타성): 고확률요구에 반응할 때, 저확률요구를 삽입하여 저확률요구에 순응하는 행동을 유도하는 방법
    - 학생의 순응이 일관성 있게 지속 / 고확률요구의 수를 줄임

응용행동분석 (기법)

행동을 증가시키는 법 (강화)
- 효과적인 강화원리
  - 수반성: 표적행동에 뒤따라, 수반하여 제공
  - 즉각성: 표적행동이 발생하자마자 제공
  - 크기: 강화의 양은 행동에 상응할 만큼 클수록 효과적
  - 박탈: 포화를 예방하고, 일정시간 결손 상태 유지
- 강화제
  - 활동 강화제
  - 사회적 강화제
- 유형
  - 정적강화: 자극 제공, 행동 증가
    - 프리맥의 원리: 발생 가능성이 높은 활동을 발생 가능성이 낮은 활동의 강화물로 사용
  - 부적강화: 자극 제거, 행동 증가
- 강화 계획
  - 연속강화
    - 강화포만 발생
    - 강화의존성 발생
  - 간헐강화
    - 유형
      - 비율: 고속반응률 산출
        - 고정비율: 강화 후 휴지
        - 변동비율
      - 간격: 저속반응률 산출
        - 반응비율을 증가시키기 위해
          - 효력제한(반응시간 간격계획) 사용
          - 간격 후에 강화물이 주어지는 시간을 제한
          - FI 5분/LH 5초: 각 5분 간격 후에 5초 동안에만 강화 유효
        - 고정간격: 강화 후 휴지기간인 스캘럽(가리비) 효과
        - 변동간격
      - 지속시간
        - 고정지속시간
        - 변동지속시간
  - 자연적 강화: 실제 환경에서 자연스럽게 제공되는 강화
    - 자연적 강화에 맞추어야 행동이 유지, 일반화됨
  - 강화 스케줄 약화: 강화는 임시적으로 제공되어야 하며, 궁극적으로 자연적 강화에 통제되도록 계획
    - 연속 → 고정 → 변동 → (점점 성긴 스케줄) → 자연적 강화
    - 주의점
      - 비율부담 (긴장): 갑자기 강화 받는 기준을 올렸을 때 행동이 중단되는 것
        - 이유: 행동을 유지할 만큼 충분한 강화를 받지 못함 / 이전 스케줄로 복귀

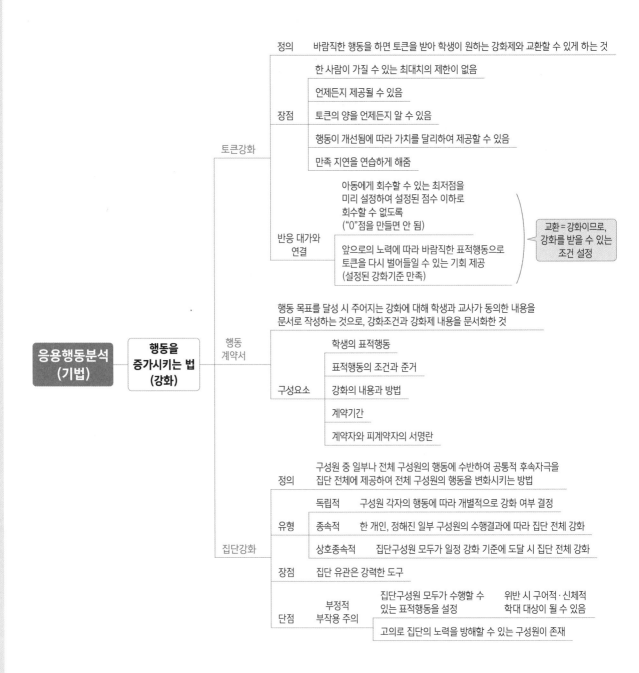

응용행동분석 (기법) — **행동을 증가시키는 법 (강화)**

토큰강화

정의 바람직한 행동을 하면 토큰을 받아 학생이 원하는 강화제와 교환할 수 있게 하는 것

장점
- 한 사람이 가질 수 있는 최대치의 제한이 없음
- 언제든지 제공될 수 있음
- 토큰의 양을 언제든지 알 수 있음
- 행동이 개선됨에 따라 가치를 달리하여 제공할 수 있음
- 만족 지연을 연습하게 해줌

반응 대가와 연결
- 아동에게 회수할 수 있는 최저점을 미리 설정하여 설정된 점수 이하로 회수할 수 없도록 ("0"점을 만들면 안 됨)
- 앞으로의 노력에 따라 바람직한 표적행동으로 토큰을 다시 벌어들일 수 있는 기회 제공 (설정된 강화기준 만족)

교환 = 강화이므로, 강화를 받을 수 있는 조건 설정

행동 계약서

행동 목표를 달성 시 주어지는 강화에 대해 학생과 교사가 동의한 내용을 문서로 작성하는 것으로, 강화조건과 강화제 내용을 문서화한 것

구성요소
- 학생의 표적행동
- 표적행동의 조건과 준거
- 강화의 내용과 방법
- 계약기간
- 계약자와 피계약자의 서명란

집단강화

정의 구성원 중 일부나 전체 구성원의 행동에 수반하여 공통적 후속자극을 집단 전체에 제공하여 전체 구성원의 행동을 변화시키는 방법

유형
- 독립적 — 구성원 각자의 행동에 따라 개별적으로 강화 여부 결정
- 종속적 — 한 개인, 정해진 일부 구성원의 수행결과에 따라 집단 전체 강화
- 상호종속적 — 집단구성원 모두가 일정 강화 기준에 도달 시 집단 전체 강화

장점 집단 유관은 강력한 도구

단점 부정적 부작용 주의
- 집단구성원 모두가 수행할 수 있는 표적행동을 설정 — 위반 시 구어적·신체적 학대 대상이 될 수 있음
- 고의로 집단의 노력을 방해할 수 있는 구성원이 존재

해커스임용 설지민 특수교육학 마인드맵

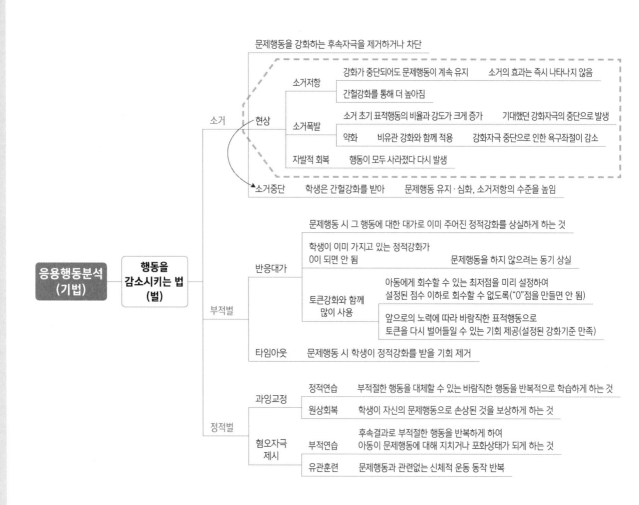

해커스임용 설지민 특수교육학 마인드맵

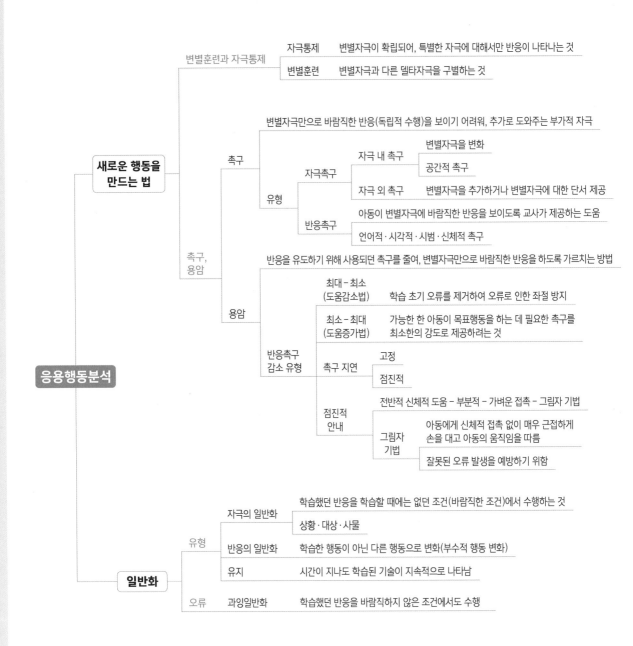

변별훈련과 자극통제
- 자극통제 　변별자극이 확립되어, 특별한 자극에 대해서만 반응이 나타나는 것
- 변별훈련 　변별자극과 다른 델타자극을 구별하는 것

새로운 행동을 만드는 법

촉구　변별자극만으로 바람직한 반응(독립적 수행)을 보이기 어려워, 추가로 도와주는 부가적 자극

유형
- 자극촉구
  - 자극 내 촉구
    - 변별자극을 변화
    - 공간적 촉구
  - 자극 외 촉구　변별자극을 추가하거나 변별자극에 대한 단서 제공
- 반응촉구
  - 아동이 변별자극에 바람직한 반응을 보이도록 교사가 제공하는 도움
  - 언어적·시각적·시범·신체적 촉구

촉구, 용암

용암　반응을 유도하기 위해 사용되던 촉구를 줄여, 변별자극만으로 바람직한 반응을 하도록 가르치는 방법

반응촉구 감소 유형
- 최대 – 최소 (도움감소법)　학습 초기 오류를 제거하여 오류로 인한 좌절 방지
- 최소 – 최대 (도움증가법)　가능한 한 아동이 목표행동을 하는 데 필요한 촉구를 최소한의 강도로 제공하려는 것
- 촉구 지연
  - 고정
  - 점진적
- 점진적 안내
  - 전반적 신체적 도움 – 부분적 – 가벼운 접촉 – 그림자 기법
  - 그림자 기법
    - 아동에게 신체적 접촉 없이 매우 근접하게 손을 대고 아동의 움직임을 따름
    - 잘못된 오류 발생을 예방하기 위함

응용행동분석

일반화

유형
- 자극의 일반화
  - 학습했던 반응을 학습할 때에는 없던 조건(바람직한 조건)에서 수행하는 것
  - 상황·대상·사물
- 반응의 일반화　학습한 행동이 아닌 다른 행동으로 변화(부수적 행동 변화)
- 유지　시간이 지나도 학습된 기술이 지속적으로 나타남

오류　과잉일반화　학습했던 반응을 바람직하지 않은 조건에서도 수행

해커스임용 설지민 특수교육학 마인드맵

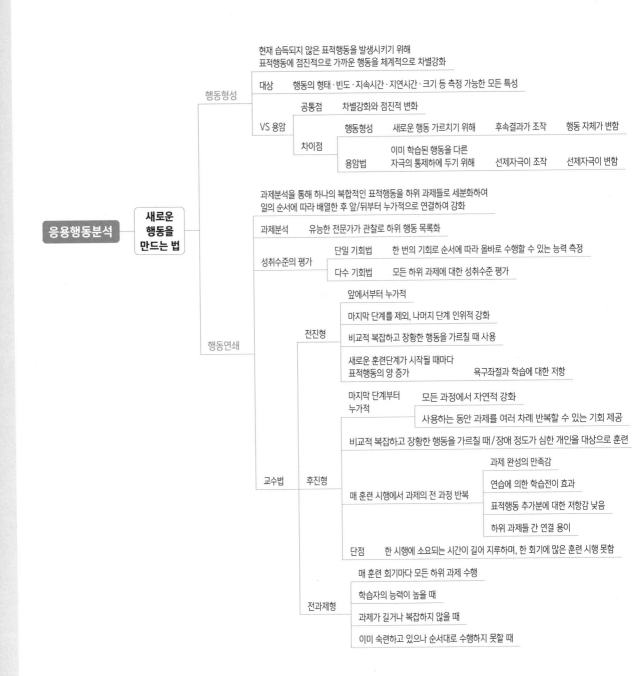

응용행동분석 — 새로운 행동을 만드는 법

- **행동형성**
  - 현재 습득되지 않은 표적행동을 발생시키기 위해 표적행동에 점진적으로 가까운 행동을 체계적으로 차별강화
  - 대상 — 행동의 형태·빈도·지속시간·지연시간·크기 등 측정 가능한 모든 특성
  - VS 용암
    - 공통점 — 차별강화와 점진적 변화
    - 차이점
      - 행동형성 — 새로운 행동 가르치기 위해 — 후속결과가 조작 — 행동 자체가 변함
      - 용암법 — 이미 학습된 행동을 다른 자극의 통제하에 두기 위해 — 선제자극이 조작 — 선제자극이 변함

- **행동연쇄**
  - 과제분석을 통해 하나의 복합적인 표적행동을 하위 과제들로 세분화하여 일의 순서에 따라 배열한 후 앞/뒤부터 누가적으로 연결하여 강화
  - 과제분석 — 유능한 전문가가 관찰로 하위 행동 목록화
  - 성취수준의 평가
    - 단일 기회법 — 한 번의 기회로 순서에 따라 올바르게 수행할 수 있는 능력 측정
    - 다수 기회법 — 모든 하위 과제에 대한 성취수준 평가
  - 교수법
    - 전진형
      - 앞에서부터 누가적
      - 마지막 단계를 제외, 나머지 단계 인위적 강화
      - 비교적 복잡하고 장황한 행동을 가르칠 때 사용
      - 새로운 훈련단계가 시작될 때마다 표적행동의 양 증가 — 욕구좌절과 학습에 대한 저항
    - 후진형
      - 마지막 단계부터 누가적
        - 모든 과정에서 자연적 강화
        - 사용하는 동안 과제를 여러 차례 반복할 수 있는 기회 제공
      - 비교적 복잡하고 장황한 행동을 가르칠 때/장애 정도가 심한 개인을 대상으로 훈련
      - 매 훈련 시행에서 과제의 전 과정 반복
        - 과제 완성의 만족감
        - 연습에 의한 학습전이 효과
        - 표적행동 추가분에 대한 저항감 낮음
        - 하위 과제들 간 연결 용이
      - 단점 — 한 시행에 소요되는 시간이 길어 지루하며, 한 회기에 많은 훈련 시행 못함
    - 전과제형
      - 매 훈련 회기마다 모든 하위 과제 수행
      - 학습자의 능력이 높을 때
      - 과제가 길거나 복잡하지 않을 때
      - 이미 숙련하고 있으나 순서대로 수행하지 못할 때

해커스임용 설지민 특수교육학 마인드맵

제10장
지체,
중도·중복장애

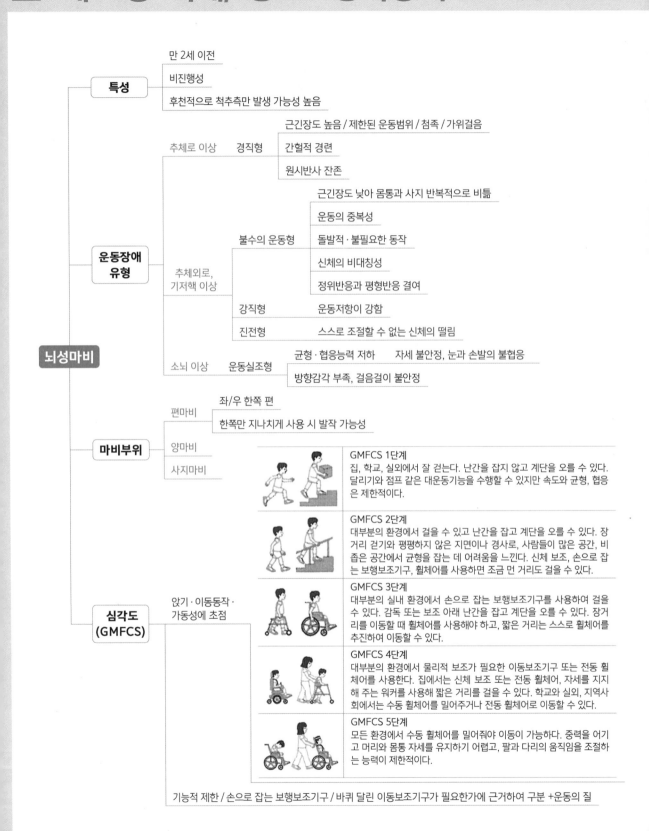

뇌성마비

특성
- 만 2세 이전
- 비진행성
- 후천적으로 척추측만 발생 가능성 높음

운동장애 유형
- 추체로 이상 — 경직형
  - 근긴장도 높음 / 제한된 운동범위 / 첨족 / 가위걸음
  - 간헐적 경련
  - 원시반사 잔존
- 추체외로, 기저핵 이상
  - 불수의 운동형
    - 근긴장도 낮아 몸통과 사지 반복적으로 비틂
    - 운동의 중복성
    - 돌발적 · 불필요한 동작
    - 신체의 비대칭성
    - 정위반응과 평형반응 결여
  - 강직형 — 운동저항이 강함
  - 진전형 — 스스로 조절할 수 없는 신체의 떨림
- 소뇌 이상 — 운동실조형
  - 균형 · 협응능력 저하 — 자세 불안정, 눈과 손발의 불협응
  - 방향감각 부족, 걸음걸이 불안정

마비부위
- 편마비
  - 좌/우 한쪽 편
  - 한쪽만 지나치게 사용 시 발작 가능성
- 양마비
- 사지마비

심각도 (GMFCS)
- 앉기 · 이동동작 · 가동성에 초점

GMFCS 1단계
집, 학교, 실외에서 잘 걷는다. 난간을 잡지 않고 계단을 오를 수 있다. 달리기와 점프 같은 대운동기능을 수행할 수 있지만 속도와 균형, 협응은 제한적이다.

GMFCS 2단계
대부분의 환경에서 걸을 수 있고 난간을 잡고 계단을 오를 수 있다. 장거리 걷기와 평평하지 않은 지면이나 경사로, 사람들이 많은 공간, 비좁은 공간에서 균형을 잡는 데 어려움을 느낀다. 신체 보조, 손으로 잡는 보행보조기구, 휠체어를 사용하면 조금 먼 거리도 걸을 수 있다.

GMFCS 3단계
대부분의 실내 환경에서 손으로 잡는 보행보조기구를 사용하여 걸을 수 있다. 감독 또는 보조 아래 난간을 잡고 계단을 오를 수 있다. 장거리를 이동할 때 휠체어를 사용해야 하고, 짧은 거리는 스스로 휠체어를 추진하여 이동할 수 있다.

GMFCS 4단계
대부분의 환경에서 물리적 보조가 필요한 이동보조기구 또는 전동 휠체어를 사용한다. 집에서는 신체 보조 또는 전동 휠체어, 자세를 지지해 주는 워커를 사용해 짧은 거리를 걸을 수 있다. 학교와 실외, 지역사회에서는 수동 휠체어를 밀어주거나 전동 휠체어로 이동할 수 있다.

GMFCS 5단계
모든 환경에서 수동 휠체어를 밀어줘야 이동이 가능하다. 중력을 어기고 머리와 몸통 자세를 유지하기 어렵고, 팔과 다리의 움직임을 조절하는 능력이 제한적이다.

기능적 제한 / 손으로 잡는 보행보조기구 / 바퀴 달린 이동보조기구가 필요한가에 근거하여 구분 +운동의 질

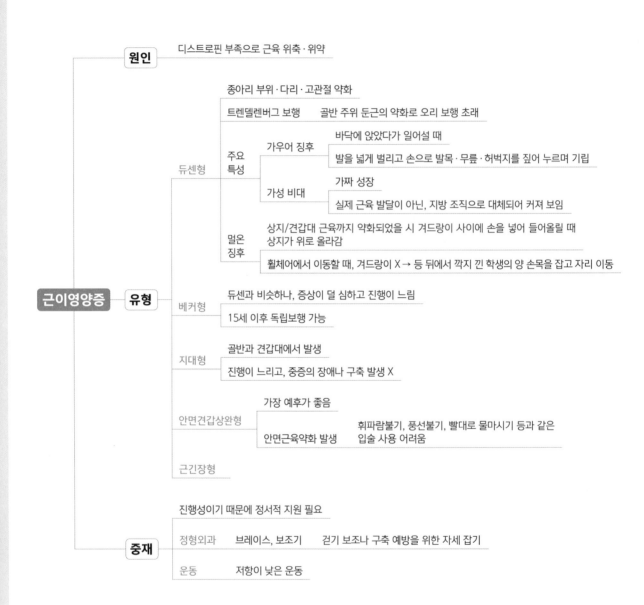

근이영양증

원인 — 디스트로핀 부족으로 근육 위축 · 위약

유형
- 듀센형
  - 종아리 부위 · 다리 · 고관절 약화
  - 트렌델렌버그 보행 — 골반 주위 둔근의 약화로 오리 보행 초래
  - 주요 특성
    - 가우어 징후
      - 바닥에 앉았다가 일어설 때
      - 발을 넓게 벌리고 손으로 발목 · 무릎 · 허벅지를 짚어 누르며 기립
    - 가성 비대
      - 가짜 성장
      - 실제 근육 발달이 아닌, 지방 조직으로 대체되어 커져 보임
  - 멀온 징후
    - 상지/견갑대 근육까지 약화되었을 시 겨드랑이 사이에 손을 넣어 들어올릴 때 상지가 위로 올라감
    - 휠체어에서 이동할 때, 겨드랑이 X → 등 뒤에서 깍지 낀 학생의 양 손목을 잡고 자리 이동
- 베커형
  - 듀센과 비슷하나, 증상이 덜 심하고 진행이 느림
  - 15세 이후 독립보행 가능
- 지대형
  - 골반과 견갑대에서 발생
  - 진행이 느리고, 중증의 장애나 구축 발생 X
- 안면견갑상완형
  - 가장 예후가 좋음
  - 안면근육약화 발생 — 휘파람불기, 풍선불기, 빨대로 물마시기 등과 같은 입술 사용 어려움
- 근긴장형

중재
- 진행성이기 때문에 정서적 지원 필요
- 정형외과 — 브레이스, 보조기 — 걷기 보조나 구축 예방을 위한 자세 잡기
- 운동 — 저항이 낮은 운동

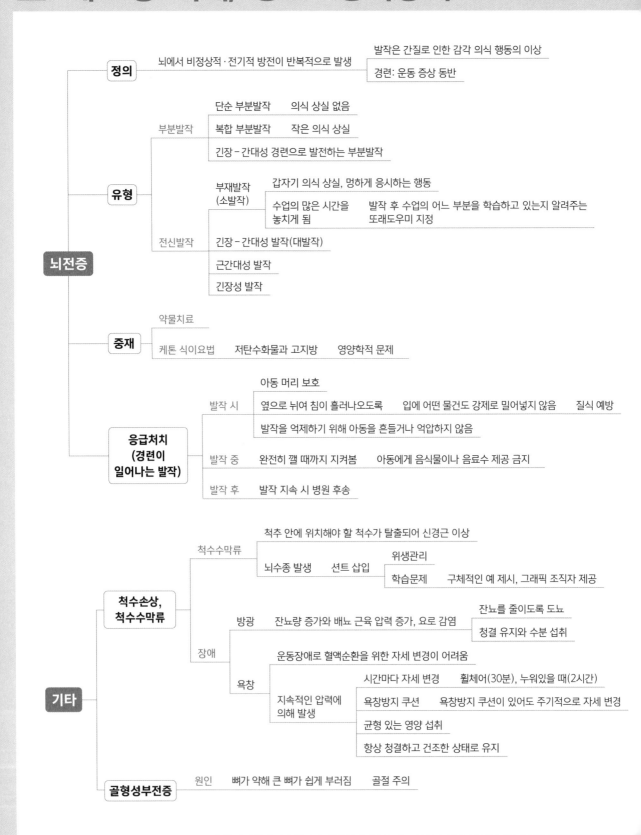

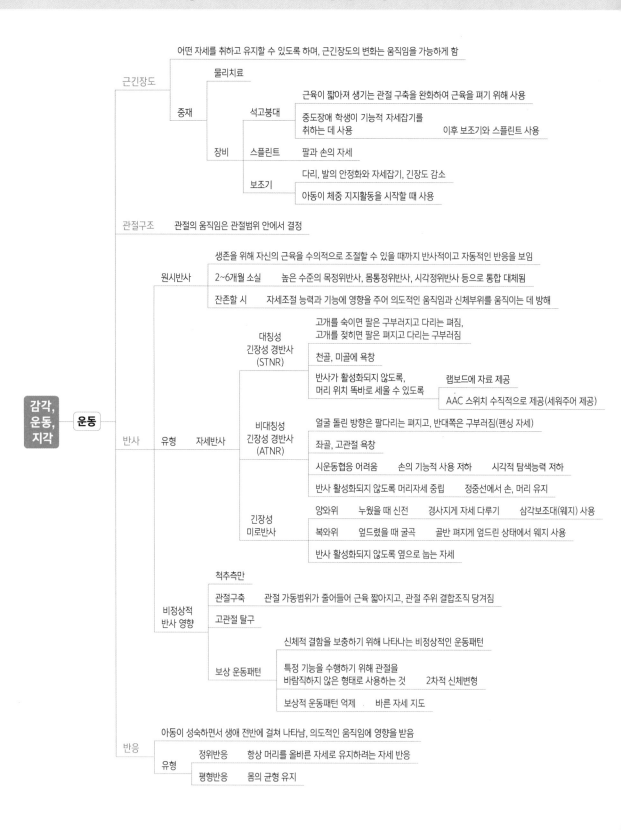

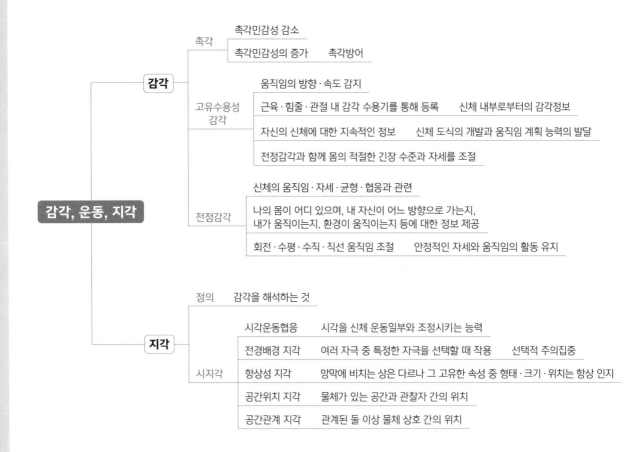

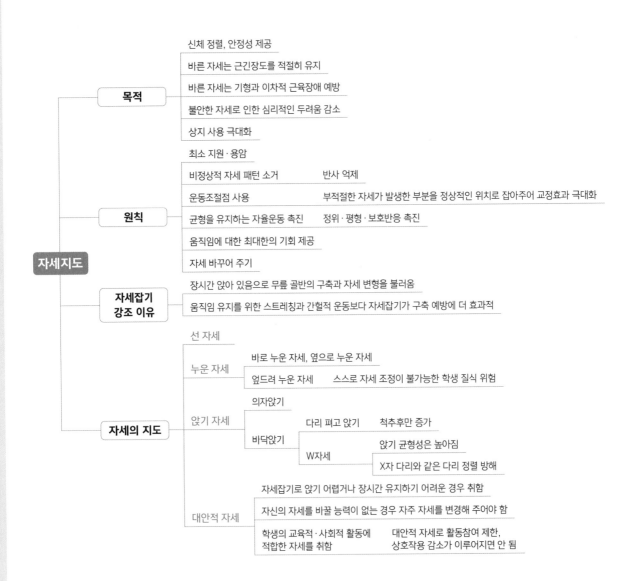

감각, 운동, 지각

- **운동**
  - 근긴장도
    - 어떤 자세를 취하고 유지할 수 있도록 하며, 근긴장도의 변화는 움직임을 가능하게 함
    - 중재
      - 물리치료
      - 장비
        - 석고붕대
          - 근육이 짧아져 생기는 관절 구축을 완화하여 근육을 펴기 위해 사용
          - 중도장애 학생이 기능적 자세잡기를 취하는 데 사용 — 이후 보조기와 스플린트 사용
        - 스플린트 — 팔과 손의 자세
        - 보조기
          - 다리, 발의 안정화와 자세잡기, 긴장도 감소
          - 아동이 체중 지지활동을 시작할 때 사용
  - 관절구조 — 관절의 움직임은 관절범위 안에서 결정
  - 반사
    - 원시반사
      - 생존을 위해 자신의 근육을 수의적으로 조절할 수 있을 때까지 반사적이고 자동적인 반응을 보임
      - 2~6개월 소실 — 높은 수준의 목정위반사, 몸통정위반사, 시각정위반사 등으로 통합 대체됨
      - 잔존할 시 — 자세조절 능력과 기능에 영향을 주어 의도적인 움직임과 신체부위를 움직이는 데 방해
    - 유형 — 자세반사
      - 대칭성 긴장성 경반사(STNR)
        - 고개를 숙이면 팔은 구부러지고 다리는 펴짐, 고개를 젖히면 팔은 펴지고 다리는 구부러짐
        - 천골, 미골에 욕창
        - 반사가 활성화되지 않도록, 머리 위치 똑바로 세울 수 있도록
          - 랩보드에 자료 제공
          - AAC 스위치 수직적으로 제공(세워주어 제공)
      - 비대칭성 긴장성 경반사(ATNR)
        - 얼굴 돌린 방향은 팔다리는 펴지고, 반대쪽은 구부러짐(펜싱 자세)
        - 좌골, 고관절 욕창
        - 시운동협응 어려움 — 손의 기능적 사용 저하 — 시각적 탐색능력 저하
        - 반사 활성화되지 않도록 머리자세 중립 — 정중선에서 손, 머리 유지
      - 긴장성 미로반사
        - 앙와위 — 누웠을 때 신전 — 경사지게 자세 다루기 — 삼각보조대(웨지) 사용
        - 복와위 — 엎드렸을 때 굴곡 — 골반 펴지게 엎드린 상태에서 웨지 사용
        - 반사 활성화되지 않도록 옆으로 눕는 자세
    - 비정상적 반사 영향
      - 척추측만
      - 관절구축 — 관절 가동범위가 줄어들어 근육 짧아지고, 관절 주위 결합조직 당겨짐
      - 고관절 탈구
      - 보상 운동패턴
        - 신체적 결함을 보충하기 위해 나타나는 비정상적인 운동패턴
        - 특정 기능을 수행하기 위해 관절을 바람직하지 않은 형태로 사용하는 것 — 2차적 신체변형
        - 보상적 운동패턴 억제 — 바른 자세 지도
  - 반응
    - 아동이 성숙하면서 생애 전반에 걸쳐 나타남, 의도적인 움직임에 영향을 받음
    - 유형
      - 정위반응 — 항상 머리를 올바른 자세로 유지하려는 자세 반응
      - 평형반응 — 몸의 균형 유지

신체 정렬, 안정성 제공

바른 자세는 근긴장도를 적절히 유지

목적 바른 자세는 기형과 이차적 근육장애 예방

불안한 자세로 인한 심리적인 두려움 감소

상지 사용 극대화

최소 지원·용암

비정상적 자세 패턴 소거 반사 억제

운동조절점 사용 부적절한 자세가 발생한 부분을 정상적인 위치로 잡아주어 교정효과 극대화

자세지도 **원칙** 균형을 유지하는 자율운동 촉진 정위·평형·보호반응 촉진

움직임에 대한 최대한의 기회 제공

자세 바꾸어 주기

자세잡기 강조 이유 장시간 앉아 있음으로 무릎 골반의 구축과 자세 변형을 불러옴

움직임 유지를 위한 스트레칭과 간헐적 운동보다 자세잡기가 구축 예방에 더 효과적

선 자세

누운 자세 바로 누운 자세, 옆으로 누운 자세

엎드려 누운 자세 스스로 자세 조정이 불가능한 학생 질식 위험

의자앉기

앉기 자세 다리 펴고 앉기 척추후만 증가

자세의 지도 바닥앉기 앉기 균형성은 높아짐

W자세 X자 다리와 같은 다리 정렬 방해

자세잡기로 앉기 어렵거나 장시간 유지하기 어려운 경우 취함

대안적 자세 자신의 자세를 바꿀 능력이 없는 경우 자주 자세를 변경해 주어야 함

학생의 교육적·사회적 활동에 적합한 자세를 취함 대안적 자세로 활동참여 제한, 상호작용 감소가 이루어지면 안 됨

해커스임용 설지민 특수교육학 마인드맵

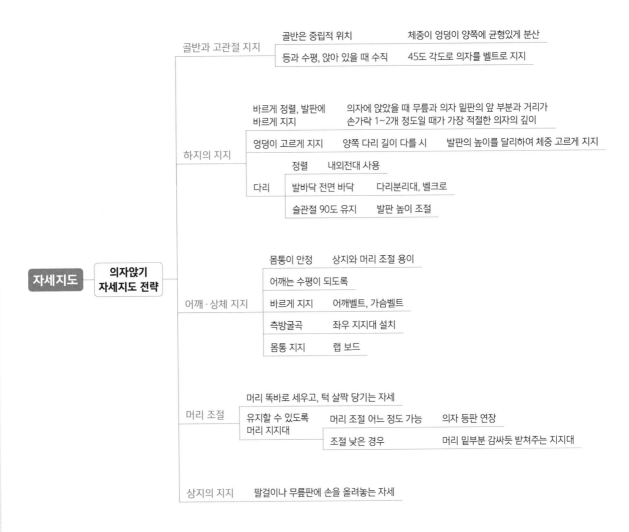

자세지도 — 의자앉기 자세지도 전략

골반과 고관절 지지
- 골반은 중립적 위치 — 체중이 엉덩이 양쪽에 균형있게 분산
- 등과 수평, 앉아 있을 때 수직 — 45도 각도로 의자를 벨트로 지지

하지의 지지
- 바르게 정렬, 발판에 바르게 지지 — 의자에 앉았을 때 무릎과 의자 밑판의 앞 부분과 거리가 손가락 1~2개 정도일 때가 가장 적절한 의자의 깊이
- 엉덩이 고르게 지지 — 양쪽 다리 길이 다를 시 — 발판의 높이를 달리하여 체중 고르게 지지
- 다리
  - 정렬 — 내외전대 사용
  - 발바닥 전면 바닥 — 다리분리대, 벨크로
  - 슬관절 90도 유지 — 발판 높이 조절

어깨·상체 지지
- 몸통이 안정 — 상지와 머리 조절 용이
- 어깨는 수평이 되도록
- 바르게 지지 — 어깨벨트, 가슴벨트
- 측방굴곡 — 좌우 지지대 설치
- 몸통 지지 — 랩 보드

머리 조절
- 머리 똑바로 세우고, 턱 살짝 당기는 자세
- 유지할 수 있도록 머리 지지대
  - 머리 조절 어느 정도 가능 — 의자 등판 연장
  - 조절 낮은 경우 — 머리 밑부분 감싸듯 받쳐주는 지지대

상지의 지지
- 팔걸이나 무릎판에 손을 올려놓는 자세

해커스임용 설지민 특수교육학 마인드맵

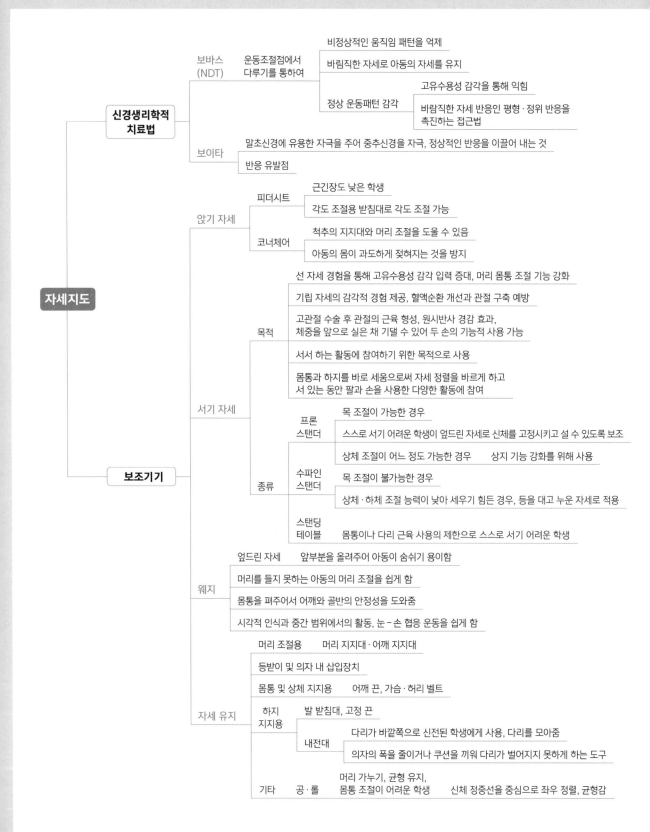

자세지도

신경생리학적 치료법
- 보바스 (NDT) — 운동조절점에서 다루기를 통하여
  - 비정상적인 움직임 패턴을 억제
  - 바림직한 자세로 아동의 자세를 유지
  - 정상 운동패턴 감각
    - 고유수용성 감각을 통해 익힘
    - 바람직한 자세 반응인 평형·정위 반응을 촉진하는 접근법
- 보이타 — 말초신경에 유용한 자극을 주어 중추신경을 자극, 정상적인 반응을 이끌어 내는 것
  - 반응 유발점

보조기기
- 앉기 자세
  - 피더시트
    - 근긴장도 낮은 학생
    - 각도 조절용 받침대로 각도 조절 가능
  - 코너체어
    - 척추의 지지대와 머리 조절을 도울 수 있음
    - 아동의 몸이 과도하게 젖혀지는 것을 방지
- 서기 자세
  - 목적
    - 선 자세 경험을 통해 고유수용성 감각 입력 증대, 머리 몸통 조절 기능 강화
    - 기립 자세의 감각적 경험 제공, 혈액순환 개선과 관절 구축 예방
    - 고관절 수술 후 관절의 근육 형성, 원시반사 경감 효과, 체중을 앞으로 실은 채 기댈 수 있어 두 손의 기능적 사용 가능
    - 서서 하는 활동에 참여하기 위한 목적으로 사용
    - 몸통과 하지를 바로 세움으로써 자세 정렬을 바르게 하고 서 있는 동안 팔과 손을 사용한 다양한 활동에 참여
  - 종류
    - 프론 스탠더
      - 목 조절이 가능한 경우
      - 스스로 서기 어려운 학생이 엎드린 자세로 신체를 고정시키고 설 수 있도록 보조
    - 수파인 스탠더
      - 상체 조절이 어느 정도 가능한 경우 — 상지 기능 강화를 위해 사용
      - 목 조절이 불가능한 경우
      - 상체·하체 조절 능력이 낮아 세우기 힘든 경우, 등을 대고 누운 자세로 적용
    - 스탠딩 테이블
      - 몸통이나 다리 근육 사용의 제한으로 스스로 서기 어려운 학생
- 웨지
  - 엎드린 자세 — 앞부분을 올려주어 아동이 숨쉬기 용이함
  - 머리를 들지 못하는 아동의 머리 조절을 쉽게 함
  - 몸통을 펴주어서 어깨와 골반의 안정성을 도와줌
  - 시각적 인식과 중간 범위에서의 활동, 눈-손 협응 운동을 쉽게 함
- 자세 유지
  - 머리 조절용 — 머리 지지대·어깨 지지대
  - 등받이 및 의자 내 삽입장치
  - 몸통 및 상체 지지용 — 어깨 끈, 가슴·허리 벨트
  - 하지 지지용
    - 발 받침대, 고정 끈
    - 내전대
      - 다리가 바깥쪽으로 신전된 학생에게 사용, 다리를 모아줌
      - 의자의 폭을 줄이거나 쿠션을 끼워 다리가 벌어지지 못하게 하는 도구
  - 기타 — 공·롤 — 머리 가누기, 균형 유지, 몸통 조절이 어려운 학생 — 신체 정중선을 중심으로 좌우 정렬, 균형감

해커스임용 설지민 특수교육학 마인드맵

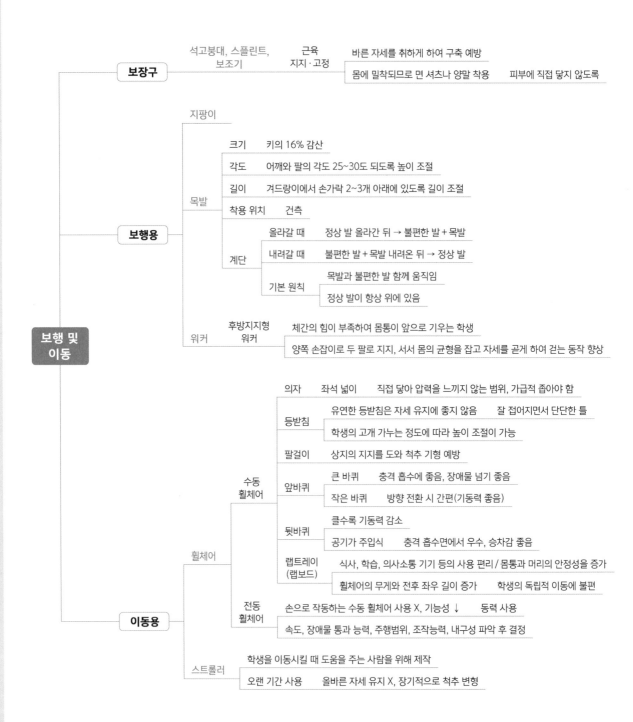

보행 및 이동

보장구 — 석고붕대, 스플린트, 보조기 — 근육 지지·고정
- 바른 자세를 취하게 하여 구축 예방
- 몸에 밀착되므로 면 셔츠나 양말 착용 — 피부에 직접 닿지 않도록

보행용
- 지팡이
- 목발
  - 크기 — 키의 16% 감산
  - 각도 — 어깨와 팔의 각도 25~30도 되도록 높이 조절
  - 길이 — 겨드랑이에서 손가락 2~3개 아래에 있도록 길이 조절
  - 착용 위치 — 건측
  - 계단
    - 올라갈 때 — 정상 발 올라간 뒤 → 불편한 발 + 목발
    - 내려갈 때 — 불편한 발 + 목발 내려온 뒤 → 정상 발
    - 기본 원칙
      - 목발과 불편한 발 함께 움직임
      - 정상 발이 항상 위에 있음
- 워커 — 후방지지형 워커
  - 체간의 힘이 부족하여 몸통이 앞으로 기우는 학생
  - 양쪽 손잡이로 두 팔로 지지, 서서 몸의 균형을 잡고 자세를 곧게 하여 걷는 동작 향상

이동용
- 휠체어
  - 수동 휠체어
    - 의자 — 좌석 넓이 — 직접 닿아 압력을 느끼지 않는 범위, 가급적 좁아야 함
    - 등받이
      - 유연한 등받침은 자세 유지에 좋지 않음 — 잘 접어지면서 단단한 틀
      - 학생의 고개 가누는 정도에 따라 높이 조절이 가능
    - 팔걸이 — 상지의 지지를 도와 척추 기형 예방
    - 앞바퀴
      - 큰 바퀴 — 충격 흡수에 좋음, 장애물 넘기 좋음
      - 작은 바퀴 — 방향 전환 시 간편(기동력 좋음)
    - 뒷바퀴
      - 클수록 기동력 감소
      - 공기가 주입식 — 충격 흡수면에서 우수, 승차감 좋음
    - 랩트레이 (랩보드)
      - 식사, 학습, 의사소통 기기 등의 사용 편리 / 몸통과 머리의 안정성을 증가
      - 휠체어의 무게와 전후 좌우 길이 증가 — 학생의 독립적 이동에 불편
  - 전동 휠체어
    - 손으로 작동하는 수동 휠체어 사용 X, 기능성 ↓ — 동력 사용
    - 속도, 장애물 통과 능력, 주행범위, 조작능력, 내구성 파악 후 결정
- 스트롤러
  - 학생을 이동시킬 때 도움을 주는 사람을 위해 제작
  - 오랜 기간 사용 — 올바른 자세 유지 X, 장기적으로 척추 변형

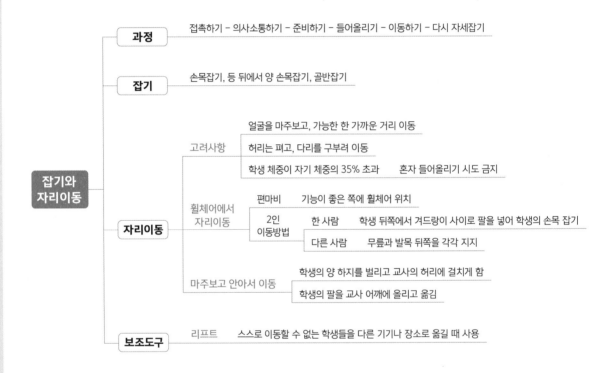

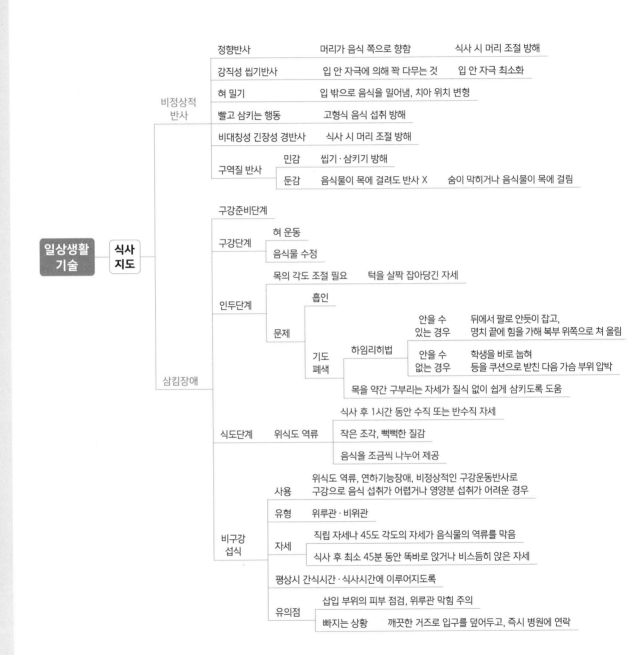

일상생활 기술	식사 지도	비정상적 반사	정향반사	머리가 음식 쪽으로 향함	식사 시 머리 조절 방해
			강직성 씹기반사	입 안 자극에 의해 꽉 다무는 것	입 안 자극 최소화
			혀 밀기	입 밖으로 음식을 밀어냄, 치아 위치 변형	
			빨고 삼키는 행동	고형식 음식 섭취 방해	
			비대칭성 긴장성 경반사	식사 시 머리 조절 방해	
			구역질 반사	민감	씹기 · 삼키기 방해
				둔감	음식물이 목에 걸려도 반사 X	숨이 막히거나 음식물이 목에 걸림

삼킴장애

- 구강준비단계
- 구강단계
  - 혀 운동
  - 음식물 수정
- 인두단계
  - 목의 각도 조절 필요 — 턱을 살짝 잡아당긴 자세
  - 문제
    - 흡인
    - 기도 폐색
      - 하임리히법
        - 안을 수 있는 경우 — 뒤에서 팔로 안듯이 잡고, 명치 끝에 힘을 가해 복부 위쪽으로 쳐 올림
        - 안을 수 없는 경우 — 학생을 바로 눕혀 등을 쿠션으로 받친 다음 가슴 부위 압박
      - 목을 약간 구부리는 자세가 질식 없이 쉽게 삼키도록 도움
- 식도단계
  - 위식도 역류
    - 식사 후 1시간 동안 수직 또는 반수직 자세
    - 작은 조각, 뻑뻑한 질감
    - 음식을 조금씩 나누어 제공
- 비구강 섭식
  - 사용 — 위식도 역류, 연하기능장애, 비정상적인 구강운동반사로 구강으로 음식 섭취가 어렵거나 영양분 섭취가 어려운 경우
  - 유형 — 위루관 · 비위관
  - 자세
    - 직립 자세나 45도 각도의 자세가 음식물의 역류를 막음
    - 식사 후 최소 45분 동안 똑바로 앉거나 비스듬히 앉은 자세
  - 평상시 간식시간 · 식사시간에 이루어지도록
  - 유의점
    - 삽입 부위의 피부 점검, 위루관 막힘 주의
    - 빠지는 상황 — 깨끗한 거즈로 입구를 덮어두고, 즉시 병원에 연락

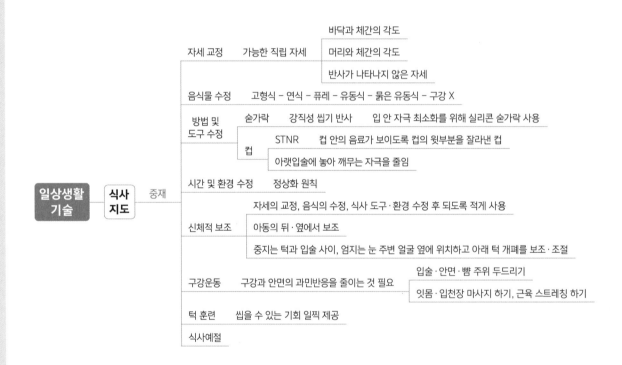

일상생활
기술 — 식사
지도 — 중재

- 자세 교정 — 가능한 직립 자세
  - 바닥과 체간의 각도
  - 머리와 체간의 각도
  - 반사가 나타나지 않은 자세
- 음식물 수정 — 고형식 – 연식 – 퓨레 – 유동식 – 묽은 유동식 – 구강 X
- 방법 및 도구 수정
  - 숟가락 — 강직성 씹기 반사 — 입 안 자극 최소화를 위해 실리콘 숟가락 사용
  - 컵 — STNR — 컵 안의 음료가 보이도록 컵의 윗부분을 잘라낸 컵
    - 아랫입술에 놓아 깨무는 자극을 줄임
- 시간 및 환경 수정 — 정상화 원칙
- 신체적 보조
  - 자세의 교정, 음식의 수정, 식사 도구 · 환경 수정 후 되도록 적게 사용
  - 아동의 뒤 · 옆에서 보조
  - 중지는 턱과 입술 사이, 엄지는 눈 주변 얼굴 옆에 위치하고 아래 턱 개폐를 보조 · 조절
- 구강운동 — 구강과 안면의 과민반응을 줄이는 것 필요
  - 입술 · 안면 · 뺨 주위 두드리기
  - 잇몸 · 입천장 마사지 하기, 근육 스트레칭 하기
- 턱 훈련 — 씹을 수 있는 기회 일찍 제공
- 식사예절

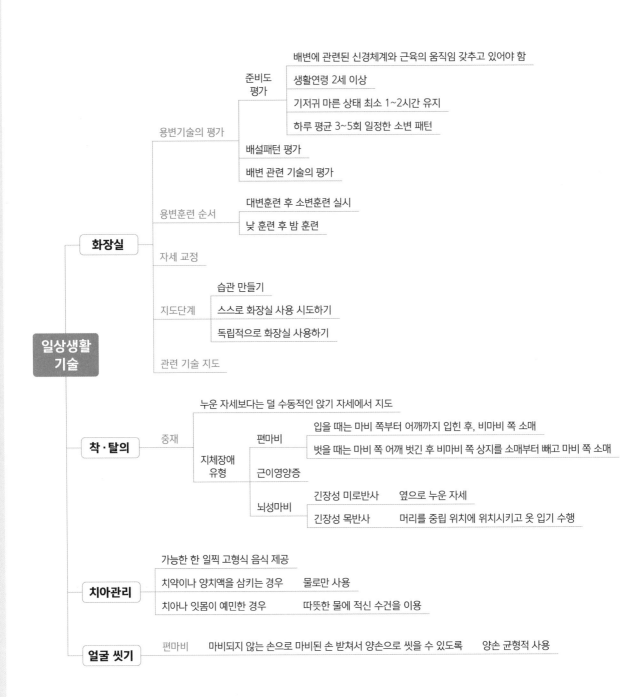

제11장
건강장애

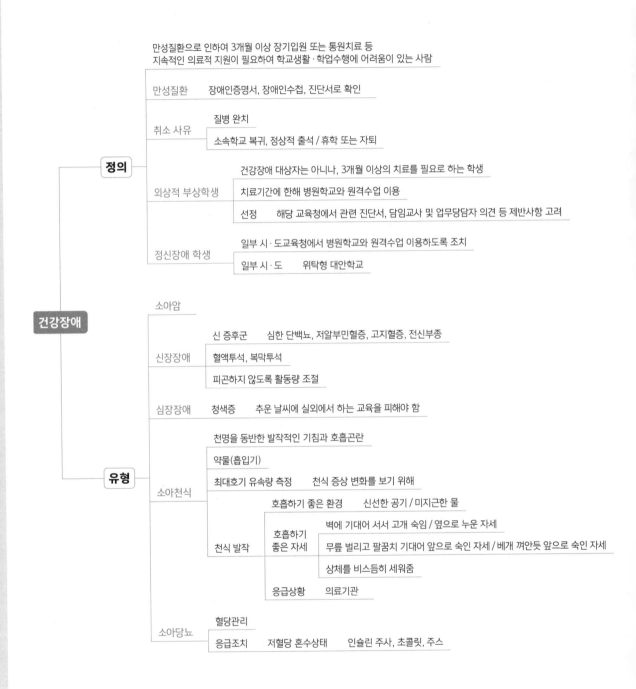

건강장애

정의

만성질환으로 인하여 3개월 이상 장기입원 또는 통원치료 등
지속적인 의료적 지원이 필요하여 학교생활·학업수행에 어려움이 있는 사람

만성질환 — 장애인증명서, 장애인수첩, 진단서로 확인

취소 사유
- 질병 완치
- 소속학교 복귀, 정상적 출석 / 휴학 또는 자퇴

외상적 부상학생
- 건강장애 대상자는 아니나, 3개월 이상의 치료를 필요로 하는 학생
- 치료기간에 한해 병원학교와 원격수업 이용
- 선정 — 해당 교육청에서 관련 진단서, 담임교사 및 업무담당자 의견 등 제반사항 고려

정신장애 학생
- 일부 시·도교육청에서 병원학교와 원격수업 이용하도록 조치
- 일부 시·도 — 위탁형 대안학교

유형

소아암

신장장애
- 신 증후군 — 심한 단백뇨, 저알부민혈증, 고지혈증, 전신부종
- 혈액투석, 복막투석
- 피곤하지 않도록 활동량 조절

심장장애 — 청색증 — 추운 날씨에 실외에서 하는 교육을 피해야 함

소아천식
- 천명을 동반한 발작적인 기침과 호흡곤란
- 약물(흡입기)
- 최대호기 유속량 측정 — 천식 증상 변화를 보기 위해
- 천식 발작
  - 호흡하기 좋은 환경 — 신선한 공기 / 미지근한 물
  - 호흡하기 좋은 자세
    - 벽에 기대어 서서 고개 숙임 / 옆으로 누운 자세
    - 무릎 벌리고 팔꿈치 기대어 앞으로 숙인 자세 / 베개 껴안듯 앞으로 숙인 자세
    - 상체를 비스듬히 세워줌
  - 응급상황 — 의료기관

소아당뇨
- 혈당관리
- 응급조치 — 저혈당 혼수상태 — 인슐린 주사, 초콜릿, 주스

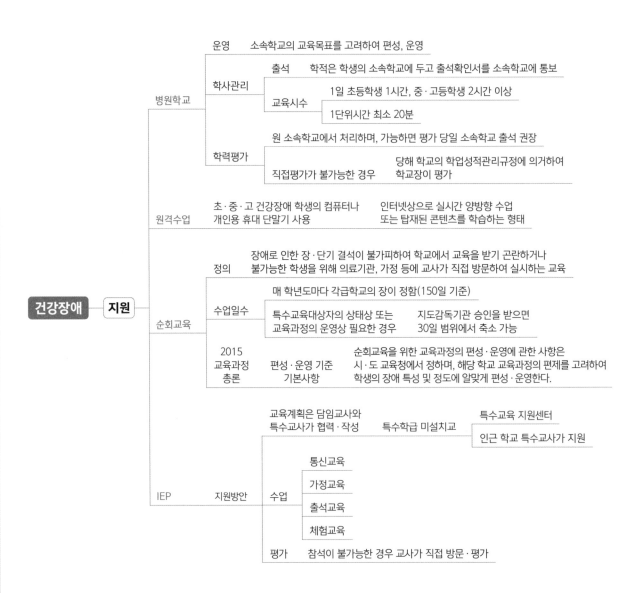

건강장애 — 지원

- **병원학교**
  - 운영 — 소속학교의 교육목표를 고려하여 편성, 운영
  - 학사관리
    - 출석 — 학적은 학생의 소속학교에 두고 출석확인서를 소속학교에 통보
    - 교육시수
      - 1일 초등학생 1시간, 중·고등학생 2시간 이상
      - 1단위시간 최소 20분
  - 학력평가
    - 원 소속학교에서 처리하며, 가능하면 평가 당일 소속학교 출석 권장
    - 직접평가가 불가능한 경우 — 당해 학교의 학업성적관리규정에 의거하여 학교장이 평가
- **원격수업**
  - 초·중·고 건강장애 학생의 컴퓨터나 개인용 휴대 단말기 사용 — 인터넷상으로 실시간 양방향 수업 또는 탑재된 콘텐츠를 학습하는 형태
- **순회교육**
  - 정의 — 장애로 인한 장·단기 결석이 불가피하여 학교에서 교육을 받기 곤란하거나 불가능한 학생을 위해 의료기관, 가정 등에 교사가 직접 방문하여 실시하는 교육
  - 수업일수
    - 매 학년도마다 각급학교의 장이 정함(150일 기준)
    - 특수교육대상자의 상태상 또는 교육과정의 운영상 필요한 경우 — 지도감독기관 승인을 받으면 30일 범위에서 축소 가능
  - 2015 교육과정 총론
    - 편성·운영 기준 기본사항 — 순회교육을 위한 교육과정의 편성·운영에 관한 사항은 시·도 교육청에서 정하며, 해당 학교 교육과정의 편제를 고려하여 학생의 장애 특성 및 정도에 알맞게 편성·운영한다.
- **IEP**
  - 지원방안
    - 교육계획은 담임교사와 특수교사가 협력·작성 — 특수학급 미설치교 — 특수교육 지원센터 — 인근 학교 특수교사가 지원
    - 수업
      - 통신교육
      - 가정교육
      - 출석교육
      - 체험교육
    - 평가 — 참석이 불가능한 경우 교사가 직접 방문·평가

제12장
특수교육공학

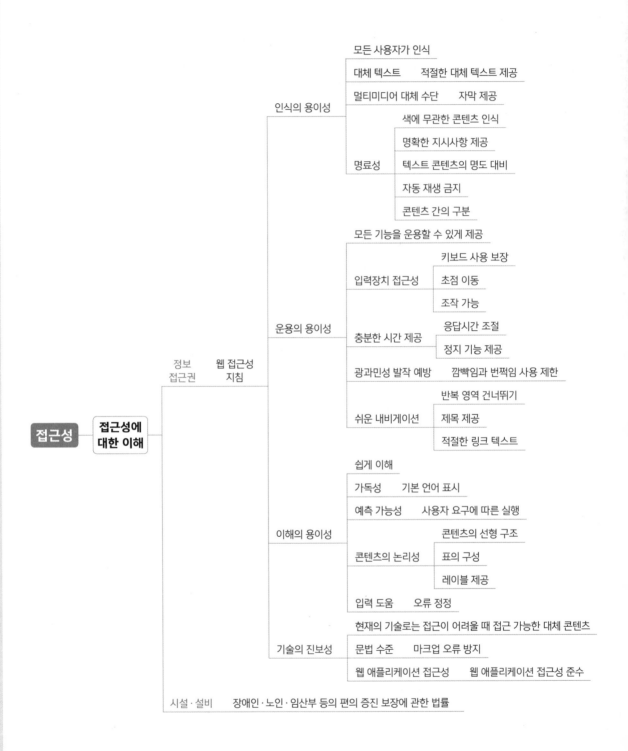

접근성 ─ 접근성에 대한 이해

정보 접근권 ─ 웹 접근성 지침

인식의 용이성
- 모든 사용자가 인식
- 대체 텍스트 ─ 적절한 대체 텍스트 제공
- 멀티미디어 대체 수단 ─ 자막 제공
- 명료성
  - 색에 무관한 콘텐츠 인식
  - 명확한 지시사항 제공
  - 텍스트 콘텐츠의 명도 대비
  - 자동 재생 금지
  - 콘텐츠 간의 구분

운용의 용이성
- 모든 기능을 운용할 수 있게 제공
- 입력장치 접근성
  - 키보드 사용 보장
  - 초점 이동
  - 조작 가능
- 충분한 시간 제공
  - 응답시간 조절
  - 정지 기능 제공
- 광과민성 발작 예방 ─ 깜빡임과 번쩍임 사용 제한
- 쉬운 내비게이션
  - 반복 영역 건너뛰기
  - 제목 제공
  - 적절한 링크 텍스트

이해의 용이성
- 쉽게 이해
- 가독성 ─ 기본 언어 표시
- 예측 가능성 ─ 사용자 요구에 따른 실행
- 콘텐츠의 논리성
  - 콘텐츠의 선형 구조
  - 표의 구성
  - 레이블 제공
- 입력 도움 ─ 오류 정정

기술의 진보성
- 현재의 기술로는 접근이 어려울 때 접근 가능한 대체 콘텐츠
- 문법 수준 ─ 마크업 오류 방지
- 웹 애플리케이션 접근성 ─ 웹 애플리케이션 접근성 준수

시설·설비 ─ 장애인·노인·임산부 등의 편의 증진 보장에 관한 법률

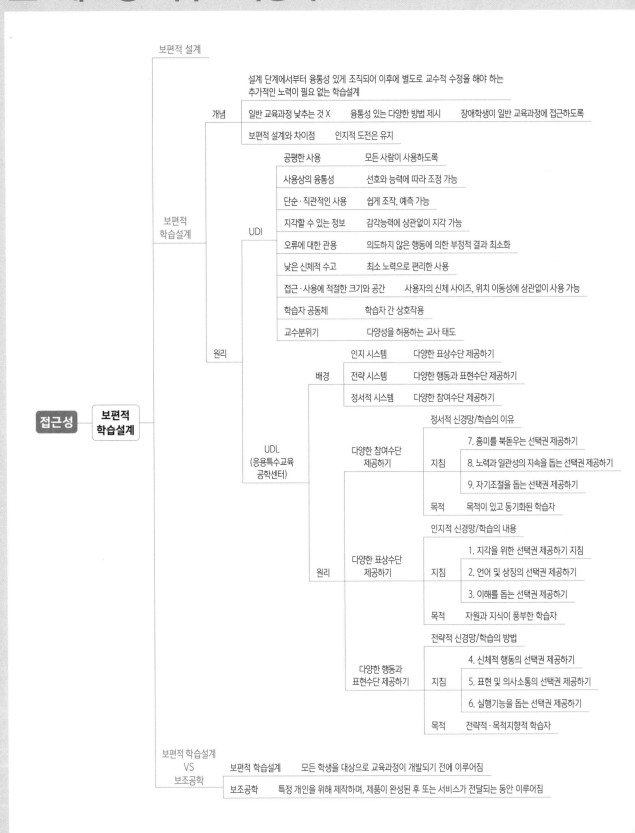

보편적 설계

보편적 학습설계

개념
- 설계 단계에서부터 융통성 있게 조직되어 이후에 별도로 교수적 수정을 해야 하는 추가적인 노력이 필요 없는 학습설계
- 일반 교육과정 낮추는 것 X | 융통성 있는 다양한 방법 제시 | 장애학생이 일반 교육과정에 접근하도록
- 보편적 설계와 차이점 | 인지적 도전은 유지

원리

UDI
- 공평한 사용 | 모든 사람이 사용하도록
- 사용상의 융통성 | 선호와 능력에 따라 조정 가능
- 단순·직관적인 사용 | 쉽게 조작, 예측 가능
- 지각할 수 있는 정보 | 감각능력에 상관없이 지각 가능
- 오류에 대한 관용 | 의도하지 않은 행동에 의한 부정적 결과 최소화
- 낮은 신체적 수고 | 최소 노력으로 편리한 사용
- 접근·사용에 적절한 크기와 공간 | 사용자의 신체 사이즈, 위치 이동성에 상관없이 사용 가능
- 학습자 공동체 | 학습자 간 상호작용
- 교수분위기 | 다양성을 허용하는 교사 태도

UDL (응용특수교육공학센터)

배경
- 인지 시스템 | 다양한 표상수단 제공하기
- 전략 시스템 | 다양한 행동과 표현수단 제공하기
- 정서적 시스템 | 다양한 참여수단 제공하기

원리

다양한 참여수단 제공하기 — 정서적 신경망/학습의 이유
- 지침
  - 7. 흥미를 복돋우는 선택권 제공하기
  - 8. 노력과 일관성의 지속을 돕는 선택권 제공하기
  - 9. 자기조절을 돕는 선택권 제공하기
- 목적 | 목적이 있고 동기화된 학습자

다양한 표상수단 제공하기 — 인지적 신경망/학습의 내용
- 지침
  - 1. 지각을 위한 선택권 제공하기 지침
  - 2. 언어 및 상징의 선택권 제공하기
  - 3. 이해를 돕는 선택권 제공하기
- 목적 | 자원과 지식이 풍부한 학습자

다양한 행동과 표현수단 제공하기 — 전략적 신경망/학습의 방법
- 지침
  - 4. 신체적 행동의 선택권 제공하기
  - 5. 표현 및 의사소통의 선택권 제공하기
  - 6. 실행기능을 돕는 선택권 제공하기
- 목적 | 전략적·목적지향적 학습자

접근성 — **보편적 학습설계**

보편적 학습설계 VS 보조공학
- 보편적 학습설계 | 모든 학생을 대상으로 교육과정이 개발되기 전에 이루어짐
- 보조공학 | 특정 개인을 위해 제작하며, 제품이 완성된 후 또는 서비스가 전달되는 동안 이루어짐

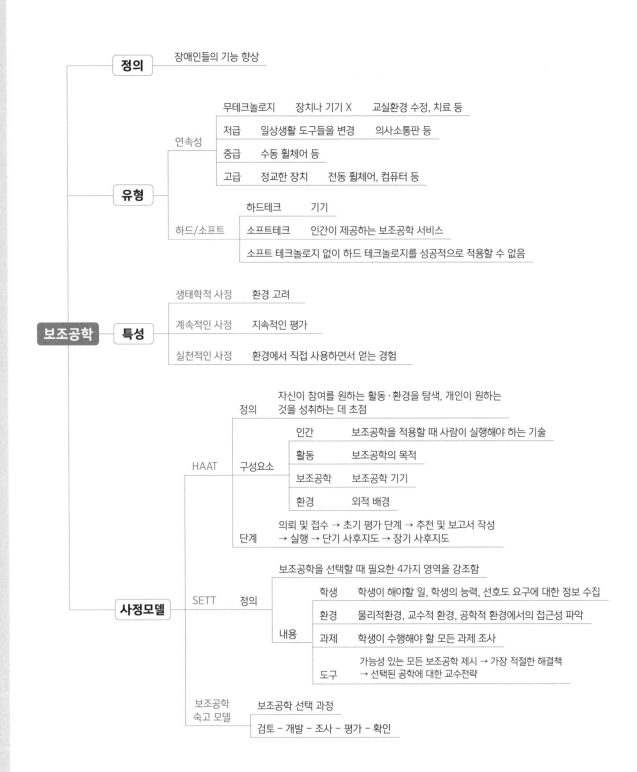

보조공학

정의 — 장애인들의 기능 향상

유형
- **연속성**
  - 무테크놀로지 — 장치나 기기 X — 교실환경 수정, 치료 등
  - 저급 — 일상생활 도구들을 변경 — 의사소통판 등
  - 중급 — 수동 휠체어 등
  - 고급 — 정교한 장치 — 전동 휠체어, 컴퓨터 등
- **하드/소프트**
  - 하드테크 — 기기
  - 소프트테크 — 인간이 제공하는 보조공학 서비스
  - 소프트 테크놀로지 없이 하드 테크놀로지를 성공적으로 적용할 수 없음

특성
- 생태학적 사정 — 환경 고려
- 계속적인 사정 — 지속적인 평가
- 실천적인 사정 — 환경에서 직접 사용하면서 얻는 경험

사정모델
- **HAAT**
  - 정의 — 자신이 참여를 원하는 활동·환경을 탐색, 개인이 원하는 것을 성취하는 데 초점
  - 구성요소
    - 인간 — 보조공학을 적용할 때 사람이 실행해야 하는 기술
    - 활동 — 보조공학의 목적
    - 보조공학 — 보조공학 기기
    - 환경 — 외적 배경
  - 단계 — 의뢰 및 접수 → 초기 평가 단계 → 추천 및 보고서 작성 → 실행 → 단기 사후지도 → 장기 사후지도
- **SETT**
  - 정의 — 보조공학을 선택할 때 필요한 4가지 영역을 강조함
  - 내용
    - 학생 — 학생이 해야할 일, 학생의 능력, 선호도 요구에 대한 정보 수집
    - 환경 — 물리적환경, 교수적 환경, 공학적 환경에서의 접근성 파악
    - 과제 — 학생이 수행해야 할 모든 과제 조사
    - 도구 — 가능성 있는 모든 보조공학 제시 → 가장 적절한 해결책 → 선택된 공학에 대한 교수전략
- **보조공학 숙고 모델**
  - 보조공학 선택 과정
  - 검토 – 개발 – 조사 – 평가 – 확인

해커스임용 설지민 특수교육학 마인드맵

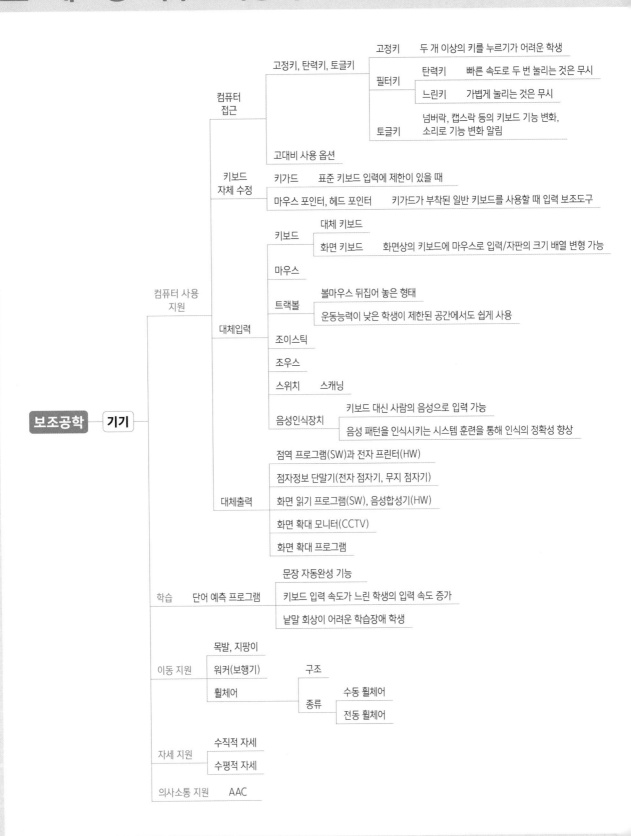

제13장
AAC
(보완·대체 의사소통)

```
                    전의도적 단계        타인이 아동의 행동을 해석
              단계   의도적인 비구어 단계
                    의도적인 상징적 의사소통 단계

                              비상징적 의사소통에 대한 대화상대자의 이해 향상
                    비상징적   학생의 의사소통 시도와 반응에 민감성을 강화하는 내용
                    의사소통
                              학생이 표현하는 비상징적 의사소통 행동의 의사소통 수준에 부응하는 반응
              대화상대자
              훈련           기기 사용 훈련        AAC 기기 조작·관리 방법과 A/S에 대한 훈련
                    AAC 기기
                              기기 사용자와의      AAC 기기로 의사소통 하는 방법을 알려주고
                              상호작용 훈련        AAC 기기를 이용하여 대답·요구·선택하는 기회 제공

                    자연적 교수

                    강화된 환경교수(EMT)

                    환경 구성 전략   활동을 시간적·      일관성 있고 예측가능하게 하여
                                  공간적으로 구조화    상호작용 발생 형태 인식
              의사소통
              교수전략                교사 주도의 반복연습

                    구조화된 접근   단점    환경보단 단순 명명하게 가르침

                                        의사소통을 시도할 횟수를 집중 제공    단시간에 학습 가능
                                  장점
                                        주고받기 교수    정확한 반응을 할 가능성이 증가

                    대화 주고받기 전략      먼저 대화를 시작하고 상대방이 대답할 때까지 기다림
                    대화 재개 전략        대화가 중단되었을 때
              기타
                                    공동관심 및 상호관심 형성하기
                    반응적 대화 양식   차례대로 주고 받기
                    전략
                                    상대방의 행동에 따라 반응하기
                                    긍정적인 감정 표현하기
```

```
              비상징적    유형      발성·표정·방향성·멈추기·접촉·몸짓·행동
              의사소통    의사소통 기능은 있으나, 효과적·질적 측면에서 제한적인 의사소통
                        의사소통 사전    친숙하지 않은 상대자로 하여금, 일관성 있게 반응할 수 있도록 함

              상징적 의사소통    유형    구어·수어·사진과 그림·사물·그래픽 체계
```

구분	도구 체계	비도구 체계
상징적	·그림도구 ·접촉도구 ·음성산출도구	·구어 ·손짓기호(수어, 변형된 수어 체계)
비상징적	·실제사물	·얼굴표정 ·몸 움직임 ·발성

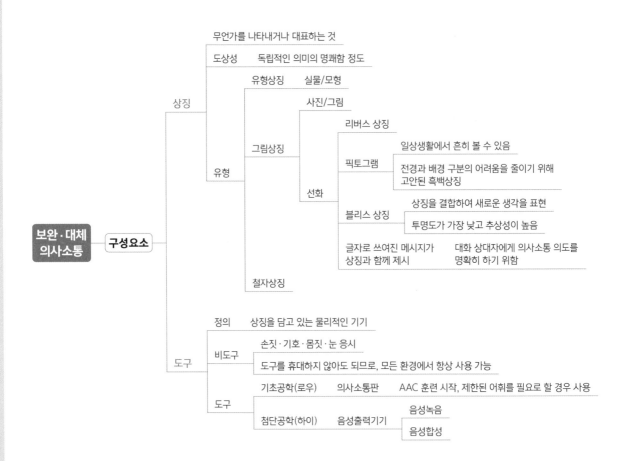

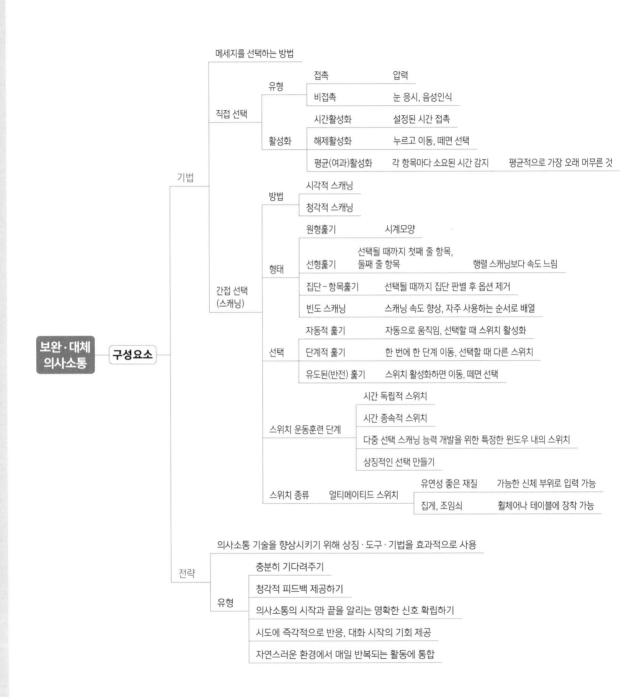

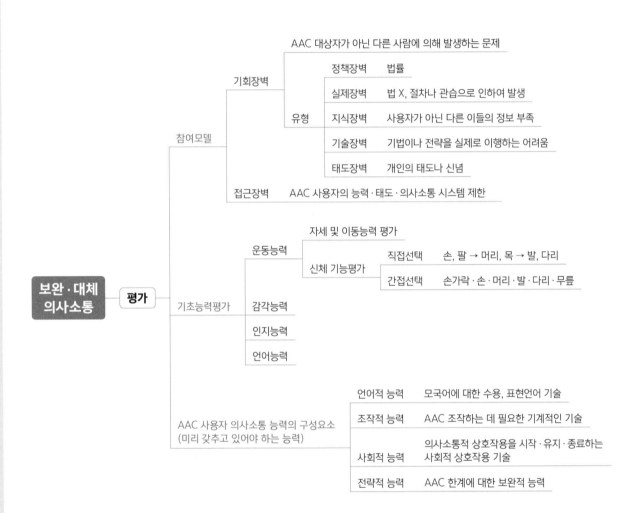

보완·대체 의사소통 — 평가

- 참여모델
  - 기회장벽 — AAC 대상자가 아닌 다른 사람에 의해 발생하는 문제
    - 유형
      - 정책장벽 — 법률
      - 실제장벽 — 법 X, 절차나 관습으로 인하여 발생
      - 지식장벽 — 사용자가 아닌 다른 이들의 정보 부족
      - 기술장벽 — 기법이나 전략을 실제로 이행하는 어려움
      - 태도장벽 — 개인의 태도나 신념
  - 접근장벽 — AAC 사용자의 능력·태도·의사소통 시스템 제한

- 기초능력평가
  - 운동능력
    - 자세 및 이동능력 평가
    - 신체 기능평가
      - 직접선택 — 손, 팔 → 머리, 목 → 발, 다리
      - 간접선택 — 손가락·손·머리·발·다리·무릎
  - 감각능력
  - 인지능력
  - 언어능력

- AAC 사용자 의사소통 능력의 구성요소 (미리 갖추고 있어야 하는 능력)
  - 언어적 능력 — 모국어에 대한 수용, 표현언어 기술
  - 조작적 능력 — AAC 조작하는 데 필요한 기계적인 기술
  - 사회적 능력 — 의사소통적 상호작용을 시작·유지·종료하는 사회적 상호작용 기술
  - 전략적 능력 — AAC 한계에 대한 보완적 능력

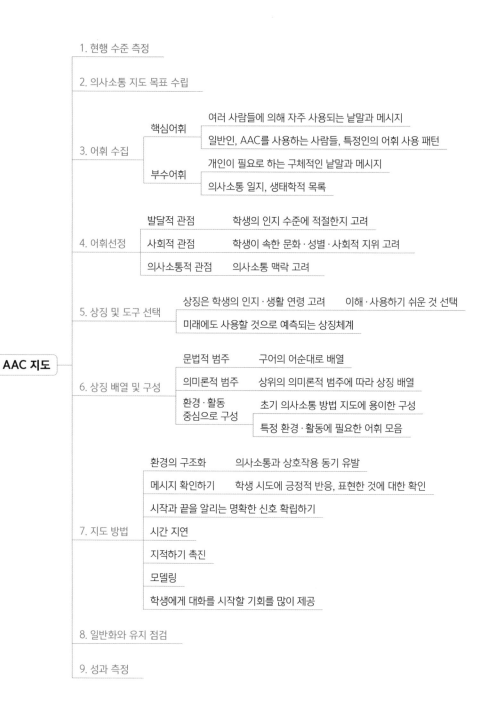

보완 · 대체 의사소통 — AAC 지도

1. 현행 수준 측정

2. 의사소통 지도 목표 수립

3. 어휘 수집
- 핵심어휘
  - 여러 사람들에 의해 자주 사용되는 낱말과 메시지
  - 일반인, AAC를 사용하는 사람들, 특정인의 어휘 사용 패턴
- 부수어휘
  - 개인이 필요로 하는 구체적인 낱말과 메시지
  - 의사소통 일지, 생태학적 목록

4. 어휘선정
- 발달적 관점 — 학생의 인지 수준에 적절한지 고려
- 사회적 관점 — 학생이 속한 문화 · 성별 · 사회적 지위 고려
- 의사소통적 관점 — 의사소통 맥락 고려

5. 상징 및 도구 선택
- 상징은 학생의 인지 · 생활 연령 고려 — 이해 · 사용하기 쉬운 것 선택
- 미래에도 사용할 것으로 예측되는 상징체계

6. 상징 배열 및 구성
- 문법적 범주 — 구어의 어순대로 배열
- 의미론적 범주 — 상위의 의미론적 범주에 따라 상징 배열
- 환경 · 활동 중심으로 구성
  - 초기 의사소통 방법 지도에 용이한 구성
  - 특정 환경 · 활동에 필요한 어휘 모음

7. 지도 방법
- 환경의 구조화 — 의사소통과 상호작용 동기 유발
- 메시지 확인하기 — 학생 시도에 긍정적 반응, 표현한 것에 대한 확인
- 시작과 끝을 알리는 명확한 신호 확립하기
- 시간 지연
- 지적하기 촉진
- 모델링
- 학생에게 대화를 시작할 기회를 많이 제공

8. 일반화와 유지 점검

9. 성과 측정

해커스임용 설지민 특수교육학 마인드맵

제14장
특수교육평가

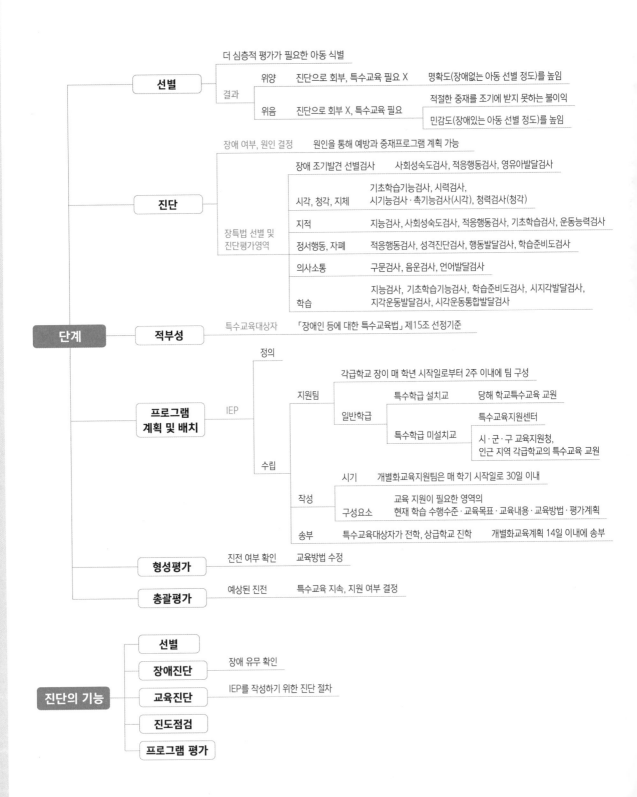

단계

선별
- 더 심층적 평가가 필요한 아동 식별
- 결과
  - 위양 — 진단으로 회부, 특수교육 필요 X — 명확도(장애없는 아동 선별 정도)를 높임
  - 위음 — 진단으로 회부 X, 특수교육 필요
    - 적절한 중재를 조기에 받지 못하는 불이익
    - 민감도(장애있는 아동 선별 정도)를 높임

진단
- 장애 여부, 원인 결정 — 원인을 통해 예방과 중재프로그램 계획 가능
- 장특법 선별 및 진단평가영역
  - 장애 조기발견 선별검사 — 사회성숙도검사, 적응행동검사, 영유아발달검사
  - 시각, 청각, 지체 — 기초학습기능검사, 시력검사, 시기능검사·촉기능검사(시각), 청력검사(청각)
  - 지적 — 지능검사, 사회성숙도검사, 적응행동검사, 기초학습검사, 운동능력검사
  - 정서행동, 자폐 — 적응행동검사, 성격진단검사, 행동발달검사, 학습준비도검사
  - 의사소통 — 구문검사, 음운검사, 언어발달검사
  - 학습 — 지능검사, 기초학습기능검사, 학습준비도검사, 시지각발달검사, 지각운동발달검사, 시각운동통합발달검사

적부성
- 특수교육대상자 — 「장애인 등에 대한 특수교육법」 제15조 선정기준

프로그램 계획 및 배치
- IEP
  - 정의
  - 수립
    - 지원팀 — 각급학교 장이 매 학년 시작일로부터 2주 이내에 팀 구성
      - 특수학급 설치교 — 당해 학교특수교육 교원
      - 일반학급
        - 특수학급 미설치교
          - 특수교육지원센터
          - 시·군·구 교육지원청, 인근 지역 각급학교의 특수교육 교원
    - 작성
      - 시기 — 개별화교육지원팀은 매 학기 시작일로 30일 이내
      - 구성요소 — 교육 지원이 필요한 영역의 현재 학습 수행수준·교육목표·교육내용·교육방법·평가계획
      - 송부 — 특수교육대상자가 전학, 상급학교 진학 — 개별화교육계획 14일 이내에 송부

형성평가
- 진전 여부 확인 — 교육방법 수정

총괄평가
- 예상된 진전 — 특수교육 지속, 지원 여부 결정

진단의 기능
- **선별**
- **장애진단** — 장애 유무 확인
- **교육진단** — IEP를 작성하기 위한 진단 절차
- **진도점검**
- **프로그램 평가**

해커스임용 설지민 특수교육학 마인드맵

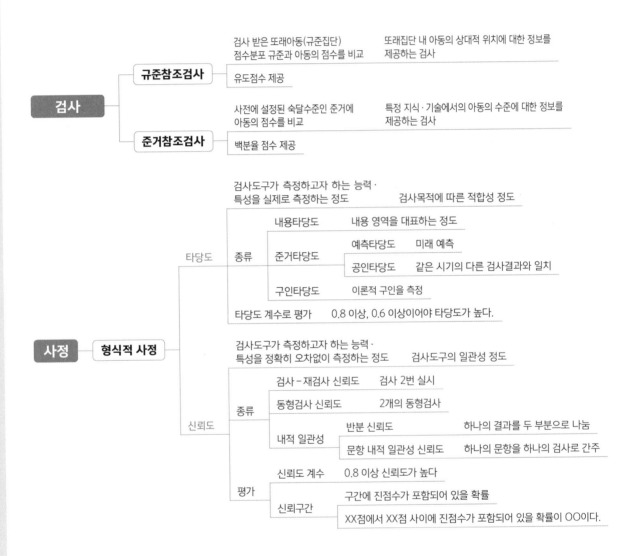

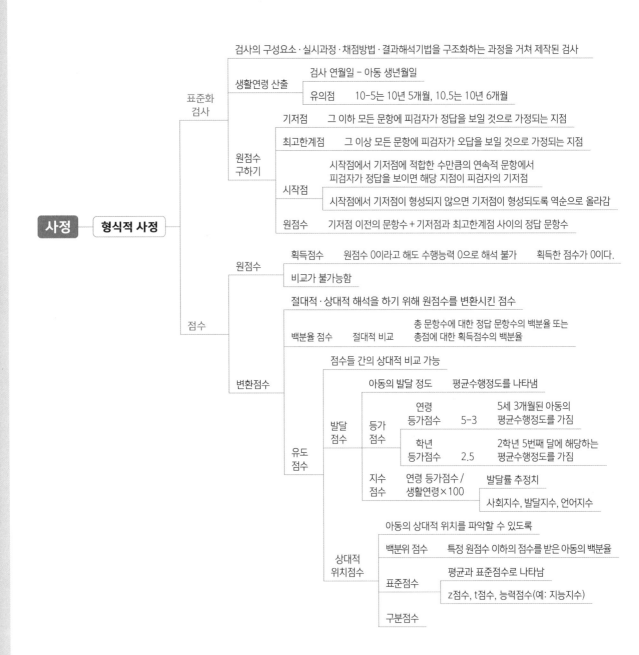

사정 — 형식적 사정

표준화 검사
- 검사의 구성요소·실시과정·채점방법·결과해석기법을 구조화하는 과정을 거쳐 제작된 검사
- 생활연령 산출
  - 검사 연월일 − 아동 생년월일
  - 유의점   10−5는 10년 5개월, 10.5는 10년 6개월
- 원점수 구하기
  - 기저점   그 이하 모든 문항에 피검자가 정답을 보일 것으로 가정되는 지점
  - 최고한계점   그 이상 모든 문항에 피검자가 오답을 보일 것으로 가정되는 지점
  - 시작점
    - 시작점에서 기저점에 적합한 수만큼의 연속적 문항에서 피검자가 정답을 보이면 해당 지점이 피검자의 기저점
    - 시작점에서 기저점이 형성되지 않으면 기저점이 형성되도록 역순으로 올라감
  - 원점수   기저점 이전의 문항수 + 기저점과 최고한계점 사이의 정답 문항수

점수
- 원점수
  - 획득점수   원점수 0이라고 해도 수행능력 0으로 해석 불가   획득한 점수가 0이다.
  - 비교가 불가능함
- 변환점수
  - 절대적·상대적 해석을 하기 위해 원점수를 변환시킨 점수
  - 백분율 점수   절대적 비교   총 문항수에 대한 정답 문항수의 백분율 또는 총점에 대한 획득점수의 백분율
  - 유도점수
    - 점수들 간의 상대적 비교 가능
    - 발달점수
      - 아동의 발달 정도   평균수행정도를 나타냄
      - 등가점수
        - 연령 등가점수   5−3   5세 3개월된 아동의 평균수행정도를 가짐
        - 학년 등가점수   2.5   2학년 5번째 달에 해당하는 평균수행정도를 가짐
      - 지수점수   연령 등가점수 / 생활연령×100   발달률 추정치 / 사회지수, 발달지수, 언어지수
    - 상대적 위치점수
      - 아동의 상대적 위치를 파악할 수 있도록
      - 백분위 점수   특정 원점수 이하의 점수를 받은 아동의 백분율
      - 표준점수   평균과 표준점수로 나타냄 / z점수, t점수, 능력점수(예: 지능지수)
      - 구분점수

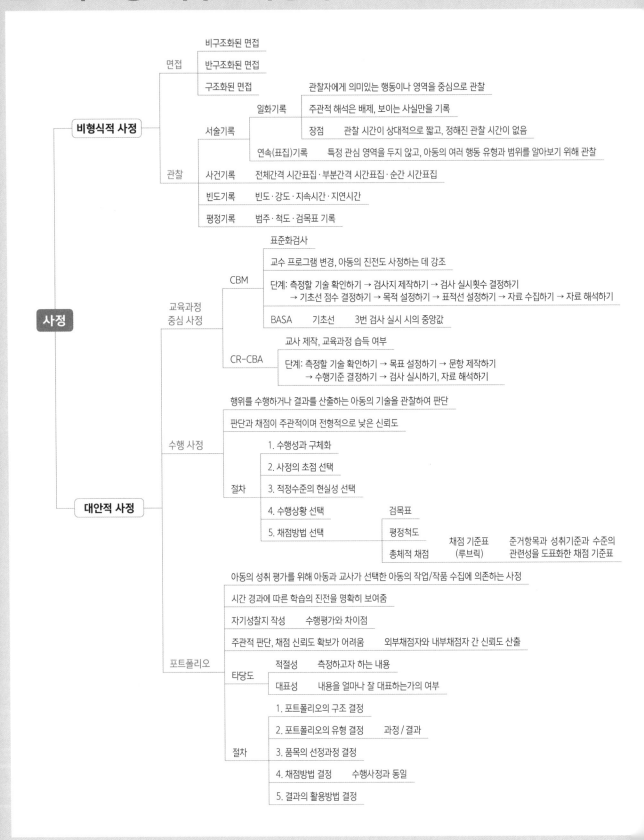

- **사정**
  - **비형식적 사정**
    - 면접
      - 비구조화된 면접
      - 반구조화된 면접
      - 구조화된 면접 ── 관찰자에게 의미있는 행동이나 영역을 중심으로 관찰
    - 관찰
      - 서술기록
        - 일화기록 ── 주관적 해석은 배제, 보이는 사실만을 기록
          - 장점 ── 관찰 시간이 상대적으로 짧고, 정해진 관찰 시간이 없음
        - 연속(표집)기록 ── 특정 관심 영역을 두지 않고, 아동의 여러 행동 유형과 범위를 알아보기 위해 관찰
      - 사건기록 ── 전체간격 시간표집·부분간격 시간표집·순간 시간표집
      - 빈도기록 ── 빈도·강도·지속시간·지연시간
      - 평정기록 ── 범주·척도·검목표 기록
  - **대안적 사정**
    - 교육과정 중심 사정
      - CBM
        - 표준화검사
        - 교수 프로그램 변경, 아동의 진전도 사정하는 데 강조
        - 단계: 측정할 기술 확인하기 → 검사지 제작하기 → 검사 실시횟수 결정하기 → 기초선 점수 결정하기 → 목적 설정하기 → 표적선 설정하기 → 자료 수집하기 → 자료 해석하기
        - BASA ── 기초선 ── 3번 검사 실시 시의 중앙값
      - CR-CBA
        - 교사 제작, 교육과정 습득 여부
        - 단계: 측정할 기술 확인하기 → 목표 설정하기 → 문항 제작하기 → 수행기준 결정하기 → 검사 실시하기, 자료 해석하기
    - 수행 사정
      - 행위를 수행하거나 결과를 산출하는 아동의 기술을 관찰하여 판단
      - 판단과 채점이 주관적이며 전형적으로 낮은 신뢰도
      - 절차
        - 1. 수행성과 구체화
        - 2. 사정의 초점 선택
        - 3. 적정수준의 현실성 선택
        - 4. 수행상황 선택
        - 5. 채점방법 선택
          - 검목표
          - 평정척도
          - 총체적 채점 ── 채점 기준표 (루브릭) ── 준거항목과 성취기준과 수준의 관련성을 도표화한 채점 기준표
    - 포트폴리오
      - 아동의 성취 평가를 위해 아동과 교사가 선택한 아동의 작업/작품 수집에 의존하는 사정
      - 시간 경과에 따른 학습의 진전을 명확히 보여줌
      - 자기성찰지 작성 ── 수행평가와 차이점
      - 주관적 판단, 채점 신뢰도 확보가 어려움 ── 외부채점자와 내부채점자 간 신뢰도 산출
      - 타당도
        - 적절성 ── 측정하고자 하는 내용
        - 대표성 ── 내용을 얼마나 잘 대표하는가의 여부
      - 절차
        - 1. 포트폴리오의 구조 결정
        - 2. 포트폴리오의 유형 결정 ── 과정 / 결과
        - 3. 품목의 선정과정 결정
        - 4. 채점방법 결정 ── 수행사정과 동일
        - 5. 결과의 활용방법 결정

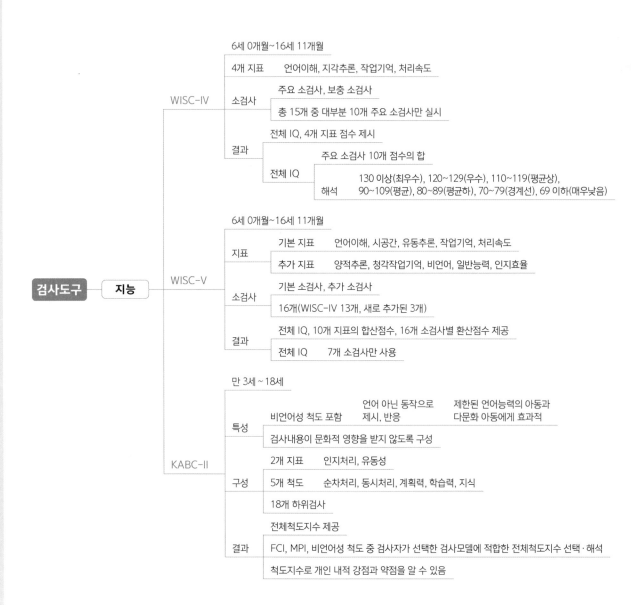

검사도구 — **지능**

WISC-IV
- 6세 0개월~16세 11개월
- 4개 지표 — 언어이해, 지각추론, 작업기억, 처리속도
- 소검사
  - 주요 소검사, 보충 소검사
  - 총 15개 중 대부분 10개 주요 소검사만 실시
- 결과
  - 전체 IQ, 4개 지표 점수 제시
  - 전체 IQ — 주요 소검사 10개 점수의 합
  - 해석 — 130 이상(최우수), 120~129(우수), 110~119(평균상), 90~109(평균), 80~89(평균하), 70~79(경계선), 69 이하(매우낮음)

WISC-V
- 6세 0개월~16세 11개월
- 지표
  - 기본 지표 — 언어이해, 시공간, 유동추론, 작업기억, 처리속도
  - 추가 지표 — 양적추론, 청각작업기억, 비언어, 일반능력, 인지효율
- 소검사
  - 기본 소검사, 추가 소검사
  - 16개(WISC-IV 13개, 새로 추가된 3개)
- 결과
  - 전체 IQ, 10개 지표의 합산점수, 16개 소검사별 환산점수 제공
  - 전체 IQ — 7개 소검사만 사용

KABC-II
- 만 3세 ~ 18세
- 특성
  - 비언어성 척도 포함 — 언어 아닌 동작으로 제시, 반응 — 제한된 언어능력의 아동과 다문화 아동에게 효과적
  - 검사내용이 문화적 영향을 받지 않도록 구성
- 구성
  - 2개 지표 — 인지처리, 유동성
  - 5개 척도 — 순차처리, 동시처리, 계획력, 학습력, 지식
  - 18개 하위검사
- 결과
  - 전체척도지수 제공
  - FCI, MPI, 비언어성 척도 중 검사자가 선택한 검사모델에 적합한 전체척도지수 선택·해석
  - 척도지수로 개인 내적 강점과 약점을 알 수 있음

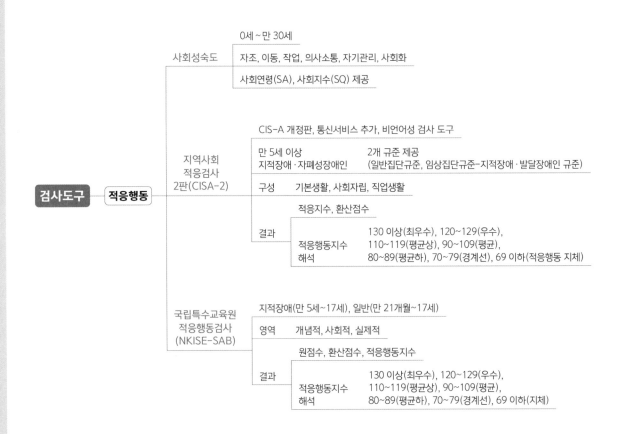

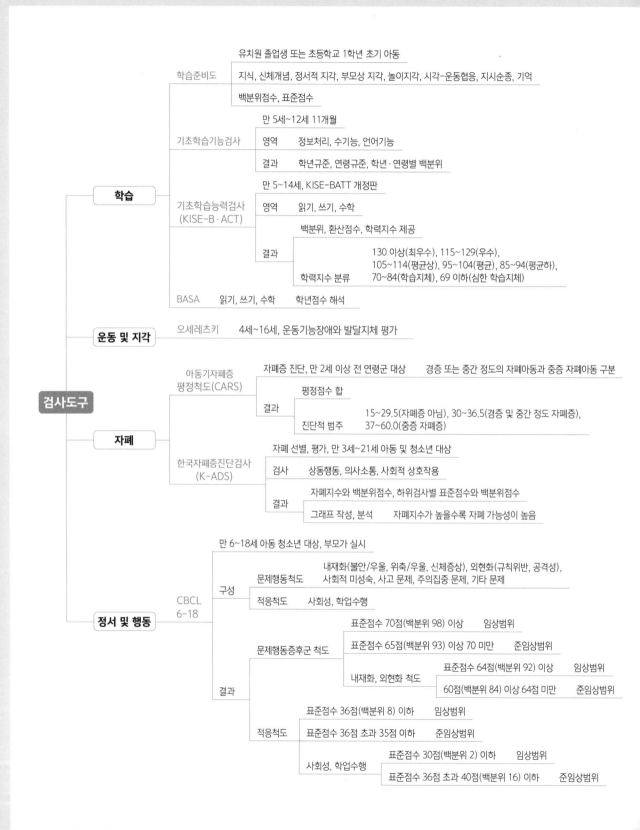

학습준비도 — 유치원 졸업생 또는 초등학교 1학년 초기 아동 / 지식, 신체개념, 정서적 지각, 부모상 지각, 놀이지각, 시각-운동협응, 지시순종, 기억 / 백분위점수, 표준점수

기초학습기능검사 — 만 5세~12세 11개월 / 영역: 정보처리, 수기능, 언어기능 / 결과: 학년규준, 연령규준, 학년·연령별 백분위

기초학습능력검사 (KISE-B·ACT) — 만 5~14세, KISE-BATT 개정판 / 영역: 읽기, 쓰기, 수학 / 결과: 백분위, 환산점수, 학력지수 제공 / 학력지수 분류: 130 이상(최우수), 115~129(우수), 105~114(평균상), 95~104(평균), 85~94(평균하), 70~84(학습지체), 69 이하(심한 학습지체)

BASA — 읽기, 쓰기, 수학 / 학년점수 해석

운동 및 지각 — 오세레츠키: 4세~16세, 운동기능장애와 발달지체 평가

자폐

아동기자폐증 평정척도(CARS) — 자폐증 진단, 만 2세 이상 전 연령군 대상 / 경증 또는 중간 정도의 자폐아동과 중증 자폐아동 구분 / 결과: 평정점수 합 / 진단적 범주: 15~29.5(자폐증 아님), 30~36.5(경증 및 중간 정도 자폐증), 37~60.0(중증 자폐증)

한국자폐증진단검사 (K-ADS) — 자폐 선별, 평가, 만 3세~21세 아동 및 청소년 대상 / 검사: 상동행동, 의사소통, 사회적 상호작용 / 결과: 자폐지수와 백분위점수, 하위검사별 표준점수와 백분위점수 / 그래프 작성, 분석 / 자폐지수가 높을수록 자폐 가능성이 높음

정서 및 행동

CBCL 6-18 — 만 6~18세 아동 청소년 대상, 부모가 실시

구성 — 문제행동척도: 내재화(불안/우울, 위축/우울, 신체증상), 외현화(규칙위반, 공격성), 사회적 미성숙, 사고 문제, 주의집중 문제, 기타 문제 / 적응척도: 사회성, 학업수행

결과 — 문제행동증후군 척도: 표준점수 70점(백분위 98) 이상 임상범위 / 표준점수 65점(백분위 93) 이상 70 미만 준임상범위 / 내재화, 외현화 척도: 표준점수 64점(백분위 92) 이상 임상범위 / 60점(백분위 84) 이상 64점 미만 준임상범위 / 적응척도: 표준점수 36점(백분위 8) 이하 임상범위 / 표준점수 36점 초과 35점 이하 준임상범위 / 사회성, 학업수행: 표준점수 30점(백분위 2) 이하 임상범위 / 표준점수 36점 초과 40점(백분위 16) 이하 준임상범위

검사도구

제15장
전환교육

전환교육

모델

Will의
교량 모형　　고용에 중점을 둔 전환이 특수교육에 포함(최초의 모델)

Brolin의　　취학 전부터　　진로인식 – 진로탐색 – 진로준비
생활중심 진로 모형　　진로중심 교육 강조　　– 진로배치와 추수지도

Halpern의
독립생활과 지역사회적응 모형　　고용뿐만 아니라 지역사회 적응을 통한 성인생활 자립 강조

Clark의
포괄적 전환교육서비스 모델

진로발달과 전환교육모델이 일생에 여러 번	적정한 시기에 환경적 지원 제공	수직적 전환 · 수평적 전환
지식기술 영역	의사소통 · 학업성취 / 자기결정 / 대인관계 / 통합된 지역사회 참여 / 건강 · 건강관리 / 독립적 · 상호의존적 일상생활 / 여가 · 레크리에이션 / 후속교육 · 훈련	

Wehman의
지역사회중심 직업훈련 모델　　투입과 기초, 과정, 취업결과로 이어지는 중등학교 직업프로그램 모형 제안

Kohler의　　전환계획이
혼합형 진로교육 모형　　교육의 모든 측면을 다룸

	전환계획을 위한 기반 · 내용평가 · 프로그램 효성성 등을 포함
범주	학생 중심 계획 / 학생 개발 / 기관 · 영역 간 협력 / 가족참여 / 프로그램 구조

평가

흥미평가　　직업흥미　　특정 직업군과 관련있는 활동에 대한 선호

성취/적성평가
　　성취검사　　교육이나 경험을 통해 배운 정보 평가
　　적성검사　　주어진 활동을 성취하는 것을 학습할 수 있는 잠재력 측정

작업표본평가　　실제 직무나 모의 직무로 평가 실시　　실제 작업활동을 생산활동으로부터 분리하여 실시하는 검사

상황평가　　실제 작업환경과 유사한 모의 작업장에서 내담자의 직무수행과 행동을 관찰

현장평가　　실제 작업환경에서 내담자의 직무기능을 평가

직무분석　　특정 직무에서 수행하는 업무의 내용과 업무를 수행하기 위해 요구되는 작업자의 역량을 밝히는 것

신체능력평가　　기본적인 신체기능, 의료적 측면 파악

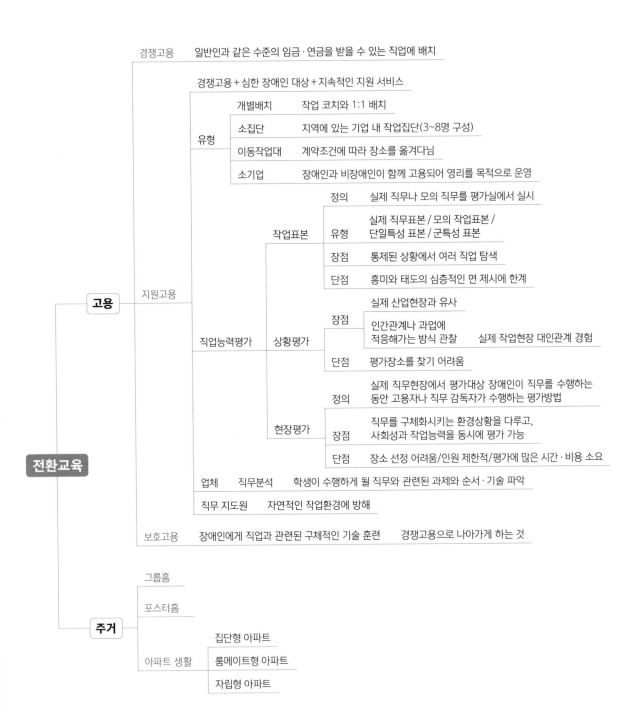

전환교육

고용
- 경쟁고용 ── 일반인과 같은 수준의 임금·연금을 받을 수 있는 직업에 배치
- 지원고용 ── 경쟁고용 + 심한 장애인 대상 + 지속적인 지원 서비스
  - 유형
    - 개별배치 ── 작업 코치와 1:1 배치
    - 소집단 ── 지역에 있는 기업 내 작업집단(3~8명 구성)
    - 이동작업대 ── 계약조건에 따라 장소를 옮겨다님
    - 소기업 ── 장애인과 비장애인이 함께 고용되어 영리를 목적으로 운영
  - 직업능력평가
    - 작업표본
      - 정의 ── 실제 직무나 모의 직무를 평가실에서 실시
      - 유형 ── 실제 직무표본 / 모의 작업표본 / 단일특성 표본 / 군특성 표본
      - 장점 ── 통제된 상황에서 여러 직업 탐색
      - 단점 ── 흥미와 태도의 심층적인 면 제시에 한계
    - 상황평가
      - 장점 ── 실제 산업현장과 유사 / 인간관계나 과업에 적응해가는 방식 관찰 ── 실제 작업현장 대인관계 경험
      - 단점 ── 평가장소를 찾기 어려움
    - 현장평가
      - 정의 ── 실제 직무현장에서 평가대상 장애인이 직무를 수행하는 동안 고용자나 직무 감독자가 수행하는 평가방법
      - 장점 ── 직무를 구체화시키는 환경상황을 다루고, 사회성과 작업능력을 동시에 평가 가능
      - 단점 ── 장소 선정 어려움/인원 제한적/평가에 많은 시간·비용 소요
  - 업체 ── 직무분석 ── 학생이 수행하게 될 직무와 관련된 과제와 순서·기술 파악
  - 직무 지도원 ── 자연적인 작업환경에 방해
- 보호고용 ── 장애인에게 직업과 관련된 구체적인 기술 훈련 ── 경쟁고용으로 나아가게 하는 것

주거
- 그룹홈
- 포스터홈
- 아파트 생활
  - 집단형 아파트
  - 룸메이트형 아파트
  - 자립형 아파트

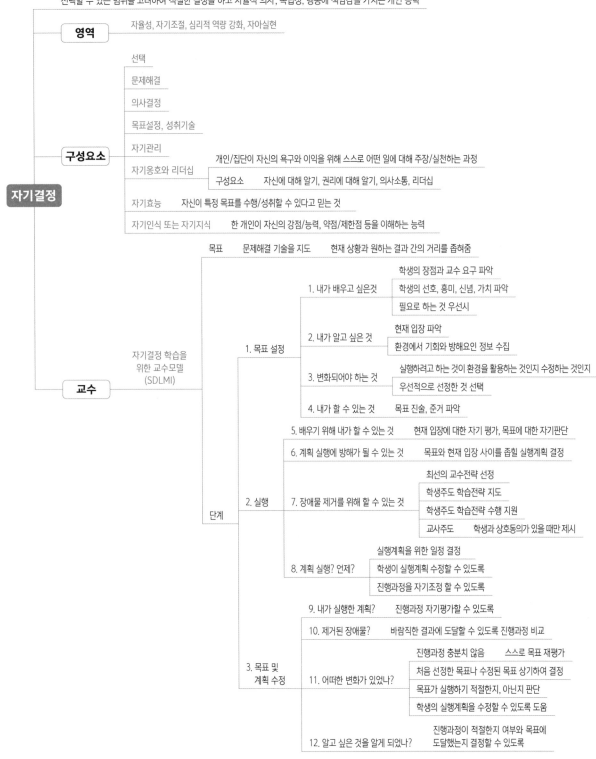

선택할 수 있는 범위를 고려하여 적절한 결정을 하고 자율적 의사, 독립성, 행동에 책임감을 가지는 개인 능력

영역 — 자율성, 자기조절, 심리적 역량 강화, 자아실현

구성요소
- 선택
- 문제해결
- 의사결정
- 목표설정, 성취기술
- 자기관리
- 자기옹호와 리더십 — 개인/집단이 자신의 욕구와 이익을 위해 스스로 어떤 일에 대해 주장/실천하는 과정
  - 구성요소 — 자신에 대해 알기, 권리에 대해 알기, 의사소통, 리더십
- 자기효능 — 자신이 특정 목표를 수행/성취할 수 있다고 믿는 것
- 자기인식 또는 자기지식 — 한 개인이 자신의 강점/능력, 약점/제한점 등을 이해하는 능력

교수

자기결정 학습을 위한 교수모델 (SDLMI)

목표 — 문제해결 기술을 지도 — 현재 상황과 원하는 결과 간의 거리를 좁혀줌

단계

1. 목표 설정
1. 내가 배우고 싶은것
   - 학생의 장점과 교수 요구 파악
   - 학생의 선호, 흥미, 신념, 가치 파악
   - 필요로 하는 것 우선시
2. 내가 알고 싶은 것
   - 현재 입장 파악
   - 환경에서 기회와 방해요인 정보 수집
3. 변화되어야 하는 것
   - 실행하려고 하는 것이 환경을 활용하는 것인지 수정하는 것인지
   - 우선적으로 선정한 것 선택
4. 내가 할 수 있는 것 — 목표 진술, 준거 파악

2. 실행
5. 배우기 위해 내가 할 수 있는 것 — 현재 입장에 대한 자기 평가, 목표에 대한 자기판단
6. 계획 실행에 방해가 될 수 있는 것 — 목표와 현재 입장 사이를 좁힐 실행계획 결정
7. 장애물 제거를 위해 할 수 있는 것
   - 최선의 교수전략 선정
   - 학생주도 학습전략 지도
   - 학생주도 학습전략 수행 지원
   - 교사주도 — 학생과 상호동의가 있을 때만 제시
8. 계획 실행? 언제?
   - 실행계획을 위한 일정 결정
   - 학생이 실행계획 수정할 수 있도록
   - 진행과정을 자기조정 할 수 있도록

3. 목표 및 계획 수정
9. 내가 실행한 계획? — 진행과정 자기평가할 수 있도록
10. 제거된 장애물? — 바람직한 결과에 도달할 수 있도록 진행과정 비교
11. 어떠한 변화가 있었나?
    - 진행과정 충분치 않음 — 스스로 목표 재평가
    - 처음 선정한 목표나 수정된 목표 상기하여 결정
    - 목표가 실행하기 적절한지, 아닌지 판단
    - 학생의 실행계획을 수정할 수 있도록 도움
12. 알고 싶은 것을 알게 되었나? — 진행과정이 적절한지 여부와 목표에 도달했는지 결정할 수 있도록

자기결정

부록

「장애인 등에 대한 특수교육법」 워크북

제1장 〉 총칙

제1조 [목적]

법	제1조【목적】이 법은 「교육기본법」 제18조에 따라 국가 및 지방자치단체가 장애인 및 특별한 교육적 요구가 있는 사람에게 통합된 교육환경을 제공하고 생애주기에 따라 장애유형·장애정도의 특성을 고려한 교육을 실시하여 이들이 자아실현과 사회통합을 하는 데 기여함을 목적으로 한다.
령	제1조【목적】이 영은 「장애인 등에 대한 특수교육법」에서 위임된 사항과 그 시행에 필요한 사항을 규정함을 목적으로 한다.
규칙	제1조【목적】이 규칙은 「장애인 등에 대한 특수교육법」 및 같은 법 시행령에서 위임된 사항과 그 시행에 필요한 사항을 규정함을 목적으로 한다.

제2조 [정의]

법	제2조【정의】이 법에서 사용하는 용어의 정의는 다음과 같다.
	1. "특수교육"이란 특수교육대상자의 교육적 요구를 충족시키기 위하여 특성에 적합한 교육과정 및 제2호에 따른 특수교육 관련서비스 제공을 통하여 이루어지는 교육을 말한다.
	2. "특수교육 관련서비스"란 특수교육대상자의 교육을 효율적으로 실시하기 위하여 필요한 인적·물적 자원을 제공하는 서비스로서 상담지원·가족지원·치료지원·지원인력배치·보조공학기기지원·학습보조기기지원·통학지원 및 정보접근지원 등을 말한다.
	3. "특수교육대상자"란 제15조에 따라 특수교육이 필요한 사람으로 선정된 사람을 말한다.
	4. "특수교육교원"이란 「초·중등교육법」 제2조 제4호에 따른 특수학교 교원자격증을 가진 사람으로서 특수교육대상자의 교육을 담당하는 교원을 말한다.
	5. "보호자"란 친권자·후견인, 그 밖의 사람으로서 특수교육대상자를 사실상 보호하는 사람을 말한다.
	6. "통합교육"이란 특수교육대상자가 일반학교에서 장애유형·장애정도에 따라 차별을 받지 아니하고 또래와 함께 개개인의 교육적 요구에 적합한 교육을 받는 것을 말한다.
	7. "개별화교육"이란 각급학교의 장이 특수교육대상자 개인의 능력을 계발하기 위하여 장애유형 및 장애특성에 적합한 교육목표·교육방법·교육내용·특수교육 관련서비스 등이 포함된 계획을 수립하여 실시하는 교육을 말한다.
	8. "순회교육"이란 특수교육교원 및 특수교육 관련서비스 담당 인력이 각급학교나 의료기관, 가정 또는 복지시설(장애인복지시설, 아동복지시설 등을 말한다. 이하 같다) 등에 있는 특수교육대상자를 직접 방문하여 실시하는 교육을 말한다.
	9. "진로 및 직업교육"이란 특수교육대상자의 학교에서 사회 등으로의 원활한 이동을 위하여 관련 기관의 협력을 통하여 직업재활훈련·자립생활훈련 등을 실시하는 것을 말한다.
	10. "특수교육기관"이란 특수교육대상자에게 유치원·초등학교·중학교 또는 고등학교(전공과를 포함한다. 이하 같다)의 과정을 교육하는 특수학교 및 특수학급을 말한다.

11. "특수학급"이란 특수교육대상자의 통합교육을 실시하기 위하여 일반학교에 설치된 학급을 말한다.

12. "각급학교"란 「유아교육법」 제2조 제2호에 따른 유치원 및 「초·중등교육법」 제2조에 따른 학교를 말한다.

제2조 관련 기출문제

01 「장애인 등에 대한 특수교육법」 및 관련 법령에 근거한 내용으로 옳은 것은? **09 중등 13번**

① 전공과와 만 3세 미만의 장애영아 교육은 무상·의무로 한다.

② 개별화교육지원팀은 매년 특수교육대상자에 대한 개별화교육 계획을 작성하여야 한다.

③ 고등학교 과정 이상의 각급학교의 장은 진로 및 직업교육을 지원하기 위하여 직업재활훈련 및 자립생활 훈련을 실시한다.

④ 관련서비스에는 상담지원, 가족지원, 치료지원, 보조공학기기 지원, 학습보조기 지원, 통학지원 및 정보 접근지원 등이 포함된다.

⑤ 고등학교 과정에서는 특수교육대상자가 1인 이상 6인 이하인 경우 1학급을 설치하고, 6인을 초과하는 경우 2개 이상의 학급을 설치한다.

정답 ④

02 다음은 김 교사가 부임한 K고등학교 특수학급의 일부 학생에 대한 정보이다. 아래의 정보를 고려할 때 특수학급 운영과 관련된 김 교사의 계획 중 적절한 것만을 <보기>에서 모두 고른 것은? **11 중등 18번**

○ 학생 수: 7명(1학년 3명, 2학년 4명)

○ 모든 학생은 개별적인 필요에 따라 특수학급에서 시간제로 공부하고 있음

학생	통합 학급	장애 유형	현행 수준
학생 A	2-1	정신 지체	• 간단한 의사표현은 가능하나 일상생활 기술이 부족함
학생 B	2-4	정신 지체	• 간단한 질문에 대답할 수 있으나 학급 친구들과 상호작용이 거의 없음 • 부모의 과잉보호로 사회적응기술이 부족함
학생 C	2-5	자폐성 장애	• 반향어와 상동행동이 나타남 • 수업 중에 자리 이탈이 빈번하고 갑자기 학교 밖으로 나가곤 함
학생 D	2-7	정신 지체	• 특수학급에서는 일상적인 대화가 가능하고 사회성이 좋은 편이나 통합학급에서는 지나치게 위축되고 또래에게서 소외되곤 함 • 스스로 읽기, 쓰기가 가능하지만 학업에 대한 흥미는 보이지 않음

ㄱ. 학생 A, B에게 일주일에 2회 지역사회중심교수를 제공한다.

ㄴ. 학생 C의 이탈행동이 빈번하므로 현장체험활동을 교내 실습으로 대체한다.

ㄷ. 학생 수가 6인을 초과하였으므로 특수학급 1개 반을 추가로 설치하는 것을 요구한다.

ㄹ. 졸업을 앞둔 학생들에게 진로 및 직업교육을 제공하기 위하여 K고등학교에 전공과 설치·운영을 구상한다.

ㅁ. 통합학급에서 학생 D의 수업 참여 행동 및 또래와의 상호작용을 높이기 위해 또래 도우미와 집단강화를 제공한다.

① ㄱ, ㅁ　　　② ㄱ, ㄹ, ㅁ　　　③ ㄴ, ㄷ, ㄹ　　　④ ㄱ, ㄷ, ㄹ, ㅁ　　　⑤ ㄴ, ㄷ, ㄹ, ㅁ

정답 ②

03 순회교육에 대하여 「장애인 등에 대한 특수교육법」 및 동법 시행령에 명시된 내용으로 옳지 않은 것은? 13 중등 8번

① 교육감은 장애 정도가 심하여 장·단기의 결석이 불가피한 특수교육대상자의 교육을 위하여 필요한 경우 순회교육을 실시하여야 한다.

② 각급학교의 장은 순회교육을 하기 위하여 순회교육을 받는 특수교육대상자의 능력, 장애 정도, 장애 특성 등을 고려하여 순회교육계획을 작성·운영하여야 한다.

③ 순회교육이란 특수교육교원 및 특수교육 관련서비스 담당 인력이 각급학교나 의료기관, 가정 또는 복지시설(장애인복지시설, 아동복지시설 등을 말한다) 등에 있는 특수교육대상자를 직접 방문하여 실시하는 교육을 말한다.

④ 교육장 또는 교육감은 일반학교에서 통합교육을 받고 있는 특수교육대상자를 지원하기 위하여 일반학교 및 특수교육지원 센터에 특수교육교원 및 특수교육 관련서비스 담당 인력을 배치하여 순회교육을 실시하여야 한다.

⑤ 순회교육의 수업일수는 매 학년도 150일을 기준으로 하여 각급학교의 장이 정하되, 순회교육을 받는 특수교육대상자의 상태와 교육과정의 운영상 필요한 경우에는 지도·감독기관의 승인을 받아 30일의 범위에서 줄일 수 있다.

정답 ②

04 (가)는 특수교육지원센터의 공학기기 선정을 위한 협의회 자료의 일부이다. 「장애인 등에 대한 특수교육법」(법률 제15367호, 2018. 2. 21.,일부개정), 동법 시행령(대통령령 제29258호, 2018. 10. 30., 일부개정)에 근거하여, ① (가)의 ㉣에 들어갈 특수교육 관련서비스를 쓰고, ② 장애인용 각종 교구·학습보조기·보조공학기기 등의 설비를 제공하여야 하는 주체와, 이를 제공할 수 있도록 특수교육지원센터에 필요한 기구를 갖추어 두어야 하는 주체를 순서대로 쓰시오. 20 초등 A 2번

	성명	정운	민아
학생정보	특성	• 불수의 운동형 뇌성마비 • 상지의 불수의 운동이 있어 소근육 운동이 어려움 • 독서활동을 좋아함	• 저시력 • 경직형뇌성마비 • 상지의 소근육운동이 다소 어려움 • 확대독서기 이용 시 쉽게 피로하여 소리를 통한 독서를 선호함
특수교육 관련서비스	상담 지원	…(생략)…	
	학습보조기기지원	• 자동책장넘김장치	• ㉠ 전자도서단말기
	보조공학기기지원	• (㉡)	• (㉢)
	(㉣) 지원	• 동영상 콘텐츠 활용 지원	• 대체 텍스트 제공 • 동영상 콘텐츠 활용 지원

05 다음은 원격수업 역량강화 연수 후 ○○교육청 홈페이지에 올라온 질의응답 내용이다. 물음에 답하시오.

23 초등 B 1번

> 질문
>
> 저희 반 학생은 머리제어 마우스를 사용하는데요, 표준 키보드 사용이 어려워서 부모님이 대신 로그인을 해주십니다. 혼자서 할 수 있는 방안이 있나요?
>
> 응답
>
> 소프트웨어적으로 해결하는 것이 좋을 것 같아 (⑩)을/를 제안합니다. 컴퓨터 운영체제에도 내장되어 있어 구동도 용이하고, 다른 대체 마우스와도 같이 사용할 수 있습니다.
>
> 질문
>
> 다음 학기에는 조우스와 인체 공학 키보드 활용도 계획하고 있는데요, 이 지원 계획은 어디에 포함해야 하나요?
>
> 응답
>
> 보조공학기기지원은 특수교육 관련서비스 중의 하나로서, (⑭)을/를 작성할 때 포함해야 합니다.

3) ① ⑩에 들어갈 말을 쓰고, ② 「장애인 등에 대한 특수교육법 시행규칙」(교육부령 제269호, 2022. 6. 29., 일부개정)에 근거하여 ⑭에 들어갈 말을 쓰시오.

　①　_____

　②　_____

06 (가)는 선우 어머니와 유아교사 강 교사가 나눈 대화의 일부이고, (나)는 강 교사와 특수교육지원센터 유아특수교사 송 교사가 나눈 대화의 일부이다. 물음에 답하시오. **23 유치원 A 1번**

(나)

> 송 교사: 선생님, 선우가 발달지체를 가진 특수교육대상자로 선정되었어요.
> 강 교사: 네, 그래서 선우 어머님이 선우의 전반적인 양육과 교육에 대해 많이 궁금해하셨어요.
> 송 교사: ⓔ 다음 달에 특수교육지원센터에서 발달지체 유아 학부모 대상 연수가 있는데, 선우 어머님께 안내해야겠어요.

3) (나)의 ⓔ은 「장애인 등에 대한 특수교육법」(법률 제18298호, 2021. 7. 20., 타법개정) 제2조 제2항 특수교육 관련서비스 중 어떤 지원에 해당하는지 쓰시오.

제3조 [의무교육 등]

법	**제3조【의무교육 등】** ① 특수교육대상자에 대하여는 「교육기본법」 제8조에도 불구하고 유치원·초등학교·중학교 및 고등학교 과정의 교육은 의무교육으로 하고, 제24조에 따른 전공과와 만 3세 미만의 장애영아교육은 무상으로 한다. ② 만 3세부터 만 17세까지의 특수교육대상자는 제1항에 따른 의무교육을 받을 권리를 가진다. 다만, 출석일수의 부족 등으로 인하여 진급 또는 졸업을 하지 못하거나, 제19조 제3항에 따라 취학의무를 유예하거나 면제받은 사람이 다시 취학할 때의 그 학년이 취학의무를 면제 또는 유예받지 아니하고 계속 취학하였을 때의 학년과 차이가 있는 경우에는 그 해당 연수(年數)를 더한 연령까지 의무교육을 받을 권리를 가진다. ③ 제1항에 따른 의무교육 및 무상교육에 드는 비용은 대통령령으로 정하는 바에 따라 국가 또는 지방자치단체가 부담한다.
령	**제2조【의무교육의 실시】** 「장애인 등에 대한 특수교육법」(이하 "법"이라 한다) 제3조 및 법률 제8483호 부칙 제1조 단서에 따라 특수교육대상자에 대한 의무교육은 다음 각 호에 따라 차례로 각각 실시한다. 1. 2010학년도: 만 5세 이상 유치원 과정 및 고등학교 과정 2. 2011학년도: 만 4세 이상 유치원 과정 3. 2012학년도: 만 3세 이상 유치원 과정 **제3조【의무교육의 비용 등】** ① 법 제3조 제3항에 따라 국가 또는 지방자치단체가 부담하여야 하는 비용은 입학금, 수업료, 교과용 도서대금 및 학교급식비로 한다. ② 국가 및 지방자치단체는 제1항의 비용 외에 학교운영 지원비, 통학비, 현장·체험학습비 등을 예산의 범위에서 부담하거나 보조할 수 있다.

제3조 관련 기출문제

01 「장애인 등에 대한 특수교육법」 및 관련 법령에 근거한 내용으로 옳은 것은? `09 중등 13번`

① 전공과와 만 3세 미만의 장애영아교육은 무상·의무로 한다.
② 개별화교육지원팀은 매년 특수교육대상자에 대한 개별화교육계획을 작성하여야 한다.
③ 고등학교 과정 이상의 각급학교의 장은 진로 및 직업교육을 지원하기 위하여 직업재활훈련 및 자립생활훈련을 실시한다.
④ 관련서비스에는 상담지원, 가족지원, 치료지원, 보조공학기기 지원, 학습보조기기지원, 통학지원 및 정보접근지원 등이 포함된다.
⑤ 고등학교 과정에서는 특수교육대상자가 1인 이상 6인 이하인 경우 1학급을 설치하고, 6인을 초과하는 경우 2개 이상의 학급을 설치한다.

정답 ④

제4조 [차별의 금지]

법	**제4조 【차별의 금지】**
	
	① 각급학교의 장 또는 대학(「고등교육법」 제2조에 따른 학교를 말한다. 이하 같다)의 장은 특수교육대상자가 그 학교에 입학하고자 하는 경우에는 그가 지닌 장애를 이유로 입학의 지원을 거부하거나 입학전형 합격자의 입학을 거부하는 등 교육 기회의 부여에서 차별을 하여서는 아니 된다.
	
	② 국가, 지방자치단체, 각급학교의 장 또는 대학의 장은 다음 각 호의 사항에 관하여 장애인의 특성을 고려한 교육시행을 목적으로 함이 명백한 경우 외에는 특수교육대상자 및 보호자를 차별하여서는 아니 된다.
	  1. 제28조에 따른 특수교육 관련서비스 제공에서의 차별
	  2. 수업, 학생자치활동, 그 밖의 교내외 활동에 대한 참여 배제
	  3. 개별화교육지원팀에의 참여 등 보호자 참여에서의 차별
	  4. 대학의 입학전형절차에서 장애로 인하여 필요한 수험편의의 내용을 조사·확인하기 위한 경우 외에 별도의 면접이나 신체검사를 요구하는 등 입학전형 과정에서의 차별
	  5. 입학·전학 및 기숙사 입소 과정에서 비장애학생에게 요구하지 아니하는 보증인 또는 서약서 제출을 요구
	  6. 학생 생활지도에서의 「장애인차별금지 및 권리구제 등에 관한 법률」 제4조의 차별

제38조 [벌칙]

법	**제38조 【벌칙】**
	
	다음 각 호의 어느 하나에 해당하는 자는 1년 이하의 징역 또는 1천만 원 이하의 벌금에 처한다.
	  1. 제4조 제1항을 위반하여 장애를 이유로 특수교육대상자의 입학을 거부하거나 입학전형 합격자의 입학을 거부하는 등의 불이익한 처분을 한 교육기관의 장
	  2. 제4조 제2항 제4호를 위반하여 대학의 입학전형절차에서 수험편의의 내용의 확인과 관계없는 별도의 면접이나 신체검사를 요구한 자
	
	제38조의2 【벌칙】
	
	다음 각 호의 어느 하나에 해당하는 자는 300만 원 이하의 벌금에 처한다.
	  2. 제4조 제2항 제1호부터 제3호까지의 규정을 위반하여 특수교육 관련서비스의 제공, 수업, 학생자치활동, 그 밖의 교내외 활동에 대한 참여와 개별화교육지원팀에의 보호자 참여에 있어서 차별한 자
	  4. 제4조 제2항 제5호를 위반하여 입학·전학 및 기숙사 입소 과정에서 비장애학생에게 요구하지 아니하는 보증인 또는 서약서 제출을 요구한 자
	  5. 제4조 제2항 제6호를 위반하여 학생 생활지도에 있어서 「장애인차별금지 및 권리구제 등에 관한 법률」 제4조의 차별을 한 자[제38조에서 이동]

제13조 [차별금지]

법	**제13조 【차별금지】** ① 교육책임자는 장애인의 입학 지원 및 입학을 거부할 수 없고, 전학을 강요할 수 없으며, 「영유아보육법」에 따른 어린이집, 「유아교육법」 및 「초·중등교육법」에 따른 각급 학교는 장애인이 당해 교육기관으로 전학하는 것을 거절하여서는 아니 된다. ② 제1항에 따른 교육기관의 장은 「장애인 등에 대한 특수교육법」 제17조를 준수하여야 한다. ③ 교육책임자는 당해 교육기관에 재학 중인 장애인 및 그 보호자가 제14조 제1항 각 호의 편의 제공을 요청할 때 정당한 사유 없이 이를 거절하여서는 아니 된다. ④ 교육책임자는 특정 수업이나 실험·실습, 현장견학, 수학여행 등 학습을 포함한 모든 교내외 활동에서 장애를 이유로 장애인의 참여를 제한, 배제, 거부하여서는 아니 된다. ⑤ 교육책임자는 취업 및 진로교육, 정보제공에 있어서 장애인의 능력과 특성에 맞는 진로교육 및 정보를 제공하여야 한다. ⑥ 교육책임자 및 교직원은 교육기관에 재학 중인 장애인 및 장애인 관련자, 특수교육 교원, 특수교육 보조원, 장애인 관련 업무 담당자를 모욕하거나 비하하여서는 아니 된다. ⑦ 교육책임자는 장애인의 입학 지원 시 장애인 아닌 지원자와 달리 추가 서류, 별도의 양식에 의한 지원서류 등을 요구하거나, 장애인만을 대상으로 한 별도의 면접이나 신체검사, 추가시험 등(이하 "추가서류 등"이라 한다)을 요구하여서는 아니 된다. 다만, 추가서류 등의 요구가 장애인의 특성을 고려한 교육시행을 목적으로 함이 명백한 경우에는 그러하지 아니하다. ⑧ 국가 및 지방자치단체는 장애인에게 「장애인 등에 대한 특수교육법」 제3조 제1항에 따른 교육을 실시하는 경우, 정당한 사유 없이 해당 교육과정에 정한 학업시수를 위반하여서는 아니 된다.

[별표2]

교육기관의 단계적 범위 (제9조 관련)

1. 다음 각 목의 시설: 2009년 4월 11일부터 적용
   가. 국·공·사립 특수학교
   나. 「유아교육법」에 따른 국·공립 유치원 중 특수반이 설치된 유치원
   다. 「초·중등교육법」에 따른 각급 학교 중 특수학급이 설치된 국·공립 각급 학교
   라. 「영유아보육법」에 따라 장애아를 전담하는 어린이집

2. 다음 각 목의 시설: 2011년 4월 11일부터 적용
   가. 제1호나목 외의 「유아교육법」에 따른 국·공립 유치원
   나. 「초·중등교육법」에 따른 국·공·사립 각급 학교(제1호다목의 학교는 제외한다)
   다. 「고등교육법」에 따른 국·공·사립 각급 학교
   라. 보육하는 영유아의 수가 100명 이상인 국공립어린이집 및 법인어린이집(제1호라목의 시설은 제외한다)
   마. 「영재교육진흥법」 제2조에 따른 영재학교 및 영재교육원

3. 다음 각 목의 시설: 2013년 4월 11일부터 적용
   가. 「유아교육법」에 따른 사립 유치원
   나. 「평생교육법」 제31조에 따른 학교형태의 평생교육시설 및 같은 법 제30조에 따른 학교부설 평생교육시설
   다. 나목 외의 평생교육시설, 「학점인정 등에 관한 법률」에서 정한 평가인정을 받은 교육훈련기관 및 「직업교육훈련 촉진법」에 따른 직업교육훈련기관 중 연면적 1,000제곱미터 이상 규모의 교육기관. 다만, 원격대학형태의 평생교육시설은 연면적 2,500제곱미터 이상 규모의 평생교육시설만 해당한다.

라. 국공립어린이집 및 법인어린이집
마. 「교원 등의 연수에 관한 규정」 제2조 제1항에 따른 연수기관
바. 「공무원교육훈련법」 제3조 제1항에 따른 중앙공무원교육원 및 같은 법 제4조 제1항에 따른 전문교육훈련기관

제14조 [정당한 편의제공 의무]

법	**제14조【정당한 편의제공 의무】**
	
	① 교육책임자는 당해 교육기관에 재학 중인 장애인의 교육활동에 불이익이 없도록 다음 각 호의 수단을 적극적으로 강구하고 제공하여야 한다.
	  1. 장애인의 통학 및 교육기관 내에서의 이동 및 접근에 불이익이 없도록 하기 위한 각종 이동용 보장구의 대여 및 수리
	  2. 장애인 및 장애인 관련자가 필요로 하는 경우 교육보조인력의 배치
	  3. 장애로 인한 학습 참여의 불이익을 해소하기 위한 확대 독서기, 보청기기, 높낮이 조절용 책상, 각종 보완·대체 의사소통 도구 등의 대여 및 보조견의 배치나 휠체어의 접근을 위한 여유 공간 확보
	  4. 시·청각 장애인의 교육에 필요한 한국수어 통역, 문자통역(속기), 점자자료 및 인쇄물 접근성 바코드(음성변환용 코드 등 대통령령으로 정하는 전자적 표시를 말한다. 이하 같다)가 삽입된 자료, 자막, 큰 문자자료, 화면낭독·확대프로그램, 보청기기, 무지점자단말기, 인쇄물음성변환출력기를 포함한 각종 장애인보조기구 등 의사소통 수단
	  5. 교육과정을 적용함에 있어서 학습진단을 통한 적절한 교육 및 평가방법의 제공
	  6. 그 밖에 장애인의 교육활동에 불이익이 없도록 하는 데 필요한 사항으로서 대통령령으로 정하는 사항
	② 교육책임자는 제1항 각 호의 수단을 제공하는 데 필요한 업무를 수행하기 위하여 장애학생지원부서 또는 담당자를 두어야 한다.
	③ 제1항을 적용함에 있어서 그 적용대상 교육기관의 단계적 범위와 제2항에 따른 장애학생지원부서 및 담당자의 설치 및 배치, 관리·감독 등에 필요한 사항은 대통령령으로 정한다.

령	**제8조【정당한 편의의 내용】**
	
	① 법 제14조 제1항 제4호에서 "음성변환용 코드 등 대통령령으로 정하는 전자적 표시"란 다음 각 호의 어느 하나에 해당하는 전자적 표시를 말한다.
	  1. 음성변환용 코드
	  2. 청각, 촉각 등의 감각을 통하여 습득할 수 있도록 인쇄물 정보를 변환시켜주는 전자적 표시
	② 법 제14조 제1항 제6호에 따라 교육책임자가 제공하여야 하는 사항은 다음 각 호와 같다.
	  1. 원활한 교수 또는 학습 수행을 위한 지도자료 등
	  2. 통학과 관련된 교통편의
	  3. 교육기관 내 교실 등 학습시설 및 화장실, 식당 등 교육활동에 필요한 모든 공간에서 이동하거나 그에 접근하기 위하여 필요한 시설·설비 및 이동수단
	
	제9조【교육기관의 단계적 범위】
	
	법 제14조 제3항에 따른 교육기관의 단계적 범위는 별표 2와 같다.

제10조 【장애학생지원부서 및 담당자】

① 교육책임자는 법 제14조 제3항에 따라 해당 교육기관에 재학 중인 장애인의 교육활동에 불이익이 없도록 다음 각 호에서 정하는 바에 따라 장애학생지원부서 또는 담당자를 두어야 한다.

1. 「초·중등교육법」 및 「고등교육법」에 따른 학교의 경우: 독립된 장애학생지원부서 또는 담당자를 두어야 한다.
2. 「영유아보육법」에 따른 보육시설과 「유아교육법」에 따른 유치원의 경우: 장애아동을 위한 담당자를 두어야 한다.
3. 「평생교육법」에 따른 평생교육시설, 「학점인정 등에 관한 법률」에 따른 교육훈련기관, 「직업교육훈련 촉진법」에 따른 직업교육훈련기관 및 제4조에 따른 교육기관의 경우: 장애학생을 위한 담당자를 두어야 한다.

② 교육책임자는 제1항에 따른 장애학생지원부서 또는 담당자의 활동 내용 및 장애인의 이용 실태를 정기적으로 점검하여야 한다.

제4, 38조 관련 기출문제

01 다음은 김 교사가 부임한 K고등학교 특수학급의 일부 학생에 대한 정보이다. 아래의 정보를 고려할 때 특수학급 운영과 관련된 김 교사의 계획 중 적절한 것만을 <보기>에서 모두 고른 것은? `11 중등 18번`

학생	통합 학급	장애 유형	현행 수준
			O 학생 수: 7명(1학년 3명, 2학년 4명)
			O 모든 학생은 개별적인 필요에 따라 특수학급에서 시간제로 공부하고 있음
학생 A	2-1	정신 지체	• 간단한 의사표현은 가능하나 일상생활 기술이 부족함
학생 B	2-4	정신 지체	• 간단한 질문에 대답할 수 있으나 학급 친구들과 상호작용이 거의 없음 • 부모의 과잉보호로 사회적응기술이 부족함
학생 C	2-5	자폐성 장애	• 반향어와 상동행동이 나타남 • 수업 중에 자리 이탈이 빈번하고 갑자기 학교 밖으로 나가곤 함
학생 D	2-7	정신 지체	• 특수학급에서는 일상적인 대화가 가능하고 사회성이 좋은 편이나 통합학급에서는 지나치게 위축되고 또래에게서 소외되곤 함 • 스스로 읽기, 쓰기가 가능하지만 학업에 대한 흥미는 보이지 않음

ㄱ. 학생 A, B에게 일주일에 2회 지역사회중심교수를 제공한다.
ㄴ. 학생 C의 이탈행동이 빈번하므로 현장체험활동을 교내 실습으로 대체한다.
ㄷ. 학생 수가 6인을 초과하였으므로 특수학급 1개 반을 추가로 설치하는 것을 요구한다.
ㄹ. 졸업을 앞둔 학생들에게 진로 및 직업교육을 제공하기 위하여 K고등학교에 전공과 설치·운영을 구상한다.
ㅁ. 통합학급에서 학생 D의 수업 참여 행동 및 또래와의 상호작용을 높이기 위해 또래 도우미와 집단강화를 제공한다.

① ㄱ, ㅁ   ② ㄱ, ㄹ, ㅁ   ③ ㄴ, ㄷ, ㄹ
④ ㄱ, ㄷ, ㄹ, ㅁ   ⑤ ㄴ, ㄷ, ㄹ, ㅁ

정답 ②

02 박 교사는 대학에 진학하고자 하는 장애학생의 상담을 위하여 현행 「장애인 등에 대한 특수교육법」에 근거하여 고등교육 관련 내용을 정리하였다. 옳은 것만을 <보기>에서 있는 대로 고른 것은? 12 중등 5번

> ㄱ. 대학(「고등교육법」 제2조에 따른 학교를 말한다.)의 장은 특수교육대상자가 그 학교에 입학하고자 하는
>   경우에는 그가 지닌 장애를 이유로 입학의 지원을 거부하거나 입학전형 합격자의 입학을 거부하는 등
>   교육기회에 있어서 차별을 하여서는 아니 된다.
> ㄴ. 대학의 장은 대학의 입학전형절차에서 장애 진단 절차를 조사·확인하기 위한 경우 외에 별도의 면접이나
>   신체 검사를 요구하는 등 입학전형 과정에서 특수교육대상자 및 보호자를 차별하여서는 아니 된다.
> ㄷ. 대학의 장은 대학의 장애학생 지원을 위한 계획, 심사청구 사건에 대한 심사·결정, 그 밖에 장애학생
>   지원을 위하여 대통령령으로 정하는 사항을 심의·결정하기 위해 특수 교육운영위원회를 설치·운영하여야
>   한다.
> ㄹ. 대학의 장은 해당 학교에 재학 중인 장애학생의 교육활동의 편의를 위하여 각종 학습 보조기기 및 보조
>   공학기기 등의 물적 지원, 교육보조인력 배치 등의 인적 지원, 취학편의 지원, 정보접근 지원, 「장애인·
>   노인·임산부 등의 편의 증진보장에 관한 법률」 제2조 제2호에 따른 편의시설 설치 지원의 수단을 적극적
>   으로 강구하고 제공하여야 한다.

① ㄱ, ㄴ   ② ㄱ, ㄹ   ③ ㄱ, ㄴ, ㄷ   ④ ㄱ, ㄷ, ㄹ   ⑤ ㄴ, ㄷ, ㄹ

정답 ②

03 다음은 「장애인차별금지 및 권리구제 등에 관한 법률」 제13조의 내용에 대한 설명이다. ㉠ ~ ㉢에 대한 설명으로 옳은 것만을 <보기>에서 있는 대로 고른 것은? 13 중등 3번

> 「장애인차별금지 및 권리구제 등에 관한 법률」 제13조 (차별금지) 제2항은 교육기관의 장이 ㉠ 「장애인 등에
> 대한 특수교육법」 제17조(특수교육대상자의 배치 및 교육)를 준수하도록 하고 있다. 제13조 제3항에서는
> '교육책임자는 당해 교육기관에 재학 중인 장애인 및 그 보호자가 ㉡ 제14조 제1항 각 호의 편의 제공을 요청
> 할 때 정당한 사유 없이 이를 거절하여서는 아니 된다.'라고 명시하고 있다. 또한, ㉢ 제13조 제4항은 교육
> 책임자가 '특정 수업이나 실험·실습, 현장견학, 수학여행 등 학습을 포함한 모든 교내외 활동에서 장애를
> 이유로 장애인의 참여를 제한, 배제, 거부'하는 것을 금지하고 있다.

> 가. ㉠에 의하면 교육감이 관할 구역 내에 거주하는 특수교육대상자를 다른 시·도에 소재하는 각급 공·
>   사립학교에 배치하고자 할 때에는 해당 학교장과 협의하여야 한다.
> 나. ㉡에 '교육과정을 적용함에 있어서 학습진단을 통한 적절한 교육 및 평가방법의 제공'이 포함된다.
> 다. ㉡에 '장애인의 통학 및 교육기관 내에서의 이동 및 접근에 불이익이 없도록 하기 위한 각종 이동용
>   보장구의 대여 및 수리'가 포함된다.
> 라. ㉡의 대통령령으로 정하는 사항에는 '통학과 관련된 교통 편의'와 '원활한 교수 또는 학습 수행을 위한
>   지도자료 등'이 포함된다.
> 마. ㉢과 관련하여 「장애인 등에 대한 특수교육법」에서는 장애인의 특성을 고려한 교육시행을 목적으로 함이
>   명백한 경우 외에는 '수업참여 배제 및 교내외 활동 참여 배제'를 특수교육대상자 및 보호자에 대한 차별이
>   라 규정하고 있다.

① 가, 나, 라   ② 가, 다, 마   ③ 다, 라, 마   ④ 가, 나, 라, 마   ⑤ 나, 다, 라, 마

정답 ⑤

04 다음은 특수학급 교사가 통합학급 교사와 세희의 통합교육을 위해 협의한 후 작성한 협의록의 일부이다. ㉣과 같이 말한 이유를 「장애인 등에 대한 특수교육법」(법률 제12127호, 2013.12.30., 일부개정) 제4조(차별의 금지)에 근거하여 쓰시오. 16 초등 B 1번

> **[협의록]**
>
> 〈협의내용 2. 현장학습〉
> ○ 통합학급 교사
>   − 세희의 돌발 행동(차도로 뛰어들거나 집단으로부터의 이탈)으로 인해 사고의 위험이 있으므로 현장학습에 참여시키는 것이 부적절하다고 생각함
>   − 세희의 경우 현장학습 대신 가정학습을 고려하고 있음
> ○ 특수학급 교사
>   − 세희를 ㉣ 현장학습에 참여시키지 않는 것은 법적으로 문제가 될 수 있으므로 특수교육 보조인력의 도움을 받아 현장학습에 참여시키도록 안내함
> 〈협의내용 3. ㉤ 통합교육 관련 교원 연수 계획〉
>
> … (하략) …

05 다음은 특수교사와 교육실습생의 대화내용이다. 「장애인 등에 대한 특수교육법」 및 동법 시행령에 근거하여 ㉠~㉢에 들어갈 내용을 순서대로 쓰시오. 18 중등 A 1번

> 교육실습생: 선생님, 특수교육 대상학생이 학교에서 차별을 받지 않도록 법으로 규정하고 있다는데, 어떤 것들이 있나요?
> 특 수 교 사: 특수교육법에서 규정하고 있는 차별금지 사항은 4가지가 있어요. 첫째, 특수교육 관련서비스 제공에서의 차별, 둘째, (㉠), 셋째, 개별화교육지원팀에의 참여 등 보호자 참여에서의 차별, 넷째, 대학의 입학전형절차에서 장애라는 이유로 별도의 면접이나 신체검사를 요구하는 등 입학전형 과정에서의 차별 등입니다.
> 교육실습생: 그러면 장애가 심하거나 집이 멀어서 통학이 어려운 경우, 어떤 지원을 받을 수 있나요?
> 특 수 교 사: 법에서는 학생의 취학편의 및 통학지원을 위해 특수교육 관련 서비스의 일환으로 (㉡)와/과 (㉢)을/를 지원하도록 규정하고 있어요. 그리고 특수교육대상자 및 보호자에게 통학비를 지원하도록 규정하고 있어요.

06 다음은 ○○교육지원청에 소속된 교사 모임 게시판에 올라온 게시물 중 일부이다. 「장애인 등에 대한 특수교육법」(법률 제15367호, 2018.2.21., 일부개정)에 근거하여 ㉠과 같이 답할 수 있는 이유를 1가지 쓰시오. 19 초등 1번

> **제목: 속상해요.**
> 저는 ○○초등학교 특수학급 교사입니다. 지적장애 학생이 방과 후 교육 프로그램의 요리 수업을 신청했는데, 그 학생은 언어적 지시를 이해하고 혼자서 조작 활동을 하는 것을 어려워 합니다. 방과 후 교육 교사는 요리 프로그램 특성상 학생 혼자서 수행해야 하는 과제가 많아 그 학생을 요리 수업에 참여시키기는 어려울 것이라고 말씀하십니다. 학부모님께서는 장애인 차별이라고 화를 많이 내시고, 저도 중간에서 난처한 처지가 되었습니다. 어떻게 하면 좋을까요?
>   └ re: 차별이라고 볼 수 없을 것 같은데요. 방과 후 교육 활동이 정규 교육과정도 아니고…… 다른 프로그램은 없을까요?
>   └ re: ㉠ 차별이라고 볼 수 있습니다. New

제2장 > 국가 및 지방자치단체의 임무

제5조 [국가 및 지방자치단체의 임무]

법

제5조【국가 및 지방자치단체의 임무】

① 국가 및 지방자치단체는 특수교육대상자에게 적절한 교육을 제공하기 위하여 다음 각 호의 업무를 수행하여야 한다.
  1. 장애인에 대한 특수교육종합계획의 수립
  2. 특수교육대상자의 조기발견
  3. 특수교육대상자의 취학지도
  4. 특수교육의 내용, 방법 및 지원체제의 연구·개선
  5. 특수교육교원의 양성 및 연수
  6. 특수교육기관 배치계획의 수립
  7. 특수교육기관의 설치·운영 및 시설·설비의 확충·정비
  8. 특수교육에 필요한 교재·교구의 연구·개발 및 보급
  9. 특수교육대상자에 대한 진로 및 직업교육 방안의 강구
  10. 장애인에 대한 고등교육 방안의 강구
  11. 특수교육대상자에 대한 특수교육 관련서비스 지원방안의 강구
  12. 그 밖에 특수교육의 발전을 위하여 필요하다고 인정하는 사항

② 국가 및 지방자치단체는 제1항의 업무를 수행하는 데 드는 경비를 예산의 범위 안에서 우선적으로 지급하여야 한다.

③ 국가는 제1항의 업무 추진이 부진하거나 제2항의 예산조치가 부족하다고 인정되는 지방자치단체에 대하여는 예산의 확충 등 필요한 조치를 하도록 권고하여야 한다.

④ 교육부장관은 제1항의 업무를 효율적으로 수행하기 위하여 문화체육관광부장관·보건복지부장관·고용노동부장관·여성가족부장관 등 관계 중앙행정기관 간에 협조체제를 구축하여야 한다.

제6조 [특수교육기관의 설립 및 위탁교육], 제7조 [위탁교육기관의 변경신청]

법	**제6조【특수교육기관의 설립 및 위탁교육】**
	① 국가 및 지방자치단체는 특수교육대상자의 취학편의를 고려하여 특수교육기관을 지역별 및 장애영역별로 균형 있게 설치·운영하여야 한다.
	② 국가 및 지방자치단체는 국립 또는 공립의 특수교육기관이 부족하거나 특수교육대상자의 의무교육 또는 무상교육을 위하여 필요한 경우에는 사립의 특수교육기관에 그 교육을 위탁할 수 있다.
	③ 제2항에 따라 특수교육을 위탁한 경우에는 해당 특수교육기관의 교육여건이 국립 또는 공립 특수교육기관의 수준에 미달하지 아니하도록 지원하여야 한다.
	④ 제2항에 따른 위탁교육·제3항에 따른 지원 또는 비용부담 등에 관하여 필요한 사항은 대통령령으로 정한다.
령	**제4조【위탁교육】**
	① 교육감은 법 제6조 제2항에 따라 특수교육대상자에 대한 교육을 사립(私立) 특수교육기관에 위탁할 때에는 관할 구역에 있는 사립 특수교육기관의 교육여건, 교육 가능한 인원, 교육기간 등에 관하여 그 특수교육기관의 장(특수학급이 설립된 사립학교의 장을 포함한다)과 협의해야 한다.
	② 교육감은 특수교육대상자의 교육을 위탁한 사립 특수교육기관에 대하여 국립 또는 공립 특수교육기관과 같은 수준의 교육을 할 수 있도록 운영비, 시설비, 실험실습비, 진로 및 직업교육비, 교직원의 인건비, 그 밖에 특수교육에 필요한 경비를 지급하여야 한다.
	③ 제1항과 제2항 외에 위탁교육의 운영에 관한 세부 사항은 교육감이 정하는 바에 따른다.
법	**제7조【위탁교육기관의 변경신청】**
	① 제6조 제2항에 따라 교육을 위탁받은 사립의 특수교육기관에 취학하고 있는 특수교육대상자 또는 그의 보호자는 해당 특수교육기관의 교육활동이 매우 불량하거나 특수교육대상자의 특성에 맞지 아니하여 특수교육대상자의 교육에 현저한 지장을 주고 있다고 판단되는 때에는 교육장 또는 교육감에게 그 사유를 구체적으로 명시하여 취학하고 있는 교육기관 외의 교육기관에 취학할 수 있도록 교육기관 변경을 신청할 수 있다.
	② 제1항에 따른 변경신청을 받은 교육장 또는 교육감은 신청 접수일부터 30일 이내에 제10조 제1항에 따른 시·군·구 특수교육운영위원회 또는 시·도 특수교육운영위원회를 열어 신청인·해당 학교의 장 등 이해관계인의 의견을 들은 후 변경 여부를 결정·통보하여야 한다.

01 다음은 ○○교육지원청에 소속된 교사 모임 게시판에 올라온 게시물 중 일부이다. 「장애인 등에 대한 특수교육법」(법률 제15367호, 2018.2.21., 일부개정) 중 위탁교육기관의 변경 신청과 관련된 규정을 근거로 ⓒ에 적합한 내용을 1가지 쓰시오. 19 초등 B 1번

> 제목: 전학 보내신다는데……
>
> 저는 특수학교에 재직 중입니다. 얼마 전 우리 반에 따돌림 때문에 학교폭력 문제가 생겼어요. 지금은 학교폭력대책자치위원회가 소집되어 분쟁조정 절차에 따라 해결해 나가는 중입니다. 그러나 평소 학교 측의 태도에 불만이 있던 피해 학생의 부모님께서는 이번 사건으로 자녀의 교육에 지장이 있을 것으로 생각하는 것 같습니다. 학부모님께서는 자꾸 공립학교로 학생을 재배치시켜 달라고만 하시는데, 그냥 재배치가 되는 건가요? 참고로 우리 학교는 사립학교입니다.
>
> └, re: 학생의 위탁교육기관을 변경하기 위해서는 학부모가 교육장에서 ⓒ <u>그 사유</u>를 구체적으로 명시하여, 다른 학교에 취학할 수 있도록 교육기관 변경 신청을 해야 합니다. 하지만 먼저 학교폭력대책자치위원회에서 잘 해결되기를 바랍니다.

02 다음은 ○○시 특수교육운영위원회 회의록의 일부이다. 괄호 안의 ⊙에 해당하는 용어를 「장애인 등에 대한 특수교육법」(법률 제15367호, 2018.2.21. 일부개정)에 근거하여 순서대로 쓰시오. 20 중등 A 1번

○○시 특수교육운영위원회 회의록

일시	○ 2019. △△. △△ 14:00~16:00
장소	○ □□교육지원청 3층 회의실
출석 위원	○ 12명(당연직 위원 5명, 위촉 위원 7명)
결석 위원	○ 1명(위촉 위원)
심의 안건	○ (⊙)의 변경신청에 관한 사항

…(중략)…

사회자: 이어서 (⊙)의 변경신청에 관한 사항을 논의하겠습니다. 학생 A는 사립 특수교육기관에 재학 중입니다. 그런데 재학 중인 학교가 학생 A의 장애 특성과 맞지 않는다는 보호자의 의견이 있었습니다. 이에 보호자는 「장애인 등에 대한 특수교육법」 제7조 1항에 따라 (⊙) 변경신청을 하였습니다.

위원장: 그럼 잠시 후에 해당 학생과 보호자의 의견을 듣고, 변경 여부를 결정하겠습니다. 처리 기간은 언제까지인가요?

사회자: 신청 접수일로부터 30일 이내에 신청인에게 변경 여부를 통보해야 합니다.

제8조 [교원의 자질 향상]

법	제8조【교원의 자질 향상】	
	① 국가 및 지방자치단체는 특수교육교원의 자질향상을 위한 교육 및 연수를 정기적으로 실시하여야 한다.	
	② 국가 및 지방자치단체는 특수교육대상자의 통합교육을 지원하기 위하여 일반학교의 교원에 대하여 특수교육 관련 교육 및 연수를 정기적으로 실시하여야 한다.	
	③ 제1항과 제2항에 따른 교육 및 연수 과정에는 특수교육대상자 인권의 존중에 관한 내용이 포함되어야 한다.	
	④ 제1항과 제2항에 따른 교육 및 연수에 필요한 사항은 대통령령으로 정한다.	
령	제5조【교원의 자질 향상】	
	① 교육부장관 및 교육감은 통합교육에 대한 이해를 높이기 위하여 일반학교의 교원(특수교육교원은 제외한다. 이하 이 조에서 같다)에게 연수를 받게 하는 경우 특수교육에 관한 내용을 포함하여야 한다.	
	② 교육부장관 및 교육감은 통합교육을 효율적으로 시행하기 위하여 통합교육을 지원하는 일반학교의 교원에 대하여는 특수교육과 관련된 직무연수 과정을, 특수교육교원에 대하여는 일반교과 교육에 관한 직무연수 과정을 개설·운영하여야 한다.	

제8조 관련 기출문제

01 통합교육과 관련된 「장애인 등에 대한 특수교육법」 및 동법 시행령의 내용으로 옳지 않은 것은? `12 중등 3번`

① 교육과학기술부장관 및 교육감은 통합교육에 대한 이해를 높이기 위하여 일반학교의 교원과 특수교육교원에게 연수를 받게 하는 경우 통합교육에 관한 내용을 포함하여야 한다.

② 교육장 또는 교육감은 특수교육대상자를 배치할 때에는 특수교육대상자의 장애정도·능력·보호자의 의견 등을 종합적으로 판단하여 거주지에서 가장 가까운 곳에 배치하여야 한다.

③ 특수교육대상자가 배치된 일반학교의 장은 교육과정의 범위 안에서 특수교육대상자 개인의 장애종별과 정도, 연령, 현재 및 미래의 교육요구 등을 고려하여 교육과정의 내용을 조정하여 운영할 수 있다.

④ 교육장 또는 교육감은 일반학교에서 통합교육을 받고 있는 특수교육대상자를 지원하기 위하여 일반학교 및 특수교육지원 센터에 특수교육교원 및 특수교육관련서비스 담당 인력을 배치하여 순회교육을 실시하여야 한다.

⑤ 교육과학기술부장관 및 교육감은 통합교육을 효율적으로 시행하기 위하여 통합교육을 지원하는 일반학교의 교원에 대하여는 특수교육과 관련된 직무연수 과정을, 특수교육교원에 대하여는 일반교과 교육에 관한 직무연수 과정을 개설·운영하여야 한다.

정답 ①

02 다음은 특수학급 교사가 통합학급 교사와 세희의 통합교육을 위해 협의한 후 작성한 협의록의 일부이다. 「장애인 등에 대한 특수교육법 시행령」(대통령령 제25840호, 2014.12.9., 타법개정) 제5조(교원의 자질 향상)에 근거하여, ⑩을 효율적으로 시행하기 위해 교육부 장관 및 교육감이 ① 일반학교의 교원과 ② 특수교육 교원을 대상으로 개설·운영해야 하는 직무 연수 과정의 내용은 무엇인지 각각 쓰시오. 16 초등 B 1번

[협의록]

O 일시: 2015년 O월 O일

O 장소: 학습도움실

〈협의내용 3. ⑩ 통합교육 관련 교원 연수 계획〉

···(하략)···

---

03 다음은 교원을 대상으로 통합교육 연수를 실시하기 위하여 작성한 자료의 일부이다. 괄호 안의 ㉠에 해당하는 「장애인 등에 대한 특수교육법」(법률 제15367호, 2018.2.21., 일부개정) 제8조에 근거하여 쓰고, 괄호 안의 ㉡에 해당하는 내용을 쓰시오. (단, 〈연수 자료〉에 제시된 단어는 제외할 것) 19 중등 A 1번

〈연수 자료〉

Ⅰ. 목적: 특수교육대상자의 통합교육 지원

O 근거: 「장애인 등에 대한 특수교육법」 제8조(교원의 자질 향상)

– 국가 및 지방자치단체는 ···(중략)··· 특수교육대상자의 통합교육을 지원하기 위하여 일반학교의 교원에 대하여 특수교육 관련 교육 및 연수를 정기적으로 실시하여야 함

– 교육 및 연수 과정에는 특수교육대상자 (㉠)의 존중에 관한 내용이 포함되어야 함

Ⅱ. 통합교육의 실제

1. 모두를 위한 학교, (㉡)을/를 존중하는 학교

가. '(㉡)'의 사전적 의미: 모양, 빛깔, 형태, 양식 따위가 여러 가지로 많은 특성

나. 학교 교육에서 (㉡)을/를 추구해야 하는 이유

– 개인별 취향을 인정하듯 학교 구성원의 저마다 다른 개성을 인정하고 교육적 요구를 수용함으로써 필요한 교육을 제공해야 함

– 다차원적 관점이나 가치관을 학습하는 것이 중요함(다원성)

– 불평등한 사회 구조의 변혁을 위해 소수자 관점의 교육도 중요함(평등성)

– 학생의 능력, 개성, 자질을 동등하게 존중하고 가치를 부여해야 함(수월성)

다. 통합교육의 성공을 위한 출발점

– 장애학생의 특성을 '차이', '다름', '개성'으로 인정하여 인간의 (㉡) 차원으로 수용

– 개별 학생에 적합한 학습 방법 및 교육 내용을 적용하는 교육과정 운영

제9조 [특수교육대상자의 권리와 의무의 안내]

법	**제9조【특수교육대상자의 권리와 의무의 안내】** 국가 및 지방자치단체는 제15조 제1항 각 호의 장애를 가지고 있는 사람을 알게 되거나 제15조에 따라 특수교육대상자를 선정한 경우에는 2주일 이내에 보호자에게 해당 사실과 의무교육 또는 무상교육을 받을 권리 및 보호자의 권리·책임 등을 통보하여야 한다.

제10조 [특수교육운영위원회]

법	**제10조【특수교육운영위원회】** ① 제5조에 따른 국가 및 지방자치단체의 업무수행에 관한 주요 사항을 심의하기 위하여 교육부장관 소속으로 중앙특수교육운영위원회를, 교육감 소속으로 시·도 특수교육운영위원회를, 교육장 소속으로 시·군·구 특수교육운영위원회를 각각 둔다. ② 제1항에 따른 중앙특수교육운영위원회의 구성·운영 등에 관하여 필요한 사항은 대통령령으로, 시·도 특수교육운영위원회 및 시·군·구 특수교육운영위원회의 구성·운영 등에 관하여는 특별시·광역시·특별자치시·도 및 특별자치도(이하 "시·도"라 한다)의 교육규칙으로 각각 정한다.

령	**제6조【중앙특수교육운영위원회 구성·운영】**
	
	① 법 제10조 제1항에 따른 중앙특수교육운영위원회(이하 "중앙위원회"라 한다)는 위원장을 포함하여 15명 이내의 위원으로 구성한다.
	
	② 중앙위원회의 위원장(이하 "위원장"이라 한다)은 교육부차관이 되고, 위원은 당연직위원과 위촉위원으로 구성한다.
	
	③ 당연직위원은 교육부, 행정안전부, 문화체육관광부, 보건복지부, 고용노동부, 여성가족부의 고위공무원단 소속 공무원으로서 해당 부처의 장관이 지명하는 사람이 된다.
	
	④ 위촉위원은 다음 각 호의 어느 하나에 해당하는 사람 중에서 위원장이 위촉한다.
	  1. 특수교육교원 자격이 있는 사람으로서 7년 이상 특수교육대상자를 교육하거나 교육하였던 사람
	  2. 특수교육대상자의 학부모 또는 보호자로서 특수교육 분야에서 활동하거나 활동 경험이 있는 사람
	  3. 「고등교육법」 제2조 제1호 또는 제3호에 따른 학교에서 특수교육에 관한 학문을 가르치는 부교수 이상으로 재직하거나 재직하였던 사람
	
	⑤ 위촉위원의 임기는 2년으로 하되, 2차에 한하여 연임할 수 있다.
	
	⑥ 중앙위원회의 회의는 연 2회 이상 개최하여야 하며, 위원장이 필요하다고 인정하거나 재적위원 3분의 1 이상이 요구하는 경우에는 위원장이 회의를 소집한다.
	
	⑦ 중앙위원회의 회의는 재적위원의 과반수 출석으로 개의하고, 출석위원 과반수의 찬성으로 의결한다.
	
	⑧ 중앙위원회는 필요하다고 인정되면 관계 행정기관에 직원의 출석·설명과 자료 제출을 요구할 수 있다.
	
	⑨ 그 밖에 중앙위원회의 구성 및 운영 등에 필요한 사항은 중앙위원회의 의결을 거쳐 위원장이 정한다.

	제6조의2【위촉위원의 해촉】
	
	중앙위원회의 위원장은 제6조 제4항 제1호부터 제3호까지의 규정에 따른 위촉위원이 다음 각 호의 어느 하나에 해당하는 경우에는 해당 위원을 해촉(解囑)할 수 있다.
	  1. 심신장애로 인하여 직무를 수행할 수 없게 된 경우
	  2. 직무와 관련된 비위사실이 있는 경우
	  3. 직무태만, 품위손상이나 그 밖의 사유로 인하여 위원으로 적합하지 아니하다고 인정되는 경우
	  4. 위원 스스로 직무를 수행하는 것이 곤란하다고 의사를 밝히는 경우

제11조 [특수교육지원센터의 설치 · 운영]

법	**제11조【특수교육지원센터의 설치 · 운영】** ① 교육감은 특수교육대상자의 조기발견, 특수교육대상자의 진단 · 평가, 정보관리, 특수교육 연수, 교수 · 학습 활동의 지원, 특수교육 관련서비스 지원, 순회교육 등을 담당하는 특수교육지원센터를 시 · 도 교육청 및 모든 하급교육행정기관에 설치 · 운영하여야 한다. ② 제1항에 따른 특수교육지원센터는 시 · 도 교육청, 하급교육행정기관이나 특수학교, 특수학급이 설치된 일반 초 · 중 · 고등학교 또는 관할 지역의 관공서(장애인복지관을 포함한다) 등 특수교육대상자를 비롯한 지역주민의 접근이 편리한 곳에 설치하여야 한다. ③ 특수교육지원센터의 설치 · 운영 등에 필요한 사항은 대통령령으로 정한다.
령	**제7조【특수교육지원센터의 설치 · 운영】** ① 교육감은 법 제11조에 따른 특수교육지원센터를 설치할 때 그 업무를 수행할 수 있는 독립된 공간을 확보하여야 한다. ② 교육감은 특수교육지원센터가 그 업무를 효율적으로 수행할 수 있도록, 담당 업무를 전담하는 특수교육 분야의 전문인력을 배치하여야 한다. ③ 교육감은 지역의 지리적 특성 및 특수교육의 수요 등을 고려하여 필요한 경우에는 하나의 하급교육행정기관에 2이상의 특수교육지원센터를 설치 · 운영할 수 있다. ④ 특수교육지원센터는 담당 업무를 효율적으로 수행하기 위하여 관련 기관과의 연계체제를 구축하고 협력하여 업무를 수행할 수 있다. ⑤ 교육감은 특수교육지원센터의 진단 · 평가 과정에서 장애가 의심되는 영유아 또는 학생이 이전에 의료적 진단을 받지 아니한 경우에는 이에 대한 의료적 진단을 보건소, 병원 또는 의원에 의뢰하여야 한다. ⑥ 교육감은 제5항에 따라 의료적 진단을 보건소, 병원 또는 의원에 의뢰한 경우에는 그 비용을 부담하여야 한다.

01 현행 「장애인 등에 대한 특수교육법」 및 동법 시행령에 규정된 영유아 관련 조항으로 바른 것은? `09 유치원 13번`

① 보호자는 장애를 가진 영유아를 발견한 때에는 특수교육지원센터의 교사에게 진단·평가를 의뢰하여야 한다.

② 장애 영아 담당 교원은 특수학교 유치원교사 자격증을 소지하고 유치원 과정 담당 경력이 2년 이상인 사람으로 한다.

③ 보호자로부터 조기교육 요구를 받은 교육장은 진단·평가결과를 기초로 만 3세 미만의 장애영아를 보육 시설에 배치하여야 한다.

④ 각급학교의 장은 장애가 의심되는 영유아에 대한 의료적 진단을 보건소, 병원 또는 의원에 의뢰하여야 하고 그 비용을 부담하여야 한다.

⑤ 장애영아 교육의 수업 일수는 매 학년도 150일을 기준으로 하되, 필요한 경우에는 교육과학기술부 장관, 교육감 또는 교육장의 승인을 받아 30일의 범위에서 줄일 수 있다.

정답 ⑤

02 현행 「장애인 등에 대한 특수교육법」과 동법 시행령에 의거한 특수교육지원센터에 관한 내용으로 옳은 것만을 <보기>에서 모두 고른 것은? `11 중등 1번`

> ㄱ. 교육감은 지역의 지리적 특성 및 특수교육의 수요 등을 고려하여 필요한 경우에는 하나의 하급교육행정 기관에 2 이상의 특수교육지원센터를 설치·운영할 수 있다.
> ㄴ. 특수교육지원센터는 진단·평가를 통하여 특수교육대상자로의 선정 여부 및 필요한 교육지원 내용에 대한 최종 의견을 작성하여 특수교육운영위원회에 보고하여야 한다.
> ㄷ. 특수교육지원센터는 특수교육기관, 한국장애인 고용공단지부 등 해당 지역의 장애인 고용 관련 기관, 직업재활 시설, 장애인복지관, 산업체 등 관련 기관과 협의체를 구성하여야 한다.
> ㄹ. 교육장 또는 교육감은 일반학교에서 통합교육을 받고 있는 특수교육대상자를 지원하기 위하여 일반학교 및 특수교육 지원센터에 특수교육교원 및 특수교육 관련서비스 담당 인력을 배치하여 순회교육을 실시 하여야 한다.

① ㄱ, ㄷ   ② ㄴ, ㄷ   ③ ㄴ, ㄹ   ④ ㄱ, ㄴ, ㄹ   ⑤ ㄱ, ㄷ, ㄹ

정답 ⑤

제12조 [특수교육에 관한 연차보고서]

법	제12조 【특수교육에 관한 연차보고서】
	① 교육부장관은 특수교육의 주요 현황과 정책에 관한 보고서를 매년 정기국회 개회 전까지 국회에 제출하여야 한다.
	② 제1항에 따른 보고서에는 제13조 제3항에 따른 특수교육대상자의 인권침해 실태조사 결과가 포함되어야 한다.

제13조 [특수교육 실태조사]

법	제13조 【특수교육 실태조사】
	① 교육부장관은 특수교육대상자의 배치계획 · 특수교육교원의 수급계획 등 특수교육정책의 수립을 위한 실태조사를 3년마다 실시하고 그 결과를 공표하여야 한다.
	② 교육부장관은 대학에 취학하는 장애학생의 교육여건을 개선하기 위하여 장애학생의 교육복지 실태조사를 3년마다 실시하고 그 결과를 공표하여야 한다.
	③ 교육감은 특수교육대상자의 인권보호를 위하여 인권침해 실태에 관한 조사를 대통령령으로 정하는 바에 따라 매년 실시하여 그 결과를 교육부장관에게 보고하여야 한다.
	④ 교육부장관 및 교육감은 제1항부터 제3항까지의 규정에 따른 실태조사를 위하여 필요한 경우 관계 중앙행정기관의 장, 지방자치단체의 장 및 「공공기관의 운영에 관한 법률」에 따른 공공기관의 장, 대학의 장, 그 밖의 관련 법인 또는 단체의 장에 대하여 자료의 제출 또는 의견의 진술을 요청할 수 있다. 이 경우 요청을 받은 자는 정당한 사유가 없으면 이에 협조하여야 한다.
	⑤ 제1항부터 제3항까지의 규정에 따른 조사의 내용과 방법, 그 밖에 조사에 필요한 사항은 대통령령으로 정한다.

령	제8조 【실태조사】
	① 법 제13조 제1항에 따른 실태조사에는 다음 각 호의 상황이 포함되어야 한다. 　1. 특수교육대상자의 성 · 연령 · 장애유형 · 장애정도별 현황 　2. 특수교육기관 및 그 교육과정의 운영 실태 　3. 특수교육 관련서비스의 제공 현황 　4. 특수교육 지원을 위한 행정조직 및 지원 현황 　5. 특수교육재정의 확보 · 분배 · 활용 현황 　6. 특수교육대상자의 교육성과 및 학교 졸업 후의 생활상태 　8. 특수교육대상자 및 그 보호자, 특수교육에 관한 전문가 등 특수교육 관련자의 특수교육 지원에 대한 만족도 및 요구사항
	② 법 제13조 제2항에 따른 실태조사에는 다음 각 호의 사항이 포함되어야 한다. 　1. 법 제29조에 따른 특별지원위원회의 설치·운영 현황 　2. 법 제30조 제1항에 따른 장애학생지원센터의 설치·운영 현황 　3. 법 제31조 제1항 및 제2항에 따른 장애학생의 교육활동 편의 및 장애수험생의 수험 편의를 위한 수단의 제공 현황 　4. 법 제32조에 따른 장애학생 지원 등에 관한 학칙의 규정 현황 　5. 법 제35조 제3항에 따른 심사청구의 운영 현황
	③ 법 제13조 제3항에 따른 실태조사에는 다음 각 호의 사항이 포함되어야 한다. 　1. 특수교육대상자에 대한 인권침해 행위의 유형별 현황 　2. 인권침해 행위로 피해를 입은 특수교육대상자를 보호하기 위한 조치 현황 　3. 인권침해 행위를 한 사람에 대한 조치 현황 　4. 그 밖에 특수교육대상자의 인권보호를 위하여 필요하다고 교육부장관이 인정하는 사항

령	④ 법 제13조 제1항부터 제3항까지의 규정에 따른 실태조사는 표본조사의 방법으로 시행하되, 제1항부터 제3항까지에서 규정한 사항에 관하여 정확한 현황을 파악하고 조사항목의 특성상 필요한 경우에는 전수 조사(全數調査)의 방법으로 시행할 수 있다.
	⑤ 교육감은 법 제13조 제3항에 따른 실태조사를 다른 교육감과 공동으로 실시하거나 필요하면 해당 조사 업무에 전문성이 있는 기관 또는 단체에 의뢰하여 실시할 수 있다.
법	**제13조의2 【인권침해 사건 신고시스템의 구축·운영 등】**
	① 특수교육대상자에 대한 인권침해 현장을 보거나 그 사실을 알게 된 자는 학교 등 관계 기관에 이를 즉시 신고하여야 한다.
	② 교육감은 특수교육대상자에 대한 인권침해 사건의 신속한 신고 및 발견을 위하여 신고시스템을 구축·운영 하여야 한다.
	③ 교육감은 제2항에 따른 신고시스템을 통하여 인권침해 사건을 접수한 때에는 소속 공무원으로 하여금 해당 인권침해 사건을 조사하게 할 수 있다. 이 경우 조사의 방법·절차 등은 대통령령으로 정한다.
	④ 교육감은 제3항에 따른 인권침해 사건 조사 결과를 교육부장관에게 보고하여야 한다.
령	**제8조의2 【인권침해 사건의 조사】**
	① 법 제13조의2 제3항에 따른 조사는 서면조사와 현장조사의 방법으로 실시할 수 있다.
	② 교육감은 법 제13조의2 제3항에 따른 조사를 할 때에는 조사의 목적과 항목 등을 포함한 조사계획을 미리 조사대상자에게 통지해야 한다.
	③ 교육감은 법 제13조의2 제3항에 따른 조사에 필요한 자료의 제출이나 의견의 진술을 학교 등 관계 기관에 요청할 수 있다.
	④ 교육감은 법 제13조의2 제3항에 따른 조사에 필요하면 관계 전문가를 참여하게 하여 의견을 청취할 수 있다.

01 다음은 ○○시 특수교육운영위원회 회의록의 일부이다. 괄호 안의 ㉠, ㉡에 해당하는 용어를 「장애인 등에 대한 특수교육법」(법률 제15367호, 2018. 2. 21. 일부개정)에 근거하여 순서대로 쓰시오. `20 중등 1번`

○○시 특수교육운영위원회 회의록

일시	◦ 2019. △△.△△ 14:00~16:00
장소	◦ ㅁㅁ교육지원청 3층 회의실
출석 위원	◦ 12명(당연직 위원 5명, 위촉 위원 7명)
결석 위원	◦ 1명(위촉 위원)
심의 안건	◦ (㉠)의 변경신청에 관한 사항

위 원 장: 성원이 되었으므로 ○○시 특수교육운영위원회 개회를 선언합니다. 사회자는 심의 안건에 대해 설명해 주시기 바랍니다.

사 회 자: 제안 설명에 앞서 2020년도에 실시 예정인 (㉡)에 대해 간략하게 설명드리겠습니다. 「장애인 등에 대한 특수교육법」 제13조에는 특수교육 정책 수립을 위해 3년마다 (㉡)을/를 실시하고, 그 결과를 공표하도록 규정하고 있습니다. 나누어 드린 2017년도 결과 자료에서 특수교육 지원 현황과 성과, 특수교육 관련자의 만족도와 요구사항 등을 확인할 수 있을 것입니다.

운영위원: 이러한 자료를 바탕으로 우리 교육청에서 추진하는 특수교육 정책 사업을 위한 방향을 의논해 보면 좋겠습니다.

<table>
<tr><td></td><td>

제3장 　**특수교육대상자의 선정 및 학교 배치 등**

제14조 [장애의 조기발견 등]
</td></tr>
</table>

법	**제14조【장애의 조기발견 등】** ① 교육장 또는 교육감은 영유아의 장애 및 장애 가능성을 조기에 발견하기 위하여 지역주민과 관련 기관을 대상으로 홍보를 실시하고, 해당 지역 내 보건소와 병원 또는 의원(醫院)에서 선별검사를 무상으로 실시하여야 한다. ② 교육장 또는 교육감은 제1항에 따른 선별검사를 효율적으로 실시하기 위하여 지방자치단체 및 보건소와 병·의원 간에 긴밀한 협조체제를 구축하여야 한다. ③ 보호자 또는 각급학교의 장은 제15조 제1항 각 호에 따른 장애를 가지고 있거나 장애를 가지고 있다고 의심되는 영유아 및 학생을 발견한 때에는 교육장 또는 교육감에게 진단·평가를 의뢰하여야 한다. 다만, 각급학교의 장이 진단·평가를 의뢰하는 경우에는 보호자의 사전 동의를 받아야 한다. ④ 교육장 또는 교육감은 제3항에 따라 진단·평가를 의뢰받은 경우 즉시 특수교육지원센터에 회부하여 진단·평가를 실시하고, 그 진단·평가의 결과를 해당 영유아 및 학생의 보호자에게 통보하여야 한다. ⑤ 제1항의 선별검사의 절차와 내용, 그 밖에 검사에 필요한 사항과 제3항의 사전 동의 절차 및 제4항에 따른 통보 절차에 필요한 사항은 대통령령으로 정한다.
령	**제9조【장애의 조기발견 등】** ① 교육장 또는 교육감은 매년 1회 이상 법 제14조 제1항에 따른 홍보를 하여야 한다. ② 교육장 또는 교육감은 장애의 조기발견을 위하여 관할 구역의 어린이집·유치원 및 학교의 영유아 또는 학생(이하 "영유아 등"이라 한다. 이하 이 조에서 같다)을 대상으로 수시로 선별검사를 하여야 한다. 이 경우 「국민건강보험법」 제52조 제1항 또는 「의료급여법」 제14조 제1항에 따른 건강검진의 결과를 활용할 수 있다. ③ 교육장 또는 교육감은 선별검사를 한 결과 장애가 의심되는 영유아 등을 발견한 경우에는 병원 또는 의원에서 영유아 등에 대한 장애 진단을 받도록 보호자에게 안내하고 상담을 하여야 한다. ④ 교육장 또는 교육감은 선별검사를 받은 영유아 등의 보호자가 법 제15조에 따른 특수교육대상자로 선정받기를 요청할 경우 영유아 등의 보호자에게 영유아 등의 건강검진 결과통보서 또는 진단서를 제출하도록 하여 영유아 등이 특수교육대상자에 해당하는지 여부를 판단하기 위한 진단·평가를 하여야 한다. ⑤ 교육장 또는 교육감은 제3항에 따라 진단·평가한 결과 영유아 등에게 특수교육이 필요하다고 판단되면 보호자에게 그 내용과 특수교육대상자 선정에 필요한 절차를 문서로 알려야 한다. ⑥ 제2항부터 제5항까지의 규정에 따른 선별검사 및 진단·평가에 필요한 사항은 교육부령으로 정한다. 이 경우 제2항에 따른 선별검사에 관한 사항은 보건복지부장관과 협의하여야 한다.
규칙	**제2조【장애의 조기발견 등】** ① 교육장 또는 교육감은 「장애인 등에 대한 특수교육법」(이하 "법"이라 한다) 제14조 제1항 또는 제3항에 따른 선별검사나 진단·평가를 실시하는 경우에는 별표에 따른 검사를 각각 실시하여야 한다. ② 보호자 또는 각급학교의 장은 법 제15조 제1항 각 호에 해당하는 장애를 가지고 있거나 장애를 가지고 있다고 의심되는 영유아 및 학생을 발견하여 진단·평가를 의뢰하고자 하는 경우에는 별지 제1호 서식에 따른 진단·평가의뢰서를 작성하여 교육장 또는 교육감에게 제출하여야 한다. ③ 교육감 또는 교육장은 「장애인 등에 대한 특수교육법 시행령」(이하 "영"이라 한다) 제9조 제5항에 따라 진단·평가의 결과를 영유아 및 학생의 보호자에게 알릴 때에는 별지 제2호 서식에 따른다.

[별표] 특수교육대상자 선별검사 및 진단·평가 영역(제2조 제1항 관련)

구분		영역
장애 조기 발견을 위한 선별검사		1. 사회성숙도검사 2. 적응행동검사 3. 영유아발달검사
진단·평가 영역	시각장애·청각장애 및 지체장애	1. 기초학습기능검사 2. 시력검사 3. 시기능검사 및 촉기능검사(시각장애의 경우에 한함) 4. 청력검사(청각장애의 경우에 한함)
	지적장애	1. 지능검사 2. 사회성숙도검사 3. 적응행동검사 4. 기초학습검사 5. 운동능력검사
	정서·행동장애, 자폐성장애	1. 적응행동검사 2. 성격진단검사 3. 행동발달평가 4. 학습준비도검사
	의사소통장애	1. 구문검사 2. 음운검사 3. 언어발달검사
	학습장애	1. 지능검사 2. 기초학습기능검사 3. 학습준비도검사 4. 시지각발달검사 5. 지각운동발달검사 6. 시각운동통합발달검사

※ 비고: 특수교육대상자 선정을 위한 장애유형별 진단·평가 시 장애인증명서·장애인수첩 또는 진단서 등을 참고자료로 활용할 수 있다.

1. 특수교육대상자 진단 · 평가의뢰서 제출 및 처리절차

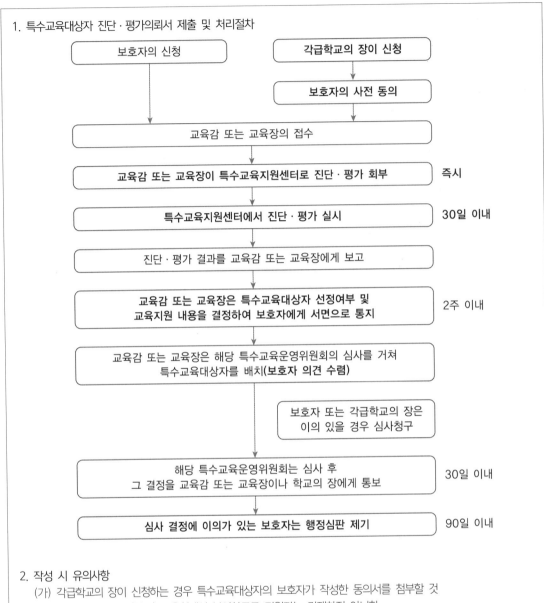

2. 작성 시 유의사항
   (가) 각급학교의 장이 신청하는 경우 특수교육대상자의 보호자가 작성한 동의서를 첨부할 것
   (나) 접수번호: 시 · 도(하급) 교육청에서 부여하므로 지원자는 기재하지 아니함
   (다) 의뢰서의 기재사항을 수정할 때에는 반드시 해당 학교의 장 또는 시 · 도 교육감(고등학교입학자격검정고시 합격자에 한함)의 날인이 있어야 함

01 다음은 초등학교 장애학생 학부모 모임에서 운영하는 사이트 Q&A에 게시된 질문과 대답의 일부이다. 현행 「장애인 등에 대한 특수교육법」(시행령, 시행규칙 포함)에 부합되는 대답을 모두 고른 것은? `12 초등 1번`

> Q: 우리 아이가 특수교육대상자로 선정되어 배치되었지만, 몸이 많이 허약해서 한 해 늦게 학교에 입학하려 하는데 가능할까요?
>
> A: ㉠ 예, 배치 받은 학교의 교장에게 유예신청을 하십시오. 그러면 1년 뒤에 입학통지서가 다시 나옵니다.
>
> Q: 배치 받은 학교에서 이미 특수학급 정원을 초과했다고 다른 학교로 가라고 하는데 어떻게 할까요?
>
> A: ㉡ 법으로 학급 인원수를 정해 놓았기 때문에, 그 학생은 다른 학교로 재배치 받아야 합니다.
>
> Q: 우리 아이는 특수교육대상자인데 현재 일반학급에 배치되어 있어요. 우리 아이의 집중적인 교육 지원을 위해서 특수학급에 배치 받고 싶은데 가능한가요?
>
> A: ㉢ 예, 학교장은 개별화교육지원팀의 검토를 거쳐 교육장에게 특수교육대상자의 재배치를 요구할 수 있습니다.
>
> Q: 우리 아이가 학기 중에 사고로 장애를 가지게 되었어요. 학기 중이라도 특수교육대상자로 선정될 수 있나요?
>
> A: ㉣ 예, 학기 중이라도 학부모가 교육장에게 진단·평가를 의뢰해서 선정절차를 밟을 수 있습니다.
>
> Q: 우리 아이는 수업을 받기 위해서 보완·대체의사소통 기구를 사용해야 되는데 어떻게 하면 좋을까요?
>
> A: ㉤ 보완·대체의사소통 기구는 교재·교구라고 보기 어렵고 개인이 소지해야 하기 때문에 따로 구입해서 가지고 다녀야 합니다.

① ㉠, ㉡   ② ㉢, ㉣   ③ ㉠, ㉢, ㉣   ④ ㉡, ㉢, ㉤   ⑤ ㉠, ㉢, ㉣, ㉤

정답 ②

02 다음은 학습장애 학생의 진단·평가에 대해 김 교사와 교육 실습생이 나눈 대화의 일부이다. 밑줄 친 ㉠~㉦ 중 틀린 곳 2가지를 찾아 바르게 고쳐 쓰시오. `21 중등 2번`

> 김 교 사: 선생님, 학습장애 진단·평가 모델에 대해 이야기해볼까요?
>
> 교육 실습생: ㉠ 불일치 모델은 학기 초에 모든 학생들을 대상으로 성취도를 평가하고, 효과가 검증된 교수법을 적용한 뒤 학생의 성취 정도에 진전을 보이지 않거나, 또래들에 비해 성취 정도가 심각하게 낮게 나타나는 경우를 학습장애로 규정하는 것으로 기억하지만 확실하진 않아요.
>
> 김 교 사: 그렇군요. 학습장애를 진단하기 위해서는 어떤 표준화 검사 도구를 사용해야 하나요?
>
> 교육 실습생: 「장애인 등에 대한 특수교육법 시행규칙」 제2조에서는 학습장애 학생의 선별검사나 진단·평가를 할 때 ㉡ 지능검사, ㉢ 적응행동검사, ㉣ 학습준비도검사, ㉤ 시지각발달검사, ㉥ 지각운동발달검사, ㉦ 시각운동통합발달검사를 실시하도록 규정되어 있었던 것 같아요.

03 (가)는 선우 어머니와 유아교사 강 교사가 나눈 대화의 일부이고, (나)는 강 교사와 특수교육지원센터 유아특수교사 송 교사가 나눈 대화의 일부이다. 물음에 답하시오. `23 유치원 A 1번`

> 강 교사: 안녕하세요, 선우 어머님.
> 어 머 니: 네, 선생님, 안녕하세요. 아무래도 우리 선우의 발달이 걱정돼요.
> 강 교사: 그러시군요. 선우는 ⊙ 석 달 전 선별검사에서 특별한 문제가 없었지요. 그래서 진단 · 평가에 의뢰하지 않았지요.
> 어 머 니: 그동안 선우를 지켜봤는데, 선우가 또래 친구들에 비해 발달이 느린 것 같아요. 말도 느리고요. 그래서 전문적인 검사를 받아 보고, 선우에게 필요한 교육과 도움을 받을 수 있으면 좋겠어요.
> 강 교사: 그러시면 특수교육지원센터에 의뢰해서 진단 · 평가를 받아보는 방법이 있어요.
> 어 머 니: 저는 선우가 ⓛ 장애인으로 등록되어야 특수교육지원센터에 진단 · 평가를 의뢰할 수 있다고 알고있어요. 그러면 특수교육지원센터에서 선우를 진단 · 평가하고, 선우에게 특수교육이 필요하다고 판단되면 ⓒ 특수교육진단 · 평가위원회에서 특수교육대상자로 선정하는 것으로 알고 있거든요.
> 강 교사: 아, 그런데 선우 어머님께서 잘못 알고 계시는 부분이 있어요. … (중략) … 선우가 특수교육대상자로 선정되면, 선우에게 필요한 특수교육과 특수교육관련서비스를 받을 수 있답니다.
> 어 머 니: 그렇군요. 그럼 진단 · 평가를 신청하고 싶어요.
> 강 교사: 네. 신청 서류를 준비해 드릴게요.

2) (가)의 ⓛ과 ⓒ의 내용 중 잘못된 부분을 각각 바르게 고쳐 쓰시오.

ⓛ _____

ⓒ _____

제15조 [특수교육대상자의 선정]

법	**제15조【특수교육대상자의 선정】** ① 교육장 또는 교육감은 다음 각 호의 어느 하나에 해당하는 사람 중 특수교육이 필요한 사람으로 진단 · 평가된 사람을 특수교육대상자로 선정한다. 1. 시각장애 2. 청각장애 3. 지적장애 4. 지체장애 5. 정서 · 행동장애 6. 자폐성장애(이와 관련된 장애를 포함한다) 7. 의사소통장애 8. 학습장애 9. 건강장애 10. 발달지체 11. 그 밖에 두 가지 이상의 장애가 있는 경우 등 대통령령으로 정하는 장애 ② 교육장 또는 교육감이 제1항에 따라 특수교육대상자를 선정할 때에는 제16조 제1항에 따른 진단 · 평가 결과를 기초로 하여 고등학교 과정은 교육감이 시 · 도 특수교육운영위원회의 심사를 거쳐, 중학교 과정 이하의 각급학교는 교육장이 시 · 군 · 구 특수교육운영위원회의 심사를 거쳐 이를 결정한다.
령	**제10조【특수교육대상자의 선정 기준】** ① 법 제15조 제1항 제11호에서 "두 가지 이상의 장애가 있는 경우 등 대통령령으로 정하는 장애"란 같은 항 제1호부터 제9호까지의 규정에 따른 장애가 두 가지 이상 중복된 장애를 말한다. ② 법 제15조 제1항에 따라 특수교육대상자를 선정하는 기준은 별표와 같다.

[별표] 특수교육대상자 선정 기준(제10조 관련)

대상 장애영역	대상자 선정 기준
1. 시각장애를 지닌 특수교육대상자	시각계의 손상이 심하여 시각기능을 전혀 이용하지 못하거나 보조공학기기의 지원을 받아야 시각적 과제를 수행할 수 있는 사람으로서 시각에 의한 학습이 곤란하여 특정의 광학기구·학습매체 등을 통하여 학습하거나 촉각 또는 청각을 학습의 주요수단으로 사용하는 사람
2. 청각장애를 지닌 특수교육대상자	청력 손실이 심하여 보청기를 착용해도 청각을 통한 의사소통이 불가능 또는 곤란한 상태이거나, 청력이 남아 있어도 보청기를 착용해야 청각을 통한 의사소통이 가능하여 청각에 의한 교육적 성취가 어려운 사람
3. 지적장애를 지닌 특수교육대상자	지적 기능과 적응행동상의 어려움이 함께 존재하여 교육적 성취에 어려움이 있는 사람
4. 지체장애를 지닌 특수교육대상자	기능·형태상 장애를 가지고 있거나 몸통을 지탱하거나 팔다리의 움직임 등에 어려움을 겪는 신체적 조건이나 상태로 인해 교육적 성취에 어려움이 있는 사람
5. 정서·행동장애를 지닌 특수교육대상자	장기간에 걸쳐 다음 각 목의 어느 하나에 해당하여, 특별한 교육적 조치가 필요한 사람 가. 지적·감각적·건강상의 이유로 설명할 수 없는 학습상의 어려움을 지닌 사람 나. 또래나 교사와의 대인관계에 어려움이 있어 학습에 어려움을 겪는 사람 다. 일반적인 상황에서 부적절한 행동이나 감정을 나타내어 학습에 어려움이 있는 사람 라. 전반적인 불행감이나 우울증을 나타내어 학습에 어려움이 있는 사람 마. 학교나 개인 문제에 관련된 신체적인 통증이나 공포를 나타내어 학습에 어려움이 있는 사람
6. 자폐성장애를 지닌 특수교육대상자	사회적 상호작용과 의사소통에 결함이 있고, 제한적이고 반복적인 관심과 활동을 보임으로써 교육적 성취 및 일상생활 적응에 도움이 필요한 사람
7. 의사소통장애를 지닌 특수교육대상자	다음 각 목의 어느 하나에 해당하여 특별한 교육적 조치가 필요한 사람 가. 언어의 수용 및 표현 능력이 인지능력에 비하여 현저하게 부족한 사람 나. 조음능력이 현저히 부족하여 의사소통이 어려운 사람 다. 말 유창성이 현저히 부족하여 의사소통이 어려운 사람 라. 기능적 음성장애가 있어 의사소통이 어려운 사람
8. 학습장애를 지닌 특수교육대상자	개인의 내적 요인으로 인하여 듣기, 말하기, 주의집중, 지각(知覺), 기억, 문제해결 등의 학습 기능이나 읽기, 쓰기, 수학 등 학업 성취영역에서 현저하게 어려움이 있는 사람
9. 건강장애를 지닌 특수교육대상자	만성질환으로 인하여 3개월 이상의 장기입원 또는 통원치료 등 계속적인 의료적 지원이 필요하여 학교생활 및 학업 수행에 어려움이 있는 사람
10. 발달지체를 보이는 특수교육대상자	신체, 인지, 의사소통, 사회·정서, 적응행동 중 하나 이상의 발달이 또래에 비하여 현저하게 지체되어 특별한 교육적 조치가 필요한 영아 및 9세 미만의 아동
11. 두 가지 이상 중복된 장애를 지닌 특수교육대상자	다음 각 목의 구분에 따른 장애를 지닌 사람으로서 제1호부터 제6호까지의 규정에 따른 특수교육대상자에 대한 각각의 교육지원만으로 교육적 성취가 어려워 특별한 교육적 조치가 필요한 사람 가. 중도중복(重度重複)장애: 다음의 구분에 따른 장애를 각각 하나 이상씩 지니면서 각각의 장애의 정도가 심한 경우, 이 경우 장애의 정도는 법 제14조 제1항에 따른 선별검사의 결과, 제9조 제4항에 따라 제출한 진단서 및 「장애인복지법 시행령」 제2조 제2항에 따른 장애의 정도 등을 고려하여 정한다. 1) 지적장애 또는 자폐성장애 2) 시각장애, 청각장애, 지체장애 또는 정서·행동장애 나. 시청각장애: 시각장애 및 청각장애를 모두 지니면서 시각과 청각에 의한 학습이 곤란하고 의사소통 및 정보 접근에 심각한 제한이 있는 경우

01 「장애인 등에 대한 특수교육법」 시행령에 명시된 정서·행동장애를 지닌 특수교육대상자 선정기준에 해당하는 것을 <보기>에서 고른 것은? `09 중등 6번`

> 장기간에 걸쳐 다음 각 목의 어느 하나에 해당하여, 특별한 교육적 조치가 필요한 사람
> ㄱ. 또래나 교사와의 대인관계에 어려움이 있어 학습에 어려움을 겪는 사람
> ㄴ. 지적·감각적·건강상의 이유로 설명할 수 없는 학습상의 어려움을 지닌 사람
> ㄷ. 인지능력에 비하여 언어 수용 및 표현능력이 낮아 학습에 어려움이 있는 사람
> ㄹ. 사회적 상호작용과 의사소통에 결함이 있어 학교생활 적응에 어려움이 있는 사람
> ㅁ. 일반적인 상황에서 부적절한 행동이나 감정을 나타내어 학습에 어려움이 있는 사람
> ㅂ. 학교나 개인 문제에 관련된 신체적인 통증이나 공포를 나타내어 학습에 어려움이 있는 사람

① ㄱ, ㄴ, ㅁ, ㅂ   ② ㄱ, ㄷ, ㄹ, ㅂ   ③ ㄱ, ㄹ, ㅁ, ㅂ
④ ㄴ, ㄷ, ㄹ, ㅁ   ⑤ ㄷ, ㄹ, ㅁ, ㅂ

정답 ①

02 「장애인 등에 대한 특수교육법 시행령」의 '학습장애를 지닌 특수교육대상자 선정 기준'에 따른 학습장애학생의 특성과 가장 거리가 먼 것은? `10 중등 18번`

① 자릿값에 따라 숫자를 배열하는 데 어려움이 있다.
② 음소를 듣고 구별하거나 조작하는 데 어려움이 있다.
③ 상황에 적절한 사회적 기술을 사용하는 데 어려움이 있다.
④ 주의가 쉽게 산만해지고 주의를 지속하는 데 어려움이 있다.
⑤ 수학 알고리즘의 단계를 잊어버리거나 새로운 정보를 기억하는 데 어려움이 있다.

정답 ③

03 「장애인 등에 대한 특수교육법 시행령」의 의사소통장애를 지닌 특수교육대상자 선정기준 중 '언어의 수용 및 표현 능력이 인지능력에 비하여 현저하게 부족하여 특별한 교육적 조치가 필요한' 학생의 언어적 특성과 가장 거리가 먼 것은? `10 중등 35번`

① 조음 발달의 어려움을 동반하는 경우가 많다.
② 문법 형태소 습득과 사용에 특별히 어려움을 겪는다.
③ 대화할 때 사용할 적절한 낱말을 찾는 데 어려움을 겪는다.
④ 대화할 때 낱말의 반복, 회피, 막힘과 같은 발화 특성이 나타난다.
⑤ 동사의 과거형과 같은 활용형의 습득과 사용에 곤란을 겪는다.

정답 ④

04 (가)는 선우 어머니와 유아교사 강 교사가 나눈 대화의 일부이고, (나)는 강 교사와 특수교육지원센터 유아특수교사 송 교사가 나눈 대화의 일부이다. 물음에 답하시오. `23 유치원 A 1번`

(가)

> 강 교사: 안녕하세요, 선우 어머님.
>
> 어 머 니: 네, 선생님, 안녕하세요. 아무래도 우리 선우의 발달이 걱정돼요.
>
> 강 교사: 그러시군요. 선우는 ㉠ 석 달 전 선별검사에서 특별한 문제가 없었지요. 그래서 진단 · 평가에 의뢰하지 않았지요.
>
> 어 머 니: 그동안 선우를 지켜봤는데, 선우가 또래 친구들에 비해 발달이 느린 것 같아요. 말도 느리고요. 그래서 전문적인 검사를 받아 보고, 선우에게 필요한 교육과 도움을 받을 수 있으면 좋겠어요.
>
> 강 교사: 그러시면 특수교육지원센터에 의뢰해서 진단 · 평가를 받아보는 방법이 있어요.
>
> 어 머 니: 저는 선우가 ㉡ 장애인으로 등록되어야 특수교육지원센터에 진단 · 평가를 의뢰할 수 있다고 알고있어요. 그러면 특수교육지원센터에서 선우를 진단 · 평가하고, 선우에게 특수교육이 필요하다고 판단되면 ㉢ 특수교육진단 · 평가위원회에서 특수교육대상자로 선정하는 것으로 알고 있거든요.
>
> 강 교사: 아, 그런데 선우 어머님께서 잘못 알고 계시는 부분이 있어요. … (중략) … 선우가 특수교육대상자로 선정되면, 선우에게 필요한 특수교육과 특수교육관련서비스를 받을 수 있답니다.
>
> 어 머 니: 그렇군요. 그럼 진단 · 평가를 신청하고 싶어요.
>
> 강 교사: 네. 신청 서류를 준비해 드릴게요.

2) (가)의 ㉡과 ㉢의 내용 중 잘못된 부분을 각각 바르게 고쳐 쓰시오.

㉡ _____

㉢ _____

05 (가)는 신규 교사와 수석 교사가 나눈 대화의 일부이고, (나)는 배변 훈련 계획의 일부이다. <작성 방법>에 따라 서술하시오. `23 중등 B 5번`

(가) 신규 교사와 수석 교사의 대화

> 신규 교사: 2022년 6월에 일부 개정된 장애인 등에 대한 특수교육법 시행령에서 중도중복장애를 지닌 특수교육 대상자에 대한 선정 기준이 보다 명료해졌다고 들었습니다.
>
> 수석 교사: 네, 그렇습니다. 중도중복장애는 지적장애 또는 자폐성장애를 지니면서 시각장애, 청각장애, 지체장애, (㉠) 중 하나 이상을 가지고 있어야 합니다.
>
> 신규 교사: 시각과 청각 모두 장애의 정도가 심하여 두 감각에 의한 학습활동이 곤란한 경우도 중도중복장애로 분류되나요?
>
> 수석 교사: ㉡ 아닙니다.

<작성 방법>

○ (가)의 괄호 안의 ㉠에 해당하는 장애명을 쓰고, 밑줄 친 ㉡과 같이 말한 이유를 서술할 것. [단, 「장애인 등에 대한 특수교육법 시행령」(대통령령 제32722호, 2022. 6. 28., 일부개정)에 근거할 것.]

제16조 [특수교육대상자의 선정절차 및 교육지원 내용의 결정]

법	**제16조 【특수교육대상자의 선정절차 및 교육지원 내용의 결정】** ① 특수교육지원센터는 진단·평가가 회부된 후 30일 이내에 진단·평가를 시행하여야 한다. ② 특수교육지원센터는 제1항에 따른 진단·평가를 통하여 특수교육대상자로의 선정 여부 및 필요한 교육지원 내용에 대한 최종의견을 작성하여 교육장 또는 교육감에게 보고하여야 한다. ③ 교육장 또는 교육감은 특수교육지원센터로부터 최종의견을 통지받은 때부터 2주일 이내에 특수교육대상자로의 선정 여부 및 제공할 교육지원 내용을 결정하여 부모 등 보호자에게 서면으로 통지하여야 한다. 교육지원 내용에는 특수교육, 진로 및 직업교육, 특수교육 관련서비스 등 구체적인 내용이 포함되어야 한다. ④ 제1항에 따른 진단·평가의 과정에서는 부모 등 보호자의 의견진술의 기회가 충분히 보장되어야 한다.

제16조 관련 기출문제

01 「장애인 등에 대한 특수교육법」 및 관련 법령에 근거한 특수교육 대상자 선정 및 배치 절차에서 보호자 권리에 대한 설명으로 거리가 먼 것은? `09 중등 9번`

① 보호자는 특수교육대상자 학교 배치에 의견을 제시할 수 있다.
② 심사 결정에 이의가 있는 보호자는 행정심판을 제기할 수 있다.
③ 특수교육지원센터는 진단·평가 계획을 2주 이내에 보호자에게 통보한다.
④ 각급 학교장이 진단·평가를 의뢰하는 경우 보호자에게 사전 동의를 받아야 한다.
⑤ 교육장 혹은 교육감은 특수교육대상자 선정여부 및 교육지원 내용을 보호자에게 서면으로 통지한다.

정답 ③

02 다음은 특수교육대상자의 선정·배치와 교육지원에 관한 내용이다. 현행 「장애인 등에 대한 특수교육법」에 근거할 때, ㉠ ~ ㉤ 중 바른 설명인 것은? `09 초등 13번`

> 진희의 어머니는 진희가 장애를 가지고 있다고 의심되어 교육장에게 진단·평가를 의뢰하였다. 교육장은 진단·평가를 의뢰받은 후, ㉠ 즉시 특수교육지원센터에 회부하여 진단·평가를 실시하고 그 결과를 진희 어머니에게 통보하였다. ㉡ 교육장은 특수교육지원센터로부터 최종 의견을 통보받은 후, ㉢ 특수교육운영위원회의 심사를 거쳐, 10일째 되던 날 진희를 특수교육대상자로 선정하였다. 그리고 선정 결과를 진희의 어머니에게 통보한 후, 진희를 진희의 집에서 가장 가까운 초등학교에 배치하였다. ㉣ 교육장은 진희를 위한 개별화교육지원팀을 구성하였고, ㉤ 매 학년 시작일로부터 30일 이내에 개별화교육계획을 작성하도록 하였다.

① ㉠, ㉡, ㉢   ② ㉠, ㉢, ㉣   ③ ㉡, ㉢, ㉤   ④ ㉡, ㉣, ㉤   ⑤ ㉢, ㉣, ㉤

정답 ①

03 A 초등학교 병설유치원에 다니는 보영이의 부모는 2009년 9월 6일 보영이에 대한 특수교육대상자 진단·평가 의뢰서를 해당 교육청에 제출하였다. <보기>는 보영이의 부모가 진단·평가 결과 통지서를 받기까지의 진행과정을 기술한 것이다. 현행 「장애인 등에 대한 특수교육법」에 근거해 바르게 시행된 것을 모두 고른 것은? **10 유치원 14번**

> ㄱ. 보영이 부모는 A초등학교장의 의견서와 동의를 받아 진단·평가 의뢰서를 제출하였다.
> ㄴ. 진단·평가는 특수교육지원센터에서 실시되었다.
> ㄷ. 진단·평가 중 보영이의 의료적 진단서가 없어, 교육감은 지역의 병원에 보영이의 의료적 진단을 의뢰하였다.
> ㄹ. 진단·평가기관은 2009년 9월 22일에 진단·평가를 실시하여, 그 결과를 보영이 부모에게 직접 서면 통지하였다.
> ㅁ. 교육감 또는 교육장은 보영이가 발달장애로 진단되어 특수교육대상자라는 통지서를 보영이 부모에게 보냈다.

① ㄱ, ㄷ   ② ㄴ, ㄷ   ③ ㄷ, ㄹ   ④ ㄱ, ㄴ, ㅁ   ⑤ ㄴ, ㄹ, ㅁ

정답 ②

04 현행 「장애인 등에 대한 특수교육법」과 동법 시행령에 의거한 특수교육지원센터에 관한 내용으로 옳은 것만을 <보기>에서 모두 고른 것은? **11 중등 1번**

> ㄱ. 교육감은 지역의 지리적 특성 및 특수교육의 수요 등을 고려하여 필요한 경우에는 하나의 하급교육행정기관에 2 이상의 특수교육지원센터를 설치·운영할 수 있다.
> ㄴ. 특수교육지원센터는 진단·평가를 통하여 특수교육대상자로의 선정 여부 및 필요한 교육지원 내용에 대한 최종 의견을 작성하여 특수교육운영 위원회에 보고하여야 한다.
> ㄷ. 특수교육지원센터는 특수교육기관, 한국장애인 고용공단지부 등 해당 지역의 장애인 고용 관련 기관, 직업재활 시설, 장애인복지관, 산업체 등 관련 기관과 협의체를 구성하여야 한다.
> ㄹ. 교육장 또는 교육감은 일반학교에서 통합교육을 받고 있는 특수교육대상자를 지원하기 위하여 일반학교 및 특수교육 지원센터에 특수교육교원 및 특수교육 관련서비스 담당 인력을 배치하여 순회교육을 실시하여야 한다.

① ㄱ, ㄷ   ② ㄴ, ㄷ   ③ ㄴ, ㄹ   ④ ㄱ, ㄴ, ㄹ   ⑤ ㄱ, ㄷ, ㄹ

정답 ⑤

05 다음은 초등학교 병설유치원 일반 학급 양 교사가 장애가 의심되는 만 5세 민재의 가족을 지원하기 위하여 특수학급 박 교사와 상담을 하는 대화이다. 현행 「장애인 등에 대한 특수교육법」(시행령, 시행규칙 포함)에 비추어 볼 때, ㉠~㉢ 중 옳은 것을 모두 고른 것은? **12 유치원 18번**

> 양 교사: 우리 학급의 민재가 특수교육대상자 선정에 필요한 진단·평가를 받을 예정인데, 부모님이 민재의 특수교육대상자 선정 여부를 어떻게 알게 됩니까?
> 박 교사: ㉠ 각급 학교의 장은 특수교육대상자로의 선정 여부 및 제공할 교육지원 내용을 결정하여 부모 등 보호자에게 서면으로 통지하여야 합니다.
> 양 교사: 진단·평가 과정에 민재 부모님의 의견이 반영됩니까?
> 박 교사: ㉡ 특수교육지원센터의 진단·평가 과정에서는 부모 등 보호자의 의견 진술의 기회가 충분히 보장되어야 합니다.
> 양 교사: 민재가 특수교육대상자로 선정되면 부모가 받을 수 있는 서비스가 있습니까?
> 박 교사: ㉢ 교육감은 특수교육대상자와 그 가족에 대하여 가족상담 등 가족지원을 제공하여야 합니다.

① ㉠   ② ㉢   ③ ㉠, ㉡   ④ ㉠, ㉢   ⑤ ㉡, ㉢

정답 ⑤

제17조 [특수교육대상자의 배치 및 교육]

법	**제17조【특수교육대상자의 배치 및 교육】** ① 교육장 또는 교육감은 제15조에 따라 특수교육대상자로 선정된 사람을 해당 특수교육운영위원회의 심사를 거쳐 다음 각 호의 어느 하나에 배치하여 교육하여야 한다. 　1. 일반학교의 일반학급 　2. 일반학교의 특수학급 　3. 특수학교 ② 교육장 또는 교육감은 제1항에 따라 특수교육대상자를 배치할 때에는 특수교육대상자의 장애정도·능력·보호자의 의견 등을 종합적으로 판단하여 거주지에서 가장 가까운 곳에 배치하여야 한다. ③ 교육감이 관할 구역 내에 거주하는 특수교육대상자를 다른 시·도에 소재하는 각급학교 등에 배치하고자 할 때에는 해당 시·도 교육감(국립학교의 경우에는 해당 학교의 장을 말한다)과 협의하여야 한다. ④ 제3항에 따라 특수교육대상자의 배치를 요구받은 교육감 또는 국립학교의 장은 대통령령으로 정하는 특별한 사유가 없으면 그 요구를 따라야 한다. ⑤ 제1항부터 제4항까지의 규정에 따른 특수교육대상자의 배치 등에 관하여 필요한 사항은 대통령령으로 정한다.
령	**제11조【특수교육대상자의 학교 배치 등】** ① 교육장 또는 교육감은 법 제17조 제1항에 따라 특수교육대상자를 학교에 배치할 때에는 해당 학교의 장과 특수교육대상자에게 각각 문서로 알려야 한다. ② 교육장 또는 교육감은 특수교육대상자를 일반학교의 일반학급에 배치한 경우에는 특수교육지원센터에서 근무하는 특수교육교원에게 그 학교를 방문하여 학습을 지원하도록 하여야 한다. ③ 각급학교의 장은 특수교육대상자에 대한 교육지원의 내용을 추가·변경 또는 종료하거나 특수교육대상자를 재배치할 필요가 있으면 법 제22조 제1항에 따른 개별화교육지원팀의 검토를 거쳐 교육장 및 교육감에게 그 특수교육대상자의 진단·평가 및 재배치를 요구할 수 있다. **제12조【배치에 대한 이의】** 법 제17조 제4항에서 "대통령령으로 정하는 특별한 사유"란 해당 특수학교가 교육하는 특수교육대상자의 장애종류와 배치를 요구받은 특수교육대상자의 장애종류가 달라 효율적인 교육을 할 수 없는 경우를 말한다.
규칙	**제3조【특수교육대상자의 학교 배치】** 교육감 또는 교육장이 영 제11조 제1항에 따라 특수교육대상자를 학교에 배치할 때에는 별지 제3호 서식에 따라 해당 학교장과 특수교육대상자에게 통지하여야 한다.

01 고등학교의 장이 당해 학교에 재학하고 있는 특수교육대상자를 재배치할 필요가 있는 경우, 「장애인 등에 대한 특수교육법 시행령」에 의거하여 우선적으로 취해야 할 조치는? **10 중등 2번**

① 교육감에게 학생을 재배치하도록 요구한다.
② 특수교사에게 학생을 재배치할 교육기관을 확인하도록 한다.
③ 개별화교육지원팀에 학생의 재배치 여부를 검토하도록 한다.
④ 특수교사에게 학생의 학교생활 적응 실태를 파악하도록 한다.
⑤ 특수교육지원센터에 학생의 진단·평가를 실시하도록 요구한다.

정답 ③

02 박 교사와 김 교사의 대화 중 현행 「장애인 등에 대한 특수교육법」(시행령, 시행규칙 포함)에 부합되는 내용을 고른 것은? **11 초등 4번**

김 교사: 이번에 특수교육대상자로 선정된 여섯 살 아동 어머니로부터 문의가 왔어요. 아동의 유치원 특수 학급 배치가 결정되었는데 어느 특수학급에 가게 되는지 궁금해 하시더군요.

박 교사: 예. ㉠ 아동의 장애정도, 능력, 보호자의 의견 등을 종합하여 거주지에서 가장 가까운 곳에 배치돼요. ㉡ 유치원 과정에서는 특수교육대상자가 1인 이상 4인 이하이면 1학급을 설치하고, 4인을 초과할 때 는 2개 이상의 학급을 설치하게 되어 있어요.

김 교사: 초등학교 특수학급도 마찬가지인가요?

박 교사: ㉢ 초등학교 과정에서는 특수교육대상자가 1인 이상 7인 이하일 때 1학급을 설치하고, 7인을 초과 하는 경우에는 2개 이상의 학급을 설치하지요.

김 교사: 그러면 특수학급마다 특수교육 교사가 배치되겠군요.

박 교사: 예. ㉣ 특수교육 담당 교사는 학생 4명마다 1명이 배치되지만, 해당 교육장이 배치 기준의 50% 범위 에서 가감하여 배치할 수 있다고 합니다.

김 교사: 예. 그런데 아동이 밥을 혼자 못 먹어서 어머니가 걱정하시더라고요. 그런 경우 도움을 받을 수 있죠?

박 교사: 그렇습니다. 제가 알기로는 ㉤ 특수교육대상자를 위해 학교(유치원)에 배치되는 보조인력이 교사의 지시에 따라 교수·학습 활동, 신변처리, 급식, 등하교, 교내외 활동 등 특수교육대상자의 교육 및 학교 활동을 보조하는 역할을 합니다. 담당 교사가 정해지면 그 분과 상담하시는 게 좋을 것 같아요.

김 교사: 그렇군요. 법 규정을 찾아 좀 더 자세히 알아봐야겠네요.

① ㉠, ㉡, ㉣   ② ㉠, ㉡, ㉤   ③ ㉡, ㉢, ㉣   ④ ㉡, ㉣, ㉤   ⑤ ㉢, ㉣, ㉤

정답 ②

03 통합교육과 관련된 「장애인 등에 대한 특수교육법」 및 동법 시행령의 내용으로 옳지 <u>않은</u> 것은? `12 중등 3번`

① 교육과학기술부장관 및 교육감은 통합교육에 대한 이해를 높이기 위하여 일반학교의 교원과 특수교육교원에게 연수를 받게 하는 경우 통합교육에 관한 내용을 포함하여야 한다.

② 교육장 또는 교육감은 특수교육대상자를 배치할 때에는 특수교육대상자의 장애정도·능력·보호자의 의견 등을 종합적으로 판단하여 거주지에서 가장 가까운 곳에 배치하여야 한다.

③ 특수교육대상자가 배치된 일반학교의 장은 교육과정의 범위 안에서 특수교육대상자 개인의 장애종별과 정도, 연령, 현재 및 미래의 교육요구 등을 고려하여 교육과정의 내용을 조정하여 운영할 수 있다.

④ 교육장 또는 교육감은 일반학교에서 통합교육을 받고 있는 특수교육대상자를 지원하기 위하여 일반학교 및 특수교육지원센터에 특수교육교원 및 특수교육관련서비스 담당 인력을 배치하여 순회교육을 실시하여야 한다.

⑤ 교육과학기술부장관 및 교육감은 통합교육을 효율적으로 시행하기 위하여 통합교육을 지원하는 일반학교의 교원에 대하여는 특수교육과 관련된 직무연수 과정을, 특수교육교원에 대하여는 일반교과 교육에 관한 직무연수 과정을 개설·운영하여야 한다.

정답 ①

04 다음은 초등학교 장애학생 학부모 모임에서 운영하는 사이트 Q&A에 게시된 질문과 대답의 일부이다. 현행 「장애인 등에 대한 특수교육법」(시행령, 시행규칙 포함)에 부합되는 대답을 모두 고른 것은? `12 초등 1번`

> Q: 우리 아이가 특수교육대상자로 선정되어 배치되었지만, 몸이 많이 허약해서 한 해 늦게 학교에 입학하려 하는데 가능할까요?
> A: ㉠ <u>예, 배치 받은 학교의 교장에게 유예신청을 하십시오. 그러면 1년 뒤에 입학통지서가 다시 나옵니다.</u>
> Q: 배치 받은 학교에서 이미 특수학급 정원을 초과했다고 다른 학교로 가라고 하는데 어떻게 할까요?
> A: ㉡ <u>법으로 학급 인원수를 정해 놓았기 때문에, 그 학생은 다른 학교로 재배치 받아야 합니다.</u>
> Q: 우리 아이는 특수교육대상자인데 현재 일반학급에 배치되어 있어요. 우리 아이의 집중적인 교육 지원을 위해서 특수학급에 배치 받고 싶은데 가능한가요?
> A: ㉢ <u>예, 학교장은 개별화교육지원팀의 검토를 거쳐 교육장에게 특수교육대상자의 재배치를 요구할 수 있습니다.</u>
> Q: 우리 아이가 학기 중에 사고로 장애를 가지게 되었어요. 학기 중이라도 특수교육대상자로 선정될 수 있나요?
> A: ㉣ <u>예, 학기 중이라도 학부모가 교육장에게 진단·평가를 의뢰해서 선정절차를 밟을 수 있습니다.</u>
> Q: 우리 아이는 수업을 받기 위해서 보완·대체의사소통 기구를 사용해야 되는데 어떻게 하면 좋을까요?
> A: ㉤ <u>보완·대체의사소통 기구는 교재·교구라고 보기 어렵고 개인이 소지해야 하기 때문에 따로 구입해서 가지고 다녀야 합니다.</u>

① ㉠, ㉡   ② ㉢, ㉣   ③ ㉠, ㉢, ㉣   ④ ㉡, ㉢, ㉤   ⑤ ㉠, ㉢, ㉣, ㉤

정답 ②

05 (가)는 동수의 정보이고, (나)는 정신지체 학교 홍 교사와 특수교육지원센터 박 교사가 동수에 대해 상담한 내용의 일부이다. ⓛ과 ⓒ에 들어갈 말을 「장애인 등에 대한 특수교육법」시행령에 근거하여 쓰시오. `13 추시 중등 4번`

(가) 동수의 정보

> O 정신지체와 저시력을 가진 고등학교 1학년 중복장애 학생임
> O 혼자 보행하는 것이 어려워 어머니의 도움을 받아 걸어서 등하교를 함

(나) 상담 내용

> 홍 교사: 동수는 망막색소변성으로 점차 시력을 잃어가고 있습니다. 동수를 관찰해 보니, 혼자 보행할 때 자주 넘어지고 여기저기 부딪혀서 다치네요. 그래서 ㉠ 보행훈련이 필요해요. 확대 교과서로 공부하는 것도 어려워서, 장기적으로는 점자교육도 해야 할 것 같습니다. 그러려면 동수가 정신지체학교보다 시각장애학교에서 공부하는 것이 더 효과적일 거라고 생각되는데, 그 절차나 방법을 알고 싶습니다.
>
> 박 교사: 그렇군요. 동수의 경우처럼, 필요한 교육지원 내용을 추가·변경하거나 동수를 재배치할 필요가 있을 경우, 교장 선생님이 (ⓛ)의 검토를 거쳐서 (ⓒ)에게 동수의 진단·평가 및 재배치를 요구할 수 있습니다.
>
> 홍 교사: 그런데 동수 어머니께서는 인근의 다른 시·도에 있는 시각장애학교에서 받아주지 않으면 어떻게 하나 걱정하시더라고요. 그리고 동수가 시각장애 학교로 전학할 경우, 이용할 수 있는 통학지원 방법이 있는지도 알고 싶어 하세요.
>
> 박 교사: 그것은 염려하지 않아도 됩니다. ㉢ '대통령령으로 정하는 특별한 사유'가 없는 한 배치 요구에 응해야 합니다.

06 다음은 ○○교육청 게시판에 게재된 '질의와 응답' 내용의 일부이다. 「장애인 등에 대한 특수교육법」(법률 제12127호, 2013. 12. 30., 일부개정) 및 동법 시행령(대통령령 제25840호, 2014. 12. 9., 타법개정)에 근거하여 밑줄 친 ㉠과 ⓛ에 해당하는 내용을 순서대로 쓰시오. `16 중등 1번`

> Q&A 코너
>
> Q. 고등학교에 진학하게 되는 청각장애 학생의 학부모입니다. 우리 가족이 거주하는 시·도의 국립학교로 배치받기를 원합니다. 그 과정에 대한 정보를 알려 주시기 바랍니다.
>
> A. 우리 교육청의 교육감이 관할 구역 내에 거주하는 특수교육대상자를 다른 시·도에 소재하는 국립학교에 배치하고자 할 때에는 국립학교의 장과 협의하도록 하고 있습니다. 이 경우에 국립학교의 장은 '장애인 등에 대한 특수교육법 시행령' 제12조에 의한 ㉠ 특별한 사유가 없는 한 이에 응하도록 하고 있습니다.
>
> …(중략)…
>
> Q. 저는 ○○중학교 김○○ 교사입니다. 우리 반 민영이는 특수교육대상자인데 사회성은 좋지만 수업 시간에 주의집중이 어렵고 과잉행동을 보여요. 그래서 민영이는 수업 참여가 어렵고 다른 학생의 수업에도 방해가 됩니다. 민영이의 수업참여와 학교생활 적응을 위해 보조 인력이 있었으면 합니다. 민영이가 보조 인력의 도움을 받을 수 있도록 교육 지원 내용을 추가하거나 변경하는 방법을 알려 주세요.
>
> A. 특수교육대상자인 민영이를 위한 교육 지원 내용으로 보조인력 등의 지원을 추가하거나 변경하고자 할 경우, ○○중학교의 학교장이 ⓛ 학교에서의 절차를 거쳐 해당 교육지원청의 교육장에게 진단·평가를 요구해야 합니다. 자세한 사항은 해당 교육지원청에 문의하세요.

07 「장애인 등에 대한 특수교육법」(법률 제15367호, 2018.2.21., 일부 개정)에 근거하여 밑줄 친 ㉠ ~ ㉣ 중 <u>틀린</u> 것 2가지를 찾고 각각 바르게 고쳐 쓰시오. 19 중등 A 4번

○ 교육장 또는 교육감은 특수교육대상자로 선정된 자를 해당 ㉠ <u>특수교육지원센터</u>의 심사를 거쳐 일반학교의 일반학급, 일반학교의 특수학급, 특수학교 중 어느 하나에 배치하여 교육하여야 한다.

○ ㉡ <u>특수교육지원센터</u>는 특수교육대상자의 특성 및 요구에 따른 진로 및 직업교육을 지원하기 위하여 직업평가 · 직업교육 · 고용지원 · 사후관리 등의 직업재활훈련 및 일상생활적응훈련 · 사회적응훈련 등의 자립생활 훈련을 실시하고, 대통령령으로 정하는 자격이 있는 진로 및 직업교육을 담당하는 전문인력을 두어야 한다.

○ ㉢ <u>특수교육지원센터</u>는 특수교육대상자에게 효과적인 진로 및 직업교육을 지원하기 위하여 대통령령으로 정하는 바에 따라 관련 기관과의 협의체를 구성하여야 한다.

○ 교육장 또는 교육감은 일반학교에서 통합교육을 받고 있는 특수교육대상자를 지원하기 위하여 일반학교 및 ㉣ <u>특수교육지원센터</u>에 특수교육교원 및 특수교육 관련서비스 담당 인력을 배치하여 순회교육을 실시하여 야 한다.

제36조 [고등학교 과정 이하의 심사청구]

법	**제36조 【고등학교 과정 이하의 심사청구】** ① 특수교육대상자 또는 그 보호자는 다음 각 호의 어느 하나에 해당하는 교육장, 교육감 또는 각급학교의 장의 조치에 대하여 이의가 있을 때에는 해당 시·군·구 특수교육운영위원회 또는 시·도 특수교육운영위원회에 심사청구를 할 수 있다. 1. 제15조 제1항에 따른 특수교육대상자의 선정 2. 제16조 제3항에 따른 교육지원 내용의 결정 사항 3. 제17조 제1항에 따른 학교에의 배치 4. 제4조를 위반하는 부당한 차별 ② 제17조 제1항에 따라 특수교육대상자를 배치받은 각급학교의 장은 이에 따를 수 없는 특별한 사유가 있거나 배치받은 특수교육대상자가 3개월 이상 학교생활에의 적응에 상당한 어려움이 있는 경우에는 해당 시·군·구 특수교육운영위원회 또는 시·도 특수교육운영위원회에 심사청구를 할 수 있다. ③ 시·군·구 특수교육운영위원회 또는 시·도 특수교육운영위원회는 제1항과 제2항의 심사청구를 받은 때에는 이를 심사하여 30일 이내에 그 결정을 청구인에게 통보하여야 한다. ④ 제3항의 심사에서는 청구인에게 의견진술의 기회를 주어야 한다. ⑤ 교육장, 교육감, 각급학교의 장, 그 밖의 관계자는 제3항에 따른 결정에 따라야 한다. ⑥ 제3항에서 정하는 심사결정에 이의가 있는 특수교육대상자 또는 그 보호자는 그 통보를 받은 날부터 90일 이내에 행정심판을 제기할 수 있다. ⑦ 제1항부터 제4항까지의 규정에 따른 심사청구의 절차 등에 관하여 필요한 사항은 대통령령으로 정한다.
령	**제33조 【심사청구 절차】** 법 제35조 제3항 및 법 제36조 제1항 또는 제2항에 따른 심사청구 및 그 심사청구에 대한 결과의 통지에 필요한 서류는 각각 교육부령으로 정한다.

제8조 【고등학교 과정 이하의 심사청구 결과 통보 등】

① 법 제36조 제1항 또는 제2항에 따라 특수교육대상자, 그 보호자 또는 각급학교의 장이 심사청구를 할 때에는 별지 제6호 서식에 따른 심사청구서를 해당 시·군·구 특수교육운영위원회 또는 시·도 특수교육운영위원회에 제출하여야 한다.

② 제1항에 따른 심사청구를 받은 해당 시·군·구 특수교육운영위원회 또는 시·도 특수교육운영위원회는 심사를 거쳐 별지 제7호 서식에 따른 심사결과통지서를 그 청구인에게 교부하여야 한다.

제36조 관련 기출문제

01 다음은 ○○고등학교의 학교장이 특수교육대상학생의 배치와 관련하여 심사청구를 하기 위해 참고한 「장애인 등에 대한 특수교육법」(시행 2013.10.6)의 일부 내용이다. 괄호 안의 ㉠에 해당하는 말을 쓰시오. 14 중등 1번

○ 특수교육대상자를 배치 받은 각급 학교의 장은 이에 응할 수 없는 특별한 사유가 있거나 배치 받은 특수교육대상자가 3개월 이상 학교생활에의 적응에 상당한 어려움이 있는 경우에는 해당 시·군·구 특수교육운영위원회 또는 시·도 특수교육운영위원회에 심사청구를 할 수 있다.
○ 시·군·구 특수교육운영위원회 또는 시·도 특수교육운영위원회는 심사청구를 받은 때에는 이를 심사하여 (㉠)에 그 결정을 청구인에게 통보하여야 한다.

02 다음은 중학교 일반교사와 특수교사의 대화이다. 「장애인 등에 대한 특수교육법(법률 제13978호, 2016.2.3., 타법개정)」에 근거하여 ㉠, ㉡에 들어갈 내용을 순서대로 쓰시오. 17 중등 A 2번

일반교사: 우리 학급의 학생 A는 특수교육이 필요한 것 같아요. A의 부모님도 공감하시더군요. 혹시 A가 특수교육대상자로 선정·배치되는 과정에서 부모님의 의견이 반영되나요?
특수교사: 네, 장애인 등에 대한 특수교육법은 학생이 특수교육대상자로 선정·배치되는 과정에서 보호자의 참여를 규정하고 있어요. 먼저 우리 학교의 교장 선생님이 A의 진단·평가를 의뢰하는 경우 보호자의 사전 동의를 받아야 합니다. 그리고 특수교육지원센터의 진단·평가 과정에서는 부모 등 보호자의 (㉠)이/가 충분히 보장되어야 한다고 규정하고 있어요.
일반교사: 만약 A가 특수학교에 배치받게 되었는데 부모님이 이에 대해 이의가 있다면 어떻게 해야 하나요?
특수교사: A의 부모님이 특수교육운영위원회에 심사청구를 할 수 있어요. 그리고 특수교육운영위원회의 심사 결정에도 이의가 있으면 (㉡)을/를 제기할 수 있습니다.

03 다음은 ○○교육지원청 특수교육지원센터의 센터장과 순회 교사가 협의회에서 나눈 대화의 일부이다. 괄호 안의 ㉠과 ㉡에 들어갈 내용을 「장애인 등에 대한 특수교육법」(법률 제18637호, 2021. 12. 28., 일부개정) 및 「장애인 등에 대한 특수교육법 시행령」(대통령령 제32722호, 2022. 6. 28., 일부개정)에 근거하여 순서대로 쓰시오.

23 중등 A 1번

> 센 터 장: 협의회를 시작하겠습니다. 담당자는 안건에 대해 설명해 주시기 바랍니다.
> 순회 교사: 네. 순회교육 수업일수 감축 승인의 건입니다. 자료에서 보시는 바와 같이 수업일수 감축을 요청한 2개 학교 모두 특수교육대상 학생의 건강 상태를 사유로 수업일수 감축을 요청하였습니다.
> 센 터 장: 감축 기준에 대해 설명해 주시기 바랍니다.
> 순회 교사: 순회교육을 받는 학생의 수업일수는 150일을 기준으로 학교장이 정하되, 대상 학생의 상태와 교육과정 운영상 필요한 경우 지도·감독 기관인 우리 특수교육지원센터에서 승인을 받아 (㉠)일 범위에서 줄일 수 있습니다.
> …(중략)…
> 순회 교사: 두 번째 안건은 중학교에 배치된 지체장애 학생이 교외에서 실시되는 동아리 활동을 희망하였지만, 안전을 이유로 활동에서 배제되었다는 민원의 건입니다.
> 센 터 장: 교내·외 활동에서의 차별로 볼 수 있겠군요. 우선 장애인 등에 대한 특수교육법 제4조 차별의 금지 조항에 대해 해당 학교에 안내하고, 보호자에게는 학교의 조치에 대하여 특수교육운영위원회에 (㉡)을/를 할 수 있음을 안내하기 바랍니다.

제4장 ▷ 영유아 및 초·중등교육

제18조 [장애영아의 교육지원]

법	**제18조【장애영아의 교육지원】** ① 만 3세 미만의 장애영아의 보호자는 조기교육이 필요한 경우 교육장에게 교육을 요구할 수 있다. ② 제1항에 따른 요구를 받은 교육장은 특수교육지원센터의 진단·평가결과를 기초로 만 3세 미만의 장애영아를 특수학교의 유치원과정, 영아학급 또는 특수교육지원센터에 배치할 수 있다. ③ 제2항에 따라 배치된 장애영아가 의료기관, 복지시설 또는 가정 등에 있을 경우에는 특수교육교원 및 특수교육 관련서비스 담당 인력 등으로 하여금 순회교육을 제공하도록 할 수 있다. ④ 국가 및 지방자치단체는 장애영아를 위한 교육여건을 개선하고 설비를 정비하기 위하여 노력하여야 한다. ⑤ 그 밖에 장애영아의 교육지원에 필요한 사항은 대통령령으로 정한다.
령	**제13조【장애영아의 교육지원】** ① 만 3세 미만의 장애영아(이하 이 조에서 "장애영아"라 한다) 교육의 수업일수는 매 학년도 150일을 기준으로 하되, 장애영아의 건강 상태 및 교육과정의 운영상 필요한 경우에는 교육부장관, 교육감 또는 교육장의 승인을 받아 30일의 범위에서 줄일 수 있다. ② 법 제18조 제2항에 따라 특수교육을 받는 영아학급 등의 교원 배치에 관한 사항은 교육부장관, 교육감 또는 교육장이 정한다. ③ 교육감이나 교육장은 법 제18조 제2항에 따라 장애영아를 특수교육지원센터에 배치하여 교육을 하는 경우 「특수학교시설·설비기준령」 별표에 따른 보통교실을 그 특수교육지원센터에 갖추어야 한다. ④ 장애영아 담당 교원은 「초·중등교육법」 제21조 제2항에 따른 특수학교 유치원교사 자격증을 소지한 사람으로 한다.

01 현행 「장애인 등에 대한 특수교육법」 및 동법 시행령에 규정된 영유아 관련 조항으로 바른 것은? `09 유치원 13번`

① 보호자는 장애를 가진 영유아를 발견한 때에는 특수교육지원센터의 교사에게 진단·평가를 의뢰하여야 한다.

② 장애영아 담당 교원은 특수학교 유치원교사 자격증을 소지하고 유치원 과정 담당 경력이 2년 이상인 사람으로 한다.

③ 보호자로부터 조기교육 요구를 받은 교육장은 진단·평가결과를 기초로 만 3세 미만의 장애영아를 보육시설에 배치하여야 한다.

④ 각급학교의 장은 장애가 의심되는 영유아에 대한 의료적 진단을 보건소, 병원 또는 의원에 의뢰하여야 하고 그 비용을 부담하여야 한다.

⑤ 장애영아 교육의 수업 일수는 매 학년도 150일을 기준으로 하되, 필요한 경우에는 교육과학기술부 장관, 교육감 또는 교육장의 승인을 받아 30일의 범위에서 줄일 수 있다.

정답 ⑤

제19조 [보호자의 의무 등]

법	**제19조【보호자의 의무 등】** ① 특수교육대상자의 보호자는 그 보호하는 자녀에 대하여 제3조 제1항에 따른 의무교육의 기회를 보호하고 존중하여야 한다. ② 부득이한 사유로 취학이 불가능한 의무교육대상자에 대하여는 대통령령으로 정하는 바에 따라 제1항에 따른 취학의무를 면제하거나 유예할 수 있다. 다만, 만 3세부터 만 5세까지의 특수교육대상자가 「영유아보육법」에 따라 설치된 어린이집 중 대통령령으로 정하는 일정한 교육 요건을 갖춘 어린이집을 이용하는 경우에는 제1항에서 정하는 유치원 의무교육을 받고 있는 것으로 본다. ③ 제2항에 따라 취학의무를 면제 또는 유예 받은 사람이 다시 취학하고자 하는 경우에는 대통령령으로 정하는 바에 따라 취학하게 할 수 있다.
령	**제14조【취학의무의 유예 또는 면제 등】**- 법 10조(특수교육운영위원회)와 동일한 내용 연결 ① 특수교육대상자의 보호자가 법 제19조 제2항에 따라 특수교육대상자의 취학의무를 유예받거나 면제 받으려는 경우에는 관할 교육감 또는 교육장에게 취학의무의 유예 또는 면제를 신청하여야 한다. ② 제1항에 따른 신청을 받은 교육감 또는 교육장은 법 제10조 제1항에 따른 관할 특수교육운영위원회의 심의를 거쳐 특수교육대상자의 등·하교 가능성, 순회교육 실시 가능성 및 보호자의 의견 등을 고려하여 면제 또는 유예를 결정한다. 이 경우 유예기간은 1년 이내로 하고, 유예기간을 연장하려는 경우에도 관할 특수교육운영위원회의 심의를 거쳐야 한다. ③ 취학의무를 면제 또는 유예받은 사람이 다시 취학하고자 하는 경우 그 보호자는 교육감 또는 교육장에게 취학을 신청하고, 그 신청을 받은 교육감 또는 교육장은 관할 특수교육운영위원회의 심의를 거쳐 취학 여부를 결정하여야 한다. **제15조【유치원 의무교육을 받는 것으로 보는 어린이집의 교육 요건】** 법 제19조 제2항 단서에서 "대통령령으로 정하는 일정한 교육 요건을 갖춘 어린이집"이란 「장애아동 복지지원법」 제32조 제2항에 따라 지정받은 장애영유아를 위한 어린이집을 말한다.

01 다음은 초등학교 장애학생 학부모 모임에서 운영하는 사이트 Q&A에 게시된 질문과 대답의 일부이다. 현행 「장애인 등에 대한 특수교육법」(시행령, 시행규칙 포함)에 부합되는 대답을 모두 고른 것은? **12 초등 1번**

> Q: 우리 아이가 특수교육대상자로 선정되어 배치되었지만, 몸이 많이 허약해서 한 해 늦게 학교에 입학하려 하는데 가능할까요?
>
> A: ㉠ 예, 배치 받은 학교의 교장에게 유예신청을 하십시오. 그러면 1년 뒤에 입학통지서가 다시 나옵니다.
>
> Q: 배치 받은 학교에서 이미 특수학급 정원을 초과했다고 다른 학교로 가라고 하는데 어떻게 할까요?
>
> A: ㉡ 법으로 학급 인원수를 정해 놓았기 때문에, 그 학생은 다른 학교로 재배치 받아야 합니다.
>
> Q: 우리 아이는 특수교육대상자인데 현재 일반학급에 배치되어 있어요. 우리 아이의 집중적인 교육 지원을 위해서 특수학급에 배치 받고 싶은데 가능한가요?
>
> A: ㉢ 예, 학교장은 개별화교육지원팀의 검토를 거쳐 교육장에게 특수교육대상자의 재배치를 요구할 수 있습니다.
>
> Q: 우리 아이가 학기 중에 사고로 장애를 가지게 되었어요. 학기 중이라도 특수교육대상자로 선정될 수 있나요?
>
> A: ㉣ 예, 학기 중이라도 학부모가 교육장에게 진단·평가를 의뢰해서 선정절차를 밟을 수 있습니다.
>
> Q: 우리 아이는 수업을 받기 위해서 보완·대체의사소통 기구를 사용해야 되는데 어떻게 하면 좋을까요?
>
> A: ㉤ 보완·대체의사소통 기구는 교재·교구라고 보기 어렵고 개인이 소지해야 하기 때문에 따로 구입해서 가지고 다녀야 합니다.

① ㉠, ㉡   ② ㉢, ㉣   ③ ㉠, ㉢, ㉣   ④ ㉡, ㉢, ㉤   ⑤ ㉠, ㉢, ㉣, ㉤

정답 ②

02 다음은 특수교육지원센터 홈페이지 질의·응답 게시판 일부이다. 「장애인 등에 대한 특수교육법 시행령」 제14조 (대통령령 제28211호, 2017.7.26.)에서 제시하고 있는 ① 밑줄 친 ㉣의 결정절차를 쓰고, ② 유예나 면제를 결정할 때의 고려사항 1가지를 쓰시오. **18 초등 A 1번**

> Q: 제 아이가 특수학교에 입학하여 한 학기를 다녔는데, 학교생활에 어려움이 많습니다. 지금이라도 취학의무의 유예나 면제가 가능한지 궁금합니다.
>
> A: 네, 가능합니다. 「장애인 등에 대한 특수교육법 시행령」 제14조(취학의무의 유예 또는 면제)에 의하면 의무교육 대상자는 입학 전과 마찬가지로 입학 후에도 동일한 절차로 ㉣ 취학의무의 유예나 면제가 가능합니다.

제20조 [교육과정의 운영 등]

법	제20조 【교육과정의 운영 등】
	① 특수교육기관의 유치원·초등학교·중학교·고등학교과정의 교육과정은 장애의 유형 및 정도를 고려하여 국가교육위원회가 정하고, 영아교육과정과 전공과의 교육과정은 교육감의 승인을 받아 학교장이 정한다.
	② 특수교육기관의 장 및 특수교육대상자가 배치된 일반학교의 장은 제1항에 따른 교육과정의 범위 안에서 특수교육대상자 개인의 장애유형과 정도, 연령, 현재 및 미래의 교육요구 등을 고려하여 교육과정의 내용을 조정하여 운영할 수 있다.
	③ 특수학교의 장은 교육감의 승인을 받아 유치원·초등학교·중학교·고등학교과정을 통합하여 운영할 수 있다.

제20조 관련 기출문제

01 통합교육과 관련된 「장애인 등에 대한 특수교육법」 및 동법 시행령의 내용으로 옳지 <u>않은</u> 것은? `12 중등 3번`

① 교육과학기술부장관 및 교육감은 통합교육에 대한 이해를 높이기 위하여 일반학교의 교원과 특수교육 교원에게 연수를 받게 하는 경우 통합교육에 관한 내용을 포함하여야 한다.

② 교육장 또는 교육감은 특수교육대상자를 배치할 때에는 특수 교육대상자의 장애정도, 능력, 보호자의 의견 등을 종합적으로 판단하여 거주지에서 가장 가까운 곳에 배치하여야 한다.

③ 특수교육대상자가 배치된 일반학교의 장은 교육과정의 범위 안에서 특수교육대상자 개인의 장애종별과 정도, 연령, 현재 및 미래의 교육요구 등을 고려하여 교육과정의 내용을 조정하여 운영할 수 있다.

④ 교육장 또는 교육감은 일반학교에서 통합교육을 받고 있는 특수교육대상자를 지원하기 위하여 일반학교 및 특수교육지원 센터에 특수교육교원 및 특수교육관련서비스 담당 인력을 배치하여 순회교육을 실시하여야 한다.

⑤ 교육과학기술부장관 및 교육감은 통합교육을 효율적으로 시행하기 위하여 통합교육을 지원하는 일반 학교의 교원에 대하여는 특수교육과 관련된 직무연수 과정을, 특수교육교원에 대하여는 일반교과 교육에 관한 직무연수 과정을 개설·운영하여야 한다.

정답 ①

02 다음은 특수학급이 설치되지 않은 ○○중학교에 전입한 특수교육대상자의 지원을 위해 작성한 협의회 자료의 일부이다. 괄호 안의 ㉠, ㉡에 해당하는 내용을 쓰시오. `22 중등 A 3번`

〈특수교육대상자 교육 지원 계획〉

□ 배경 및 안건: 특수학급이 설치되지 않은 본교에 특수교육대상자가 전입하여, 「장애인 등에 대한 특수교육법」과 동법 시행령에 따라 본교에서 준비해야 할 교육 지원 내용과 방법을 협의함

□ 안건 1: 특수교육대상자의 교육과정 조정
  ○ 교육과정 조정 근거
    – 「장애인 등에 대한 특수교육법」(법률 제17494호, 2020. 10. 20., 일부개정)

> 제20조 (교육과정의 운영 등)
> ① (생략)
> ② 특수교육기관의 장 및 (㉠)은/는 제1항에 따른 교육과정의 범위 안에서 특수교육대상자 개인의 장애 유형과 정도, 연령, 현재 및 미래의 교육 요구 등을 고려하여 교육과정의 내용을 조정하여 운영할 수 있다.

…(중략)…

□ 안건 2: 특수교육대상자의 학습 지원 인력 요청
  ○ 특수교육대상자의 학습 지원을 위한 인력 요청 근거
    – 「장애인 등에 대한 특수교육법 시행령」(대통령령 제31623호, 2021. 4. 20., 일부개정)

> 제11조 (특수교육대상자의 학교 배치 등)
> ① (생략)
> ② 교육장 또는 교육감은 특수교육대상자를 일반학교의 일반학급에 배치한 경우에는 (㉡)에서 근무하는 특수교육교원에게 그 학교를 방문하여 학습을 지원하도록 하여야 한다.

제21조 [통합교육]

법	**제21조【통합교육】** ① 각급학교의 장은 교육에 관한 각종 시책을 시행하는 경우 통합교육의 이념을 실현하기 위하여 노력하여야 한다. ② 제17조에 따라 특수교육대상자를 배치받은 일반학교의 장은 교육과정의 조정, 지원인력의 배치, 학습보조 기기의 지원, 교원연수 등을 포함한 통합교육계획을 수립·시행하여야 한다. ③ 일반학교의 장은 제2항에 따라 통합교육을 실시하는 경우에는 제27조의 기준에 따라 특수학급을 설치·운영하고, 대통령령으로 정하는 시설·설비 및 교재·교구를 갖추어야 한다.
령	**제16조【통합교육을 위한 시설·설비 등】** ① 일반학교의 장은 법 제21조 제2항에 따라 통합교육을 실시하는 경우에는 특수교육대상자의 교내 이동이 쉽고, 세면장·화장실 등과 가까운 곳에 위치한 66제곱미터 이상의 교실에 특수학급을 설치하여야 한다. 다만, 배치된 특수교육대상자의 수 및 그 학교의 여건 등을 고려하여 시·도 조례로 정하는 바에 따라 44제곱미터 이상의 교실에 학급을 설치할 수 있다. ② 일반학교의 장은 법 제21조 제2항에 따라 통합교육을 실시하는 경우에는 배치된 특수교육대상자의 성별, 연령, 장애의 유형·정도 및 교육활동 등에 맞도록 정보 접근을 위한 기기, 의사소통을 위한 보완·대체 기구 등의 교재·교구를 갖추어야 한다.

01 특수학급이 설치되어 있지 않은 각급 학교에 특수교육 대상자가 배치된 경우, 현행 「장애인 등에 대한 특수교육법」을 적용할 수 있는 통합교육 관련 내용으로 가장 적절한 것은? 10 초등 1번

구분	통합교육계획 수립의 책임자	통합교육계획 수립 및 시행	개별화교육계획 수립의 책임자
①	특수교육 관련 연수에 참여한 일반교사	통합학급 교사가 특수교육 관련 연수에 참여한 일반교사의 지원을 받아 수립 및 시행	통합학급 교사
②	일반학교의 장	통합학급 교사가 특수교육 관련 연수에 참여한 일반교사의 지원을 받아 수립 및 시행	일반학교의 장
③	교육감 또는 교육장	일반학교의 장이 해당지역 내 특수교육지원센터 전문 인력의 지원을 받아 수립 및 시행	일반학교의 장
④	특수교육 관련 연수에 참여한 일반교사	통합학급 교사가 순회교사의 자문과 지원을 받아 수립 및 시행	통합학급 교사
⑤	일반학교의 장	일반학교의 장이 인근학교 특수교사의 지원을 받아 수립 및 시행	일반학교의 장

정답 ⑤

02 현행 「장애인 등에 대한 특수교육법」과 동법 시행령 및 시행 규칙에 제시된 특수교육공학 관련 내용에 대한 설명으로 옳은 것만을 <보기>에서 모두 고른 것은? 11 중등 3번

ㄱ. 각급학교의 장은 특수교육대상자의 보조공학기기 지원을 결정하기 위하여 특별지원위원회를 설치·운영하여야 한다.
ㄴ. 일반학교의 장은 특수교육대상자를 배치받은 경우 학습 보조기기의 지원을 포함한 통합교육계획을 수립·시행하여야 한다.
ㄷ. 각급학교의 장은 학교에서 제공하는 각종 정보를 특수교육 대상자에게 제공하는 경우 특수교육대상자의 장애유형에 적합한 방식으로 제공하여야 한다.
ㄹ. 특수교육대상자에게 보조공학기기 지원, 학습보조기기 지원, 통학지원 및 정보접근지원이 필요한 경우 개별화교육계획에 그 내용과 방법이 포함되어야 한다.

① ㄱ, ㄹ   ② ㄴ, ㄷ   ③ ㄱ, ㄷ, ㄴ   ④ ㄱ, ㄷ, ㄹ   ⑤ ㄴ, ㄷ, ㄹ

정답 ⑤

제22조 [개별화교육]

법

제22조 【개별화교육】

① 각급학교의 장은 특수교육대상자의 교육적 요구에 적합한 교육을 제공하기 위하여 보호자, 특수교육교원, 일반교육교원, 진로 및 직업교육 담당 교원, 특수교육 관련서비스 담당 인력 등으로 개별화교육지원팀을 구성한다.

② 개별화교육지원팀은 매 학기마다 특수교육대상자에 대한 개별화교육계획을 작성하여야 한다.

③ 특수교육대상자가 다른 학교로 전학할 경우 또는 상급학교로 진학할 경우에는 전출학교는 전입학교에 개별화교육계획을 14일 이내에 송부하여야 한다.

④ 특수교육교원은 제1항부터 제3항까지의 규정에 따른 업무를 수행하기 위하여 각 업무를 지원하고 조정한다.

⑤ 제1항에 따른 개별화교육지원팀의 구성, 제2항에 따른 개별화교육계획의 수립·실시 등에 관하여 필요한 사항은 교육부령으로 정한다.

령

제11조 【특수교육대상자의 학교 배치 등】- 법 17조와 동일 내용

① 교육장 또는 교육감은 법 제17조 제1항에 따라 특수교육대상자를 학교에 배치할 때에는 해당 학교의 장과 특수교육대상자에게 각각 문서로 알려야 한다.

② 교육장 또는 교육감은 특수교육대상자를 일반학교의 일반학급에 배치한 경우에는 특수교육지원센터에서 근무하는 특수교육교원에게 그 학교를 방문하여 학습을 지원하도록 하여야 한다.

③ 각급학교의 장은 특수교육대상자에 대한 교육지원의 내용을 추가·변경 또는 종료하거나 특수교육대상자를 재배치할 필요가 있으면 법 제22조 제1항에 따른 개별화교육지원팀의 검토를 거쳐 교육장 및 교육감에게 그 특수교육대상자의 진단·평가 및 재배치를 요구할 수 있다.

규칙

제3조 【특수교육대상자의 학교 배치】- 법 17조와 동일 내용

교육감 또는 교육장이 영 제11조 제1항에 따라 특수교육대상자를 학교에 배치할 때에는 별지 제3호 서식에 따라 해당 학교장과 특수교육대상자에게 통지하여야 한다.

제4조 【개별화교육지원팀의 구성 등】

① 각급학교의 장은 법 제22조 제1항에 따라 매 학년의 시작일부터 2주 이내에 각각의 특수교육대상자에 대한 개별화교육지원팀을 구성하여야 한다.

② 개별화교육지원팀은 매 학기의 시작일부터 30일 이내에 개별화교육계획을 작성하여야 한다.

③ 개별화교육계획에는 특수교육대상자의 인적사항과 특별한 교육지원이 필요한 영역의 현재 학습수행수준, 교육목표, 교육내용, 교육방법, 평가계획 및 제공할 특수교육 관련서비스의 내용과 방법 등이 포함되어야 한다.

④ 각급학교의 장은 매 학기마다 개별화교육계획에 따른 각각의 특수교육대상자의 학업성취도 평가를 실시하고, 그 결과를 특수교육대상자 또는 그 보호자에게 통보하여야 한다.

개별화수립계획 운영계획

(1) 개별화교육지원팀의 구성원

① 개별화교육지원팀의 일반적인 구성원

> - 보호자, 특수교육교원, 일반교육교원, 진로 및 직업교육 담당 교원, 특수교육 관련서비스 담당 인력 등으로 구성한다.
> - 필요한 경우 특수교육 대상자 본인, 특수교육 보조인력은 개별화교육지원팀의 요구에 따라 회의에 참여하여 관련 정보를 제공할 수 있다.

② 일반학급에 배치된 특수교육대상자의 개별화교육지원팀

> - **특수학급 설치교:** 학교장은 당해 학교 특수교육교원의 지원을 받아 개별화교육지원팀을 구성하여 개별화교육계획을 수립할 수 있다. 당해 학교에서 지원하기 어려운 사항에 대하여 특수교육지원센터의 도움을 받을 수 있다.
> - **특수학급 미설치교:** 학교장은 특수교육지원센터의 지원을 받아 개별화교육지원팀을 구성하여 개별화교육계획을 수립할 수 있다. 이때 특수교육대상자가 일반학급에서 모든 수업을 받으므로 일반학급 담임교사의 적극적인 참여가 요구된다. 특수교육교원의 도움이 필요한 경우, 시·군·구 교육지원청 또는 인근 지역에 소재한 각급학교의 특수교육교원에게 지원을 받을 수도 있다.

제22조 관련 기출문제

01 「장애인 등에 대한 특수교육법」 및 관련 법령에 근거한 내용으로 옳은 것은? `09 중등 13번`

① 전공과와 만 3세 미만의 장애영아교육은 무상·의무로 한다.
② 개별화교육지원팀은 매년 특수교육대상자에 대한 개별화교육계획을 작성하여야 한다.
③ 고등학교 과정 이상의 각급학교의 장은 진로 및 직업교육을 지원하기 위하여 직업재활훈련 및 자립생활 훈련을 실시한다.
④ 관련서비스에는 상담지원, 가족지원, 치료지원, 보조공학기기 지원, 학습보조기기지원, 통학지원 및 정보 접근지원 등이 포함된다.
⑤ 고등학교 과정에서는 특수교육대상자가 1인 이상 6인 이하인 경우 1학급을 설치하고, 6인을 초과하는 경우 2개 이상의 학급을 설치한다.

정답 ④

02 다음은 특수교육대상자의 선정·배치와 교육지원에 관한 내용이다. 현행 「장애인 등에 대한 특수교육법」에 근거할 때, ㉠~㉤ 중 바른 설명을 한 것은? `09 초등 13번`

> 진희의 어머니는 진희가 장애를 가지고 있다고 의심되어 교육장에게 진단·평가를 의뢰하였다. 교육장은 진단·평가를 의뢰받은 후, ㉠ 즉시 특수교육지원센터에 회부하여 진단·평가를 실시하고 그 결과를 진희 어머니에게 통보하였다. ㉡ 교육장은 특수교육지원센터로부터 최종 의견을 통보받은 후, ㉢ 특수교육운영위원회의 심사를 거쳐, 10일째 되던 날 진희를 특수교육대상자로 선정하였다. 그리고 선정 결과를 진희의 어머니에게 통보한 후, 진희를 진희의 집에서 가장 가까운 초등학교에 배치하였다. ㉣ 교육장은 진희를 위한 개별화교육지원팀을 구성하였고, ㉤ 매 학년 시작일로부터 30일 이내에 개별화교육계획을 작성하도록 하였다.

① ㉠, ㉡, ㉢ ② ㉠, ㉢, ㉣ ③ ㉡, ㉢, ㉤ ④ ㉡, ㉣, ㉤ ⑤ ㉢, ㉣, ㉤

정답 ①

03 「장애인 등에 대한 특수교육법」 및 동법 시행규칙의 개별화교육 관련 조항에 의거하여 개별화교육계획을 수립·운영하고자 할 때, 특수교사의 역할에 대한 설명으로 옳은 것은? `10 중등 1번`

① 개별화교육지원팀의 구성원으로서 개별화교육계획 작성에 대한 업무를 지원하고 조정한다.
② 각급학교의 장이 개별화교육지원팀을 학년별로 구성할 수 있도록 그 업무를 지원하고 조정한다.
③ 개별화교육지원팀의 구성원으로서 교육과정에 포함된 모든 영역에 대하여 개별화교육계획을 작성한다.
④ 특수교육대상자가 상급학교로 진학할 경우, 전입학교와 특수교육지원센터에 개별화교육계획을 송부한다.
⑤ 매 학년마다 개별 특수교육대상자의 학업성취도 평가를 실시하고 그 결과를 특수교육대상자 또는 보호자에게 통보한다.

정답 ①

04 다음은 ○○교육지원청에 소속된 교사 모임 게시판에 올라온 게시물 중 일부이다. ㉢에 들어갈 말을 쓰시오. `20 초등 B 1번`

> **제목: 질문이 있어요!**
> 우리 학교는 현재 완전 통합교육을 실시하고 있으며, 저는 통합학급을 맡고 있습니다. 그런데 얼마 전 특수교육 대상 학생의 부모님께서 학습 보조기를 지원받고 싶다고 하시더라고요. 일반학습에서 완전 통합교육을 받고 있으면서도 학습 보조기를 요청할 수 있나요?
> └ re: 네, 특수교육지원센터에서 보유하고 있는 학습 보조기를 학교장이 요청하면 대여해서 사용할 수 있습니다.
> └ re: 그럼 교장 선생님 결재로 신청하면 되나요?
>   └ re: 「장애인 등에 대한 특수교육법 시행령」을 살펴보면, 학습 보조기와 같은 교육지원 내용을 추가하기 위해서는 특수교육대상 학생의 학부모가 포함된 (㉢)의 검토를 거쳐 교육장에게 요구할 수 있다고 하니 확인해 보세요.

05 다음은 유치원 3세반 진수의 개별화교육계획안이다. 「장애인 등에 대한 특수교육법 시행규칙」(교육부령 제101호, 2016.6.23., 일부개정) 제4조 제3항에 제시된 개별화교육계획에 포함되어야 할 것 중 진수의 개별화교육계획안에 나타나 있지 <u>않은</u> 것 1가지를 쓰시오. `18 유치원 A 1번`

인적사항			
이름	박진수(남)	생년월일	2013. 10. ○○.
시작일	2017. 3. ○○.	종료일	2017. 7. ○○.
…(생략)…			
발달 영역	자조 기술		

현재 학습수행수준
〈강점〉 ○ 음식을 골고루 먹을 수 있다. ○ 식사 시간에 식탁 의자에 앉아 있을 수 있다.

교육목표	
장기목표	숟가락을 사용하여 스스로 식사를 할 수 있다.
단기목표	1. ⊙ 교사가 숟가락을 잡은 진수의 손을 잡고 입 주위까지 가져가 주면 3일 연속으로 10회 중 8회는 음식을 입에 넣을 수 있다. 2.　　　　　　　　　　…(생략)…
교육내용	…(생략)…
교육방법	ⓒ 처음에는 신체적 촉진으로 시작하고 "숟가락을 잡고 먹어 보세요."라는 언어적 촉진에 스스로 음식을 먹을 수 있도록 점차적으로 개입을 줄인다.

특수교육 관련서비스
…(하략)…

06 다음은 김 교사가 작성한 교육실습생 연수 결과 보고서의 일부이다. ① ⓒ과 ⓔ의 내용 중 공통되는 지원을 2015 개정 특수교육 교육과정 '학교 교육과정 편성·운영' 중 '교수·학습'에 근거하여 쓰고, ② 학생 진전도 확인의 출발점 및 교육목표 설정 근거가 되는 ⓑ의 구성요소를 「장애인 등에 대한 특수교육법 시행규칙」(교육부령 제240호, 2021.6.30., 타법개정)에 근거하여 쓰시오. `22 초등 A 1번`

Ⅰ. 연수 개요

  □ 연수 주제: 2015 개정 특수교육 교육과정의 이해와 적용

  ○ 연수 대상: 교육실습생 5명

  …(중략)…

Ⅵ. 질의 내용

  Q1. ㉠ 1학년 학생들이 학교에 적응을 잘할 수 있도록 입학 직후인 3~4월 2개월 동안 창의적 체험활동 시간을 적응활동 중심으로 운영할 수 있는지 궁금합니다. 그리고 5~6학년 학생들이 창의적 체험활동 시간에 ㉡ 안전 및 공공질서 확립, 장애 편견 극복을 목적으로 봉사 활동을 실시한다고 설명해 주셨는데 구체적으로 어떻게 활동을 하고 있는지 궁금합니다.

  Q2. 교실에서 성공적인 행동과 학습을 촉진하기 위해 행동 기능을 분석하여 개별적인 지원을 하거나 의사소통을 지원하는 것 외에 ㉢ 학생들의 수업 참여도를 높이기 위해 필요한 지원 방안에는 무엇이 있는지 궁금합니다.

  Q3. ㉣ 「장애인 등에 대한 특수교육법」에 제시된 특수교육 관련서비스는 학생에게 필요한 영역을 중심으로 ㉤ 개별화교육계획에 따라 지원할 수 있는 것으로 알고 있습니다. 우리 반 민수에게 제공되는 특수교육 관련서비스 지원 내용이 궁금합니다.

  Q4. ㉥ 5학년 경수 부모님이 통합교육을 희망하여 경수가 일반학교 특수학급으로 전학한다고 들었습니다. 이런 경우 교육과정 편제와 시간 배당은 어떻게 되는지 궁금합니다.

제23조 [진로 및 직업교육의 지원]

법	**제23조【진로 및 직업교육의 지원】** ① 중학교 과정 이상의 각급학교의 장은 특수교육대상자의 특성 및 요구에 따른 진로 및 직업교육을 지원하기 위하여 직업평가·직업교육·고용지원·사후관리 등의 직업재활훈련 및 일상생활적응훈련·사회적응훈련 등의 자립생활훈련을 실시하고, 대통령령으로 정하는 자격이 있는 진로 및 직업교육을 담당하는 전문인력을 두어야 한다. ② 중학교 과정 이상의 각급학교의 장은 대통령령으로 정하는 기준에 따라 진로 및 직업교육의 실시에 필요한 시설·설비를 마련하여야 한다. ③ 특수교육지원센터는 특수교육대상자에게 효과적인 진로 및 직업교육을 지원하기 위하여 대통령령으로 정하는 바에 따라 관련 기관과의 협의체를 구성하여야 한다.
령	**제17조【전문인력의 자격 기준 등】** 법 제23조 제1항에서 "대통령령으로 정하는 자격이 있는 진로 및 직업교육을 담당하는 전문인력"이란 「초·중 등교육법」 제21조 제2항에 따른 특수학교 정교사·준교사·실기교사의 자격(각각 중학교 과정 이상의 교육과정을 담당할 수 있는 자격으로 한정한다)이 있는 사람으로서 다음 각 호의 어느 하나에 해당하는 사람을 말한다. 　1. 대학이나 대학원에서 직업재활에 관한 전공을 이수한 사람 　2. 진로 및 직업교육과 관련한 국가자격증 또는 민간자격증 소지자 　3. 진로 및 직업교육과 관련한 직무연수를 이수한 사람 **제18조【진로 및 직업교육을 위한 시설 등】** ① 중학교 과정 이상 각급 학교의 장은 법 제23조 제2항에 따라 진로 및 직업교육을 위하여 66제곱미터 이상의 교실을 1개 이상 설치하여야 한다. 다만, 중학교 과정 이상 특수학교의 장은 「특수학교시설·설비기준령」 제4조에서 정하는 기준에 따라 설치하여야 한다. ② 특수교육지원센터는 특수교육기관, 한국장애인고용공단지부 등 해당 지역의 장애인 고용 관련 기관, 직업 재활시설, 장애인복지관, 산업체 등 관련 기관과 협의체를 구성하여야 한다. ③ 교육감은 제1항에 따른 진로 및 직업 교육을 위한 교실의 설치비용을 지원하는 등 특수교육대상자의 진로 및 직업 교육에 필요한 인력과 경비를 지원하도록 노력하여야 한다.

제23조 관련 기출문제

01 「장애인 등에 대한 특수교육법」 및 관련 법령에 근거한 내용으로 옳은 것은? `09 중등 13번`

① 전공과와 만 3세 미만의 장애영아교육은 무상·의무로 한다.
② 개별화교육지원팀은 매년 특수교육대상자에 대한 개별화교육계획을 작성하여야 한다.
③ 고등학교 과정 이상의 각급학교의 장은 진로 및 직업교육을 지원하기 위하여 직업재활훈련 및 자립생활 훈련을 실시한다.
④ 관련서비스에는 상담지원, 가족지원, 치료지원, 보조공학기기 지원, 학습보조기기 지원, 통학지원 및 정보 접근지원 등이 포함된다.
⑤ 고등학교 과정에서는 특수교육대상자가 1인 이상 6인 이하인 경우 1학급을 설치하고, 6인을 초과하는 경우 2개 이상의 학급을 설치한다.

정답 ④

02 현행 「장애인 등에 대한 특수교육법」과 동법 시행령에 의거한 특수교육지원센터에 관한 내용으로 옳은 것만을 <보기>에서 모두 고른 것은? **11 중등 1번**

> ㄱ. 교육감은 지역의 지리적 특성 및 특수교육의 수요 등을 고려하여 필요한 경우에는 하나의 하급교육행정 기관에 2 이상의 특수교육지원센터를 설치·운영할 수 있다.
> ㄴ. 특수교육지원센터는 진단·평가를 통하여 특수교육대상자로의 선정 여부 및 필요한 교육지원 내용에 대한 최종 의견을 작성하여 특수교육운영위원회에 보고하여야 한다.
> ㄷ. 특수교육지원센터는 특수교육기관, 한국장애인 고용공단지부 등 해당 지역의 장애인 고용 관련 기관, 직업재활 시설, 장애인복지관, 산업체 등 관련 기관과 협의체를 구성하여야 한다.
> ㄹ. 교육장 또는 교육감은 일반학교에서 통합교육을 받고 있는 특수교육대상자를 지원하기 위하여 일반학교 및 특수교육지원센터에 특수교육교원 및 특수교육 관련서비스 담당 인력을 배치하여 순회교육을 실시하여야 한다.

① ㄱ, ㄷ   ② ㄴ, ㄷ   ③ ㄴ, ㄹ   ④ ㄱ, ㄴ, ㄹ   ⑤ ㄱ, ㄷ, ㄹ

정답 ⑤

03 다음은 ○○ 특수학교에서 마련한 진로 및 직업교육 지원 계획의 일부이다 괄호 안의 ㉠, ㉡에 들어갈 용어를 「장애인 등에 대한 특수교육법」(법률 제16746호, 2019.12.10. 일부개정)에 근거하여 순서대로 쓰시오. **21 중등 4번**

> <진로 및 직업교육 지원 계획>
>
> ○ 목적: 교과 교육 및 지역사회 기관과의 협력을 통해 특수교육대상학생을 학교에서 사회로 원활하게 전환하기 위함
> ○ 추진 배경: 현행 진로 및 직업교육의 문제점을 파악하고 지원방안을 마련하기 위함
> ○ 현행 진로 및 직업교육의 문제점
> • 자조 기술의 습득 기회가 부족함
> • 감염병으로 인해 공공기관 이용이 제한됨
> • 직업능력평가를 실시하지 않음
> • 지역사회 고용 가능 기관 파악이 부족하고 사후관리 체계가 미비함
> ○ 진로 및 직업교육 지원 계획
> • (㉠): 일상생활 적응기술 훈련과 대안적 사회적응훈련 구안 및 적용
> • (㉡): 학생의 잠재능력을 고려한 직업평가, 실제적이고 내실 있는 직업교육, 지역사회 유관기관과 연계한 고용지원, 사후관리 체계 확립
>
> …(하략)…

제24조 [전공과의 설치 · 운영]

법	**제24조 【전공과의 설치 · 운영】** ① 특수교육기관에는 고등학교 과정을 졸업한 특수교육대상자에게 진로 및 직업교육을 제공하기 위하여 수업 연한 1년 이상의 전공과를 설치 · 운영할 수 있다. ② 교육부장관 및 교육감은 지역별 또는 장애유형별로 전공과를 설치할 교육기관을 지정할 수 있다. ③ 전공과를 설치한 각급학교는 「학점인정 등에 관한 법률」 제7조에 따라 학점인정을 받을 수 있다. ④ 제1항 및 제2항에 따른 전공과의 시설 · 설비 기준, 전공과의 운영 및 담당 인력의 배치 기준 등에 관하여 필요한 사항은 대통령령으로 정한다.
령	**제19조 【전공과의 설치 · 운영】** ① 법 제24조 제1항에 따른 전공과를 설치 · 운영하는 특수교육기관의 장은 66제곱미터 이상의 전공과 전용 교실을 1개 이상 설치하여야 하며, 세부적인 시설 · 설비의 기준은 교육감이 정한다. ② 전공과를 설치한 교육기관의 장은 그 설치 목적을 달성하기 위하여 현장실습이 포함된 직업교육계획을 수립하여야 한다. ③ 전공과의 수업 연한과 학생의 선발 방법은 교육감의 승인을 받아 전공과를 설치한 교육기관의 장이 정한다. ④ 전공과를 전담할 인력은 전공과를 설치한 특수교육기관의 고등학교 과정과 같은 수준으로 배치한다.

01 다음은 김 교사가 부임한 K고등학교 특수학급의 일부 학생에 대한 정보이다. 아래의 정보를 고려할 때 특수학급 운영과 관련된 김 교사의 계획 중 적절한 것만을 <보기>에서 모두 고른 것은? `11 중등 18번`

○ 학생 수: 7명(1학년 3명, 2학년 4명)
○ 모든 학생은 개별적인 필요에 따라 특수학급에서 시간제로 공부하고 있음

학생	통합학급	장애유형	현행 수준
학생 A	2-1	정신 지체	• 간단한 의사표현은 가능하나 일상생활 기술이 부족함
학생 B	2-4	정신 지체	• 간단한 질문에 대답할 수 있으나 학급 친구들과 상호작용이 거의 없음 • 부모의 과잉보호로 사회적응기술이 부족함
학생 C	2-5	자폐성 장애	• 반향어와 상동행동이 나타남 • 수업 중에 자리 이탈이 빈번하고 갑자기 학교 밖으로 나가곤 함
학생 D	2-7	정신 지체	• 특수학급에서는 일상적인 대화가 가능하고 사회성이 좋은 편이나 통합학급에서는 지나치게 위축되고 또래에게서 소외되곤 함 • 스스로 읽기, 쓰기가 가능하지만 학업에 대한 흥미는 보이지 않음

ㄱ. 학생 A, B에게 일주일에 2회 지역사회중심교수를 제공한다.
ㄴ. 학생 C의 이탈행동이 빈번하므로 현장체험활동을 교내 실습으로 대체한다.
ㄷ. 학생 수가 6인을 초과하였으므로 특수학급 1개 반을 추가로 설치하는 것을 요구한다.
ㄹ. 졸업을 앞둔 학생들에게 진로 및 직업교육을 제공하기 위하여 K고등학교에 전공과 설치·운영을 구상한다.
ㅁ. 통합학급에서 학생 D의 수업 참여 행동 및 또래와의 상호작용을 높이기 위해 또래 도우미와 집단강화를 제공한다.

① ㄱ, ㅁ   ② ㄱ, ㄹ, ㅁ   ③ ㄴ, ㄷ, ㄹ   ④ ㄱ, ㄷ, ㄹ, ㅁ   ⑤ ㄴ, ㄷ, ㄹ, ㅁ

정답 ②

제25조 [순회교육 등]

법	**제25조【순회교육 등】** ① 교육장 또는 교육감은 일반학교에서 통합교육을 받고 있는 특수교육대상자를 지원하기 위하여 일반학교 및 특수교육지원센터에 특수교육교원 및 특수교육 관련서비스 담당 인력을 배치하여 순회교육을 실시하여야 한다. ② 교육부장관 또는 교육감은 장·단기 결석이 불가피한 특수교육대상자의 교육을 위하여 필요한 경우 순회교육 또는 원격수업을 실시하여야 한다. ③ 교육부장관 또는 교육감은 이동이나 운동기능의 심한 장애로 인하여 각급학교에서 교육을 받기 곤란하거나 불가능하여 복지시설·의료기관 또는 가정 등에 거주하는 특수교육대상자의 교육을 위하여 필요한 경우 순회교육을 실시하여야 한다. ④ 교육장 또는 교육감은 제3항에 따른 순회교육의 실시를 위하여 의료기관 및 복지시설 등에 학급을 설치·운영하고 이에 필요한 담당 교원을 배치하는 등 필요한 조치를 강구하며, 학생들이 원만히 학교로 복귀할 수 있도록 심리적·정서적 지원을 하여야 한다. ⑤ 국가 및 지방자치단체는 제4항에 따라 학급이 설치·운영 중인 의료기관 및 복지시설 등에 대하여 국립 또는 공립 특수교육기관 수준의 교육이 이루어질 수 있도록 대통령령으로 정하는 바에 따라 행정적·재정적 지원을 하여야 한다. ⑥ 제1항부터 제4항까지의 규정에 따른 순회교육의 수업일수 등 순회교육의 운영과 제2항에 따른 원격수업의 운영에 필요한 사항은 대통령령으로 정한다.
령	**제20조【순회교육의 운영 등】** ① 교육장이나 교육감은 법 제25조 제1항에 따른 순회교육을 하기 위하여 순회교육을 받는 특수교육대상자의 능력, 장애 정도 등을 고려하여 순회교육계획을 작성·운영하여야 한다. ② 순회교육의 수업일수는 매 학년도 150일을 기준으로 하여 각급학교의 장이 정하되, 순회교육을 받는 특수교육대상자의 상태와 교육과정의 운영상 필요한 경우에는 지도·감독기관의 승인을 받아 30일의 범위에서 줄일 수 있다. **제20조의2【원격수업의 운영】** ① 교육부장관 및 교육감은 법 제25조 제2항에 따른 원격수업(이하 "원격수업"이라 한다)을 실시하기 위하여 특수교육대상자의 장애유형 및 장애정도를 고려한 원격수업시스템을 구축·운영해야 한다. ② 교육부장관 및 교육감은 원격수업을 위하여 점자 및 자막 자료 등 특수교육대상자의 장애유형 및 장애정도에 따른 교육자료를 개발·보급해야 한다. ③ 제1항 및 제2항에서 규정한 사항 외에 원격수업의 원활한 운영을 위하여 필요한 세부사항은 교육부장관 및 교육감이 정한다. **제20조의3【특수교육대상자를 위한 학급을 설치·운영 중인 의료기관 등에 대한 지원】** 국가 및 지방자치단체는 법 제25조 제5항에 따라 특수교육대상자를 위한 학급을 설치·운영 중인 의료기관 및 복지시설 등에 다음 각 호의 지원을 한다. 1. 학급의 설치·운영에 필요한 비용 지원 2. 학급 담당 교원 또는 특수교육 관련서비스 담당 인력 지원 3. 순회교육에 필요한 교재·교구 지원 4. 그 밖에 국립 또는 공립 특수교육기관 수준의 교육이 이루어질 수 있도록 지원이 필요하다고 국가기관 또는 지방자치단체의 장이 인정하는 지원

01 「장애인 등에 대한 특수교육법」 및 관련 법령에 근거한 순회교육의 설명으로 옳은 것을 <보기>에서 고른 것은?

09 중등 14번

> ㄱ. 특수학교 및 특수교육지원센터에 특수교육교원을 배치하여 순회교육을 실시한다.
> ㄴ. 순회교육의 수업일수는 매 학년도 74일을 기준으로 하되, 15일 범위에서 줄일 수 있다.
> ㄷ. 순회교육대상자를 위하여 의료기관 및 복지시설 등에 학급을 설치 · 운영할 수 있다.
> ㄹ. 일반학교에서 통합교육을 받고 있는 특수교육대상자를 지원하기 위하여 순회교육을 실시하여야 한다.

① ㄱ, ㄴ   ② ㄱ, ㄷ   ③ ㄴ, ㄷ   ④ ㄴ, ㄹ   ⑤ ㄷ, ㄹ

정답 ⑤

02 현행 「장애인 등에 대한 특수교육법」과 동법 시행령에 의거한 특수교육지원센터에 관한 내용으로 옳은 것만을 <보기>에서 모두 고른 것은? 11 중등 1번

> ㄱ. 교육감은 지역의 지리적 특성 및 특수교육의 수요 등을 고려하여 필요한 경우에는 하나의 하급교육행정 기관에 2 이상의 특수교육지원센터를 설치 · 운영할 수 있다.
> ㄴ. 특수교육지원센터는 진단 · 평가를 통하여 특수교육대상자로의 선정 여부 및 필요한 교육지원 내용에 대한 최종 의견을 작성하여 특수교육운영 위원회에 보고하여야 한다.
> ㄷ. 특수교육지원센터는 특수교육기관, 한국장애인고용공단지부 등 해당 지역의 장애인 고용 관련 기관, 직업재활 시설, 장애인복지관, 산업체 등 관련기관과 협의체를 구성하여야 한다.
> ㄹ. 교육장 또는 교육감은 일반학교에서 통합교육을 받고 있는 특수교육대상자를 지원하기 위하여 일반학교 및 특수교육 지원센터에 특수교육교원 및 특수교육 관련서비스 담당 인력을 배치하여 순회교육을 실시 하여야 한다.

① ㄱ, ㄷ   ② ㄴ, ㄷ   ③ ㄴ, ㄹ   ④ ㄱ, ㄴ, ㄹ   ⑤ ㄱ, ㄷ, ㄹ

정답 ⑤

03 통합교육과 관련된 「장애인 등에 대한 특수교육법」 및 동법 시행령의 내용으로 옳지 않은 것은? 12 중등 3번

① 교육과학기술부장관 및 교육감은 통합교육에 대한 이해를 높이기 위하여 일반학교의 교원과 특수교육교 원에게 연수를 받게 하는 경우 통합교육에 관한 내용을 포함하여야 한다.

② 교육장 또는 교육감은 특수교육대상자를 배치할 때에는 특수교육대상자의 장애정도 · 능력 · 보호자의 의견 등을 종합적으로 판단하여 거주지에서 가장 가까운 곳에 배치하여야 한다.

③ 특수교육대상자가 배치된 일반학교의 장은 교육과정의 범위 안에서 특수교육대상자 개인의 장애종별과 정도, 연령, 현재 및 미래의 교육요구 등을 고려하여 교육과정의 내용을 조정하여 운영할 수 있다.

④ 교육장 또는 교육감은 일반학교에서 통합교육을 받고 있는 특수교육대상자를 지원하기 위하여 일반학교 및 특수교육지원센터에 특수교육교원 및 특수교육관련서비스 담당 인력을 배치하여 순회교육을 실시 하여야 한다.

⑤ 교육과학기술부장관 및 교육감은 통합교육을 효율적으로 시행하기 위하여 통합교육을 지원하는 일반학교 의 교원에 대하여는 특수교육과 관련된 직무연수 과정을, 특수교육교원에 대하여는 일반교과 교육에 관한 직무연수 과정을 개설 · 운영하여야 한다.

정답 ①

04 순회교육에 대하여 「장애인 등에 대한 특수교육법」 및 동법 시행령에 명시된 내용으로 옳지 <u>않은</u> 것은?

13 중등 8번

① 교육감은 장애 정도가 심하여 장·단기의 결석이 불가피한 특수교육대상자의 교육을 위하여 필요한 경우 순회교육을 실시하여야 한다.
② 각급학교의 장은 순회교육을 하기 위하여 순회교육을 받는 특수교육대상자의 능력, 장애 정도, 장애 특성 등을 고려하여 순회교육계획을 작성·운영하여야 한다.
③ 순회교육이란 특수교육교원 및 특수교육 관련서비스 담당 인력이 각급학교나 의료기관, 가정 또는 복지시설(장애인복지시설, 아동 복지시설 등을 말한다) 등에 있는 특수교육대상자를 직접 방문하여 실시하는 교육을 말한다.
④ 교육장 또는 교육감은 일반학교에서 통합교육을 받고 있는 특수교육대상자를 지원하기 위하여 일반학교 및 특수교육지원센터에 특수교육교원 및 특수교육 관련서비스 담당 인력을 배치하여 순회교육을 실시하여야 한다.
⑤ 순회교육의 수업일수는 매 학년도 150일을 기준으로 하여 각급 학교의 장이 정하되, 순회교육을 받는 특수교육대상자의 상태와 교육과정의 운영상 필요한 경우에는 지도·감독기관의 승인을 받아 30일의 범위에서 줄일 수 있다.

정답 ②

05 다음은 박 교사와 김 교사가 학생 A에 대해 나눈 대화 일부이다. ㉠에 해당하는 병명을 쓰고, 「장애인 등에 대한 특수교육법 시행령(대통령령 제27227호, 2016.6.21., 일부개정)」에 근거하여 ㉡의 수업 일수는 누가 정하고, 기준 일수는 며칠인지 쓰시오. 17 중등 A 5번

> 박 교사: A는 ㉠ <u>소변검사에서 단백뇨와 혈뇨가 나와서 이 질병을 발견하게 되었는데, 지금은 혈액 투석을 하고 있습니다. 그리고 더 심해지면 이식 수술을 해야 한다고 걱정을 많이 하고 있어요. 식이요법도 해야 하고, 수분과 염분 섭취량을 조절해야 합니다.</u>
> 김 교사: A가 주의해야 할 점이 많네요. 그리고 투석을 받는 것도 힘들겠지만 상태가 더 나빠지는 것에 대한 스트레스도 클 것 같아요.
> 박 교사: 네, A는 몸이 많이 부어 있기도 하고, 피로감을 자주 호소합니다. 그리고 조퇴와 결석이 많아 학습 결손도 있어서, 부모님에게 건강장애를 지닌 특수교육대상자로 선정·배치되는 절차를 안내했어요. 선정이 되면 ㉡ <u>순회교육</u>이 필요할 수도 있겠습니다.
> ···(하략)···

06 「장애인 등에 대한 특수교육법」(법률 제15367호, 2018.2.21., 일부개정)에 근거하여 밑줄 친 ㉠~㉣ 중 틀린 것 2가지를 찾고 각각 바르게 고쳐 쓰시오. <u>19 중등 A 4번</u>

- 교육장 또는 교육감은 특수교육대상자로 선정된 자를 해당 ㉠ <u>특수교육지원센터</u>의 심사를 거쳐 일반학교의 일반학급, 일반학교의 특수학급, 특수학교 중 어느 하나에 배치하여 교육하여야 한다.
- ㉡ <u>특수교육지원센터</u>는 특수교육대상자의 특성 및 요구에 따른 진로 및 직업교육을 지원하기 위하여 직업평가 · 직업교육 · 고용지원 · 사후관리 등의 직업재활훈련 및 일상생활적응훈련 · 사회적응훈련 등의 자립생활 훈련을 실시하고, 대통령령으로 정하는 자격이 있는 진로 및 직업교육을 담당하는 전문인력을 두어야 한다.
- ㉢ <u>특수교육지원센터</u>는 특수교육대상자에게 효과적인 진로 및 직업교육을 지원하기 위하여 대통령령으로 정하는 바에 따라 관련 기관과의 협의체를 구성하여야 한다.
- 교육장 또는 교육감은 일반학교에서 통합교육을 받고 있는 특수교육대상자를 지원하기 위하여 일반학교 및 ㉣ <u>특수교육지원센터</u>에 특수교육교원 및 특수교육 관련서비스 담당 인력을 배치하여 순회교육을 실시하여야 한다.

07 (가)는 ○○중학교에 재학 중인 학생 H에 관해 담임 교사와 특수 교사가 나눈 대화의 일부이다. 밑줄 친 ㉠을 제외하고 학생 H가 제공받을 수 있는 교육 지원을 1가지 쓰시오. [단, 장애인 등에 대한 특수교육법 제25조 2항 (법률 제17494호, 2020.10.20., 일부개정)에 근거할 것] <u>22 중등 B 9번</u>

(가) 대화

담임 교사: 선생님, 저희 반 학생 H가 소아암 치료를 위해 6개월간 병원에 입원하게 되었어요. 입원해 있는 동안 어떤 교육 지원을 받을 수 있을까요?
특수 교사: 네, 건강장애로 인한 특수교육대상자로 선정되면 ㉠ <u>병원학교</u>에서 수업을 받을 수 있습니다.
담임 교사: 특수교육대상자로 선정되려면 어떤 진단 · 평가를 받아야 하나요?
특수 교사: 「장애인 등에 대한 특수교육법 시행규칙」에 따르면, 건강장애와 관련하여 특수교육대상자 선별 검사 및 진단평가 영역이 별도로 규정되어 있지 않습니다. 만성질환의 경우에는 (㉡)을/를 참고자료로 활용하여 특수교육운영위원회의 심사를 거쳐 특수교육대상자로 선정될 수 있습니다.

08 다음은 ○○교육지원청 특수교육지원센터의 센터장과 순회 교사가 협의회에서 나눈 대화의 일부이다. 괄호 안의 ㉠과 ㉡에 들어갈 내용을 「장애인 등에 대한 특수교육법」(법률 제18637호, 2021. 12. 28., 일부개정) 및 「장애인 등에 대한 특수교육법 시행령」(대통령령 제32722호, 2022. 6. 28., 일부개정)에 근거하여 순서대로 쓰시오.

23 중등 A 1번

> 센 터 장: 협의회를 시작하겠습니다. 담당자는 안건에 대해 설명해 주시기 바랍니다.
>
> 순회 교사: 네. 순회교육 수업일수 감축 승인의 건입니다. 자료에서 보시는 바와 같이 수업일수 감축을 요청한 2개 학교 모두 특수교육대상 학생의 건강 상태를 사유로 수업일수 감축을 요청하였습니다.
>
> 센 터 장: 감축 기준에 대해 설명해 주시기 바랍니다.
>
> 순회 교사: 순회교육을 받는 학생의 수업일수는 150일을 기준으로 학교장이 정하되, 대상 학생의 상태와 교육과정 운영상 필요한 경우 지도 · 감독 기관인 우리 특수교육지원센터에서 승인을 받아 (㉠)일 범위에서 줄일 수 있습니다.
>
> ···(중략)···
>
> 순회 교사: 두 번째 안건은 중학교에 배치된 지체장애 학생이 교외에서 실시되는 동아리 활동을 희망하였지만, 안전을 이유로 활동에서 배제되었다는 민원의 건입니다.
>
> 센 터 장: 교내 · 외 활동에서의 차별로 볼 수 있겠군요. 우선 장애인 등에 대한 특수교육법 제4조 차별의 금지 조항에 대해 해당 학교에 안내하고, 보호자에게는 학교의 조치에 대하여 특수교육운영위원회에 (㉡)을/를 할 수 있음을 안내하기 바랍니다.

제26조 [방과후 과정을 운영하는 유치원 과정의 교육기관]

법	**제26조 【방과후 과정을 운영하는 유치원 과정의 교육기관】**
	① 「유아교육법」 제2조 제6호에 따른 방과후 과정을 운영하는 유치원 과정의 교육기관에 특수교육대상자가 배치되는 경우 해당 각급학교의 장은 특수교육대상자에 대한 방과후 과정 운영을 담당할 인력을 학급당 1인 이상 추가로 배치할 수 있다.
	② 제1항에 따른 방과후 과정 담당 인력의 자격기준, 운영방법 등에 관하여 필요한 사항은 대통령령으로 정한다.
령	**제21조 【유치원 과정의 방과후 과정 담당 인력의 자격기준 및 운영방법】**
	① 법 제26조 제1항에 따라 특수교육대상자에 대한 방과후 과정 운영을 담당하는 인력은 「영유아보육법」 제21조 제2항에 따른 보육교사의 자격 또는 「유아교육법」 제22조 및 「초·중등교육법」 제21조에 따른 교원의 자격을 가지고 있는 사람으로 한다.
	② 방과후 과정을 운영하는 유치원 과정의 교육기관의 장은 교육과 보육을 연계하고 정규교육과정을 포함하여 1일 8시간 이상으로 운영하며, 그 밖에 운영에 필요한 사항은 교육감이 정한다.
	③ 교육감은 방과후 과정을 운영하는 유치원 과정의 교육기관에 대하여 그 교육에 소요되는 경비를 부담하거나 보조하여야 한다.

제27조 [특수학교의 학급 및 각급학교의 특수학급 설치 기준]

법	**제27조 【특수학교의 학급 및 각급학교의 특수학급 설치 기준】**
	① 특수학교와 각급학교의 장은 다음 각 호의 기준에 따라 학급 및 특수학급을 설치하여야 한다. 　1. 유치원 과정의 경우: 특수교육대상자가 1인 이상 4인 이하인 경우 1학급을 설치하고, 4인을 초과하는 경우 2개 이상의 학급을 설치한다. 　2. 초등학교·중학교 과정의 경우: 특수교육대상자가 1인 이상 6인 이하인 경우 1학급을 설치하고, 6인을 초과하는 경우 2개 이상의 학급을 설치한다. 　3. 고등학교 과정의 경우: 특수교육대상자가 1인 이상 7인 이하인 경우 1학급을 설치하고, 7인을 초과하는 경우 2개 이상의 학급을 설치한다.
	② 교육감은 제1항에도 불구하고 두 가지 이상의 장애를 지니면서 장애의 정도가 심한 특수교육대상자가 배치된 학급의 경우에는 2분의 1의 범위에서 학급 설치 기준을 하향 조정할 수 있으며, 순회교육의 경우 장애의 정도와 유형에 따라 학급 설치 기준을 하향 조정할 수 있다.
	③ 특수학교와 특수학급에 두는 특수교육교원의 배치기준은 대통령령으로 정한다.
령	**제22조 【특수학교 및 특수학급에 두는 특수교육교원의 배치기준】**
	법 제27조 제3항에 따라 배치하는 특수교육 담당 교사는 학생 4명마다 1명으로 한다. 다만, 도시와 농촌·산촌·어촌 교육의 균형발전, 특수교육지원센터의 운영현황, 특수교육대상자의 지역별 분포 및 두 가지 이상의 장애를 지니면서 장애의 정도가 심한 특수교육대상자의 배치 현황 등을 고려하여 특별시·광역시·특별자치시·도·특별자치도별 교사는 교육부장관이, 단위 학교·학급별 교사는 해당 교육감 또는 교육장이 배치기준의 50퍼센트의 범위에서 가감하여 배치할 수 있다.

01 「장애인 등에 대한 특수교육법」 및 관련 법령에 근거한 내용으로 옳은 것은? **09 중등 13번**

① 전공과와 만 3세 미만의 장애영아교육은 무상·의무로 한다.

② 개별화교육지원팀은 매년 특수교육대상자에 대한 개별화교육계획을 작성하여야 한다.

③ 고등학교 과정 이상의 각급학교의 장은 진로 및 직업교육을 지원하기 위하여 직업재활훈련 및 자립생활 훈련을 실시한다.

④ 관련서비스에는 상담지원, 가족지원, 치료지원, 보조공학기기 지원, 학습보조기기 지원, 통학지원 및 정보 접근지원 등이 포함된다.

⑤ 고등학교 과정에서는 특수교육대상자가 1인 이상 6인 이하인 경우 1학급을 설치하고, 6인을 초과하는 경우 2개 이상의 학급을 설치한다.

정답 ④

02 다음은 김 교사가 부임한 K고등학교 특수학급의 일부 학생에 대한 정보이다. 아래의 정보를 고려할 때 특수학급 운영과 관련된 김 교사의 계획 중 적절한 것만을 <보기>에서 모두 고른 것은? **11 중등 18번**

○ 학생 수: 7명(1학년 3명, 2학년 4명)			
○ 모든 학생은 개별적인 필요에 따라 특수학급에서 시간제로 공부하고 있음.			

학생	통합 학급	장애 유형	현행 수준
학생 A	2-1	정신 지체	• 간단한 의사표현은 가능하나 일상생활 기술이 부족함
학생 B	2-4	정신 지체	• 간단한 질문에 대답할 수 있으나 학급 친구들과 상호작용이 거의 없음 • 부모의 과잉보호로 사회적응기술이 부족함
학생 C	2-5	자폐성 장애	• 반향어와 상동행동이 나타남 • 수업 중에 자리 이탈이 빈번하고 갑자기 학교 밖으로 나가곤 함
학생 D	2-7	정신 지체	• 특수학급에서는 일상적인 대화가 가능하고 사회성이 좋은 편이나 통합학급에서는 지나치게 위축되고 또래에게서 소외되곤 함 • 스스로 읽기, 쓰기가 가능하지만 학업에 대한 흥미는 보이지 않음

ㄱ. 학생 A, B에게 일주일에 2회 지역사회중심교수를 제공한다.

ㄴ. 학생 C의 이탈행동이 빈번하므로 현장체험활동을 교내 실습으로 대체한다.

ㄷ. 학생 수가 6인을 초과하였으므로 특수학급 1개 반을 추가로 설치하는 것을 요구한다.

ㄹ. 졸업을 앞둔 학생들에게 진로 및 직업교육을 제공하기 위하여 K고등학교에 전공과 설치·운영을 구상한다.

ㅁ. 통합학급에서 학생 D의 수업 참여 행동 및 또래와의 상호작용을 높이기 위해 또래 도우미와 집단강화를 제공한다.

① ㄱ, ㅁ   ② ㄱ, ㄹ, ㅁ   ③ ㄴ, ㄷ, ㄹ   ④ ㄱ, ㄷ, ㄹ, ㅁ   ⑤ ㄴ, ㄷ, ㄹ, ㅁ

정답 ②

03 박 교사와 김 교사의 대화 중 현행 「장애인 등에 대한 특수교육법」(시행령, 시행규칙 포함)에 부합되는 내용을 고른 것은? `11 초등 4번`

> 김 교사: 이번에 특수교육대상자로 선정된 여섯 살 아동 어머니로부터 문의가 왔어요. 아동의 유치원 특수학급 배치가 결정되었는데 어느 특수학급에 가게 되는지 궁금해 하시더군요.
>
> 박 교사: 예. ㉠ 아동의 장애정도, 능력, 보호자의 의견 등을 종합하여 거주지에서 가장 가까운 곳에 배치돼요. ㉡ 유치원 과정에서는 특수교육대상자가 1인 이상 4인 이하이면 1학급을 설치하고, 4인을 초과할 때는 2개 이상의 학급을 설치하게 되어 있어요.
>
> 김 교사: 초등학교 특수학급도 마찬가지인가요?
>
> 박 교사: ㉢ 초등학교 과정에서는 특수교육대상자가 1인 이상 7인 이하일 때 1학급을 설치하고, 7인을 초과하는 경우에는 2개 이상의 학급을 설치하지요.
>
> 김 교사: 그러면 특수학급마다 특수교육 교사가 배치되겠군요.
>
> 박 교사: 예. ㉣ 특수교육 담당 교사는 학생 4명마다 1명이 배치되지만, 해당 교육장이 배치 기준의 50% 범위에서 가감하여 배치할 수 있다고 합니다.
>
> 김 교사: 예. 그런데 아동이 밥을 혼자 못 먹어서 어머니가 걱정하시더라고요. 그런 경우 도움을 받을 수 있죠?
>
> 박 교사: 그렇습니다. 제가 알기로는 ㉤ 특수교육대상자를 위해 학교(유치원)에 배치되는 보조인력이 교사의 지시에 따라 교수·학습 활동, 신변처리, 급식, 등하교, 교내외 활동 등 특수교육대상자의 교육 및 학교 활동을 보조하는 역할을 합니다. 담당 교사가 정해지면 그 분과 상담하시는 게 좋을 것 같습니다.
>
> 김 교사: 그렇군요. 법 규정을 찾아 좀 더 자세히 알아봐야겠네요.

① ㉠, ㉡, ㉣ ② ㉠, ㉡, ㉤ ③ ㉡, ㉢, ㉣ ④ ㉡, ㉣, ㉤ ⑤ ㉢, ㉣, ㉤

정답 ②

04 다음은 초등학교 장애학생 학부모 모임에서 운영하는 사이트 Q&A에 게시된 질문과 대답의 일부이다. 현행 「장애인 등에 대한 특수교육법」(시행령, 시행규칙 포함)에 부합되는 대답을 모두 고른 것은? `12 초등 1번`

> Q: 우리 아이가 특수교육대상자로 선정되어 배치되었지만, 몸이 많이 허약해서 한 해 늦게 학교에 입학하려 하는데 가능할까요?
>
> A: ㉠ 예, 배치 받은 학교의 교장에게 유예신청을 하십시오. 그러면 1년 뒤에 입학통지서가 다시 나옵니다.
>
> Q: 배치 받은 학교에서 이미 특수학급 정원을 초과했다고 다른 학교로 가라고 하는데 어떻게 할까요?
>
> A: ㉡ 법으로 학급 인원수를 정해 놓았기 때문에, 그 학생은 다른 학교로 재배치 받아야 합니다.
>
> Q: 우리 아이는 특수교육대상자인데 현재 일반학급에 배치되어 있어요. 우리 아이의 집중적인 교육 지원을 위해서 특수학급에 배치 받고 싶은데 가능한가요?
>
> A: ㉢ 예, 학교장은 개별화교육지원팀의 검토를 거쳐 교육장에게 특수교육대상자의 재배치를 요구할 수 있습니다.
>
> Q: 우리 아이가 학기 중에 사고로 장애를 가지게 되었어요. 학기 중이라도 특수교육대상자로 선정될 수 있나요?
>
> A: ㉣ 예, 학기 중이라도 학부모가 교육장에게 진단·평가를 의뢰해서 선정절차를 밟을 수 있습니다.
>
> Q: 우리 아이는 수업을 받기 위해서 보완·대체의사소통 기구를 사용해야 되는데 어떻게 하면 좋을까요?
>
> A: ㉤ 보완·대체의사소통기구는 교재·교구라고 보기 어렵고 개인이 소지해야 하기 때문에 따로 구입해서 가지고 다녀야 합니다.

① ㉠, ㉡ ② ㉢, ㉣ ③ ㉠, ㉢, ㉣ ④ ㉡, ㉢, ㉤ ⑤ ㉠, ㉢, ㉣, ㉤

정답 ②

제28조 [특수교육 관련서비스]

<table>
<tr><td rowspan="9">법</td><td>

제28조【특수교육 관련서비스】

① 교육감은 특수교육대상자와 그 가족에 대하여 가족상담, 부모교육 등 가족지원을 제공하여야 한다.

② 교육감은 특수교육대상자에게 필요한 경우 물리치료, 작업치료 등 치료지원을 제공하여야 한다. 이 경우 특수교육대상자의 장애유형과 장애정도를 고려한 맞춤형 치료지원이 제공될 수 있도록 하여야 한다.

③ 교육감은 각급학교의 장이 특수교육대상자를 위하여 필요한 경우 지원인력을 제공할 수 있도록 지원하여야 한다.

④ 각급학교의 장은 특수교육대상자의 교육을 위하여 필요한 장애인용 각종 교구, 각종 학습보조기, 보조공학기기 등의 설비를 제공하여야 한다.

⑤ 각급학교의 장은 특수교육대상자의 취학 편의를 위하여 통학차량 지원, 통학비 지원, 통학 지원인력의 배치 등 통학 지원 대책을 마련하여야 한다.

⑥ 각급학교의 장은 특수교육대상자의 생활지도 및 보호를 위하여 기숙사를 설치·운영할 수 있다. 기숙사를 설치·운영하는 특수학교에는 특수교육대상자의 생활지도 및 보호를 위하여 교육부령으로 정하는 자격이 있는 생활지도원을 두는 외에 간호사 또는 간호조무사를 두어야 한다.

⑦ 제6항의 생활지도원과 간호사 또는 간호조무사의 배치기준은 국립학교의 경우 교육부령으로, 공립 및 사립학교의 경우에는 시·도 교육규칙으로 각각 정한다.

⑧ 각급학교의 장은 각급학교에서 제공하는 각종 정보(교육기관에서 운영하는 인터넷 홈페이지를 포함한다)를 특수교육대상자에게 제공하는 경우 특수교육대상자의 장애유형에 적합한 방식으로 제공하여야 한다.

⑨ 제1항부터 제8항까지의 규정에 따른 특수교육 관련서비스의 제공을 위하여 필요한 사항은 대통령령으로 정한다.

</td></tr>
<tr><td rowspan="3">령</td></tr>
</table>

제23조【가족지원】

① 법 제28조 제1항에 따른 가족지원은 가족상담, 양육상담, 보호자 교육, 가족지원프로그램 운영 등의 방법으로 한다.

② 제1항에 따른 가족지원은 「건강가정기본법」 제35조에 따른 건강가정지원센터, 「장애인복지법」 제58조에 따른 장애인복지시설 등과 연계하여 할 수 있다.

제24조【치료지원】

① 법 제28조 제2항에 따른 치료지원에 필요한 인력은 「의료기사 등에 관한 법률」 제4조에 따른 면허 또는 「자격기본법」 제19조 제1항에 따라 주무부장관이 공인한 민간자격을 소지한 사람으로 한다.

② 교육감 또는 특수학교의 장은 특수교육지원센터 또는 특수학교에 치료실을 설치·운영할 수 있다.

③ 교육감은 「공공보건의료에 관한 법률」 제2조에 따른 공공보건의료기관 및 「장애인복지법」 제58조에 따른 장애인복지시설 등과 연계하여 치료지원을 할 수 있다.

제25조【지원인력】

① 교육감은 법 제28조 제3항에 따라 각급학교의 장이 특수교육대상자를 위한 지원인력을 원활하게 제공할 수 있도록 지원인력 수급에 관한 계획의 수립, 지원인력의 채용·배치 등 지원인력의 운영에 필요한 업무를 수행한다.

② 교육감 또는 교육장은 지원인력의 자질 향상을 위하여 특수교육에 관한 연수를 실시해야 한다.

③ 지원인력의 역할 및 자격은 교육부령으로 정하고, 그 밖에 운영 방법에 관한 세부 사항은 교육감이 정하여 고시한다.

제26조【각종 교구 및 학습보조기 등 지원】

교육감은 법 제28조 제4항에 따라 각급학교의 장이 각종 교구·학습보조기·보조공학기기를 제공할 수 있도록 특수교육지원센터에 필요한 기구를 갖추어 두어야 한다.

제27조【통학 지원】

① 교육감은 각급학교의 장이 법 제28조 제5항에 따른 통학 지원을 원활하게 할 수 있도록 통학차량을 각급학교에 제공하거나 통학 지원이 필요한 특수교육대상자 및 보호자에게 통학비를 지급하여야 한다.

② 각급학교의 장은 특수교육대상자가 현장체험학습, 수련회 등 학교밖 활동에 참여할 수 있도록 조치를 취하여야 한다.

제28조【기숙사의 설치·운영】

① 교육감은 법 제28조 제6항에 따른 기숙사의 운영에 필요한 경비를 예산의 범위에서 부담하거나 보조할 수 있다.

② 공립 및 사립학교의 기숙사 시설·설비 기준은 시·도 교육규칙으로 정한다.

제29조【기타 특수교육 관련서비스의 제공】

① 교육부장관 또는 교육감은 제23조부터 제28조까지의 규정에서 정한 특수교육 관련서비스 외에 보행훈련, 심리·행동 적응훈련 등 특정한 장애유형의 특수교육대상자에게 필요한 특수교육 관련서비스를 제공하여야 한다.

② 제1항의 특수교육 관련서비스 제공에 필요한 인력은 국가자격 또는 「자격기본법」 제19조 제1항에 따라 주무부장관이 공인한 민간자격을 소지한 사람으로 한다.

제5조【지원인력의 역할 및 자격】

① 법 제28조 제3항에 따라 학교에 배치되는 지원인력은 교사의 지시에 따라 교수학습 활동, 신변처리, 급식, 교내외 활동, 등하교 등 특수교육대상자의 교육 및 학교 활동에 대하여 보조 역할을 담당한다.

② 제1항에 따른 지원인력의 자격은 고등학교를 졸업한 사람 또는 이와 같은 수준 이상의 학력이 있다고 인정된 사람으로 한다.

제6조【생활지도원의 자격 및 배치기준】

① 법 제28조 제6항 후단에 따라 특수학교의 기숙사에 두는 생활지도원은 다음 각 호의 어느 하나에 해당하는 사람으로 한다.
  1. 「초·중등교육법」 별표 2의 자격 기준에 해당하는 사람
  2. 고등학교를 졸업한 사람 또는 이와 같은 수준 이상의 학력이 있다고 인정된 사람으로서 다음 각 목의 어느 하나에 해당하는 자격이 있는 사람
     가. 「의료기사 등에 관한 법률」 제2조에 따른 물리치료사 또는 작업치료사
     나. 「사회복지사업법」 제11조에 따른 사회복지사
     다. 「영유아보육법」 제21조 제2항에 따른 보육교사

② 법 제28조 제6항 후단에 따라 국립학교에 두는 생활지도원은 학생 5명마다 1명 이상을 배치하여야 한다. 다만, 시각장애 또는 청각장애가 있는 특수교육대상자를 교육하는 중학교 및 고등학교 과정의 경우에는 학생 7명마다 1명 이상을 배치할 수 있다.

제6조의2【간호사 등의 배치기준】

법 제28조 제6항 후단에 따라 국립학교에는 간호사를 1명 이상 배치하되, 기숙사에 기숙하는 학생이 50명을 초과하는 경우에는 그 초과인원 50명마다 간호사 또는 간호조무사를 1명 이상 추가로 배치하여야 한다.

01 <보기>에서 현행 「장애인 등에 대한 특수교육법」에 따라 각급 학교의 장이 장애학생에게 반드시 제공하여야 할 특수교육 관련서비스를 고른 것은? **09 초등 3번**

> ㄱ. 특수교육대상자를 위하여 보조인력을 제공하여야 한다.
> ㄴ. 특수교육대상자의 생활지도 및 보호를 위하여 기숙사를 설치·운영하여야 한다.
> ㄷ. 특수교육대상자와 그 가족에 대하여 가족상담 등 가족지원을 제공하여야 한다.
> ㄹ. 특수교육대상자가 필요로 하는 경우에는 물리치료, 작업 치료 등 치료지원을 제공하여야 한다.
> ㅁ. 특수교육대상자의 교육을 위하여 필요한 장애인용 각종 교구, 각종 학습보조기, 보조공학기기 등의 설비를 제공하여야 한다.

① ㄱ, ㄴ   ② ㄱ, ㅁ   ③ ㄴ, ㄷ   ④ ㄷ, ㄹ   ⑤ ㄹ, ㅁ

정답 ②

02 특수교육 관련서비스에 대한 설명으로 옳은 것을 <보기>에서 고른 것은? **10 중등 4번**

> ㄱ. 학생에 대한 특수교육관련서비스의 지원 내용은 학교장이 결정한다.
> ㄴ. 공립 및 사립학교의 기숙사 시설·설비 기준은 시·도 교육규칙으로 정한다.
> ㄷ. 학생 개인별로 특수교육 관련서비스의 제공 여부, 내용, 방법 등이 다를 수 있다.
> ㄹ. 치료지원은 관계 법률에서 정하는 건강가정지원센터나 장애인복지시설과 연계하여 제공할 수 있다.
> ㅁ. 교육감은 학교장이 각종 교구, 학습보조기, 보조공학기기를 제공할 수 있도록 특수교육지원센터에 필요한 기구를 갖추어 두어야 한다.

① ㄱ, ㄴ, ㄷ   ② ㄱ, ㄷ, ㅁ   ③ ㄴ, ㄷ, ㄹ   ④ ㄴ, ㄷ, ㅁ   ⑤ ㄴ, ㄹ, ㅁ

정답 ④

03 현행 「장애인 등에 대한 특수교육법」과 동법 시행령 및 시행 규칙에 제시된 특수교육공학 관련 내용에 대한 설명으로 옳은 것만을 <보기>에서 모두 고른 것은? **11 중등 3번**

> ㄱ. 각급학교의 장은 특수교육대상자의 보조공학기기 지원을 결정하기 위하여 특별지원위원회를 설치·운영하여야 한다.
> ㄴ. 일반학교의 장은 특수교육대상자를 배치받은 경우 학습 보조기기의 지원을 포함한 통합교육계획을 수립·시행하여야 한다.
> ㄷ. 각급학교의 장은 학교에서 제공하는 각종 정보를 특수교육 대상자에게 제공하는 경우 특수교육대상자의 장애유형에 적합한 방식으로 제공하여야 한다.
> ㄹ. 특수교육대상자에게 보조공학기기 지원, 학습보조기기 지원, 통학지원 및 정보접근지원이 필요한 경우 개별화교육계획에 그 내용과 방법이 포함되어야 한다.

① ㄱ, ㄹ   ② ㄴ, ㄷ   ③ ㄱ, ㄷ, ㄴ   ④ ㄱ, ㄷ, ㄹ   ⑤ ㄴ, ㄷ, ㄹ

정답 ⑤

04 박 교사와 김 교사의 대화 중 현행 「장애인 등에 대한 특수교육법」(시행령, 시행규칙 포함)에 부합되는 내용을 모두 고른 것은?

11 초등 4번

김 교사: 이번에 특수교육대상자로 선정된 여섯 살 아동 어머니로부터 문의가 왔어요. 아동의 유치원 특수학급 배치가 결정되었는데 어느 특수학급에 가게 되는지 궁금해 하시더군요.

박 교사: 예. ㉠ 아동의 장애정도, 능력, 보호자의 의견 등을 종합하여 거주지에서 가장 가까운 곳에 배치돼요. ㉡ 유치원 과정에서는 특수교육대상자가 1인 이상 4인 이하이면 1학급을 설치하고, 4인을 초과할 때는 2개 이상의 학급을 설치하게 되어 있어요.

김 교사: 초등학교 특수학급도 마찬가지인가요?

박 교사: ㉢ 초등학교 과정에서는 특수교육대상자가 1인 이상 7인 이하일 때 1학급을 설치하고, 7인을 초과하는 경우에는 2개 이상의 학급을 설치하지요.

김 교사: 그러면 특수학급마다 특수교육 교사가 배치되겠군요.

박 교사: 예. ㉣ 특수교육 담당 교사는 학생 4명마다 1명이 배치되지만, 해당 교육장이 배치 기준의 50% 범위에서 가감하여 배치할 수 있다고 합니다.

김 교사: 예. 그런데 아동이 밥을 혼자 못 먹어서 어머니가 걱정하시더라고요. 그런 경우 도움을 받을 수 있죠?

박 교사: 그렇습니다. 제가 알기로는 ㉤ 특수교육대상자를 위해 학교(유치원)에 배치되는 보조인력이 교사의 지시에 따라 교수·학습 활동, 신변처리, 급식, 등하교, 교내외 활동 등 특수교육대상자의 교육 및 학교 활동을 보조하는 역할을 합니다. 담당 교사가 정해지면 그 분과 상담하시는 게 좋을 것 같습니다.

김 교사: 그렇군요. 법 규정을 찾아 좀 더 자세히 알아봐야겠네요.

① ㉠, ㉡, ㉣   ② ㉠, ㉡, ㉤   ③ ㉡, ㉢, ㉣   ④ ㉡, ㉣, ㉤   ⑤ ㉢, ㉣, ㉤

정답 ②

---

05 다음은 초등학교 장애학생 학부모 모임에서 운영하는 사이트 Q&A에 게시된 질문과 대답의 일부이다. 현행 「장애인 등에 대한 특수교육법」(시행령, 시행규칙 포함)에 부합되는 대답을 모두 고른 것은?

12 초등 1번

Q: 우리 아이가 특수교육대상자로 선정되어 배치되었지만, 몸이 많이 허약해서 한 해 늦게 학교에 입학하려 하는데 가능할까요?

A: ㉠ 예, 배치 받은 학교의 교장에게 유예신청을 하십시오. 그러면 1년 뒤에 입학통지서가 다시 나옵니다.

Q: 배치 받은 학교에서 이미 특수학급 정원을 초과했다고 다른 학교로 가라고 하는데 어떻게 할까요?

A: ㉡ 법으로 학급 인원수를 정해 놓았기 때문에, 그 학생은 다른 학교로 재배치 받아야 합니다.

Q: 우리 아이는 특수교육대상자인데 현재 일반학급에 배치되어 있어요. 우리 아이의 집중적인 교육 지원을 위해서 특수학급에 배치 받고 싶은데 가능한가요?

A: ㉢ 예, 학교장은 개별화교육지원팀의 검토를 거쳐 교육장에게 특수교육대상자의 재배치를 요구할 수 있습니다.

Q: 우리 아이가 학기 중에 사고로 장애를 가지게 되었어요. 학기 중이라도 특수교육대상자로 선정될 수 있나요?

A: ㉣ 예, 학기 중이라도 학부모가 교육장에게 진단·평가를 의뢰해서 선정절차를 밟을 수 있습니다.

Q: 우리 아이는 수업을 받기 위해서 보완·대체의사소통 기구를 사용해야 되는데 어떻게 하면 좋을까요?

A: ㉤ 보완·대체의사소통 기구는 교재·교구라고 보기 어렵고 개인이 소지해야 하기 때문에 따로 구입해서 가지고 다녀야 합니다.

① ㉠, ㉡   ② ㉢, ㉣   ③ ㉠, ㉢, ㉣   ④ ㉡, ㉢, ㉤   ⑤ ㉠, ㉢, ㉣, ㉤

정답 ②

06 다음은 초등학교 병설유치원 일반 학급 양 교사가 장애가 의심되는 만 5세 민재의 가족을 지원하기 위하여 특수학급 박 교사와 상담을 하는 대화이다. 현행 「장애인 등에 대한 특수교육법」(시행령, 시행규칙 포함)에 비추어 볼 때, ㉠ ~ ㉢ 중 옳은 것을 모두 고른 것은? **12 유치원 18번**

> 양 교사: 우리 학급의 민재가 특수교육대상자 선정에 필요한 진단·평가를 받을 예정인데, 부모님이 민재의 특수교육대상자 선정 여부를 어떻게 알게 됩니까?
>
> 박 교사: ㉠ 각급학교의 장은 특수교육대상자로의 선정 여부 및 제공할 교육지원 내용을 결정하여 부모 등 보호자에게 서면으로 통지하여야 합니다.
>
> 양 교사: 진단·평가 과정에 민재 부모님의 의견이 반영됩니까?
>
> 박 교사: ㉡ 특수교육지원센터의 진단·평가 과정에서는 부모 등 보호자의 의견 진술의 기회가 충분히 보장되어야 합니다.
>
> 양 교사: 민재가 특수교육대상자로 선정되면 부모가 받을 수 있는 서비스가 있습니까?
>
> 박 교사: ㉢ 교육감은 특수교육대상자와 그 가족에 대하여 가족상담 등 가족지원을 제공하여야 합니다.

① ㉠   ② ㉢   ③ ㉠, ㉡   ④ ㉠, ㉢   ⑤ ㉡, ㉢

정답 ⑤

07 (가)는 동수의 정보이고, (나)는 정신지체 학교 홍 교사와 특수교육지원센터 박 교사가 동수에 대해 상담한 내용의 일부이다. ㉤과 ㉥에 들어갈 말을 「장애인 등에 대한 특수교육법 시행령」에 근거하여 쓰시오. **13 추시 중등 A 4번**

(가) 동수의 정보

> ○ 정신지체와 저시력을 가진 고등학교 1학년 중복장애 학생임
> ○ 혼자 보행하는 것이 어려워 어머니의 도움을 받아 걸어서 등하교를 함

(나) 상담 내용

> 홍 교사: 그런데 동수 어머니께서는 인근의 다른 시·도에 있는 시각장애 학교에서 받아주지 않으면 어떻게 하나 걱정하시더라고요. 그리고 동수가 시각장애 학교로 전학할 경우, 이용할 수 있는 통학지원 방법이 있는지도 알고 싶어 하세요.
>
> 박 교사: 그것은 염려하지 않아도 됩니다. ㉣ '대통령령으로 정하는 특별한 사유'가 없는 한 배치 요구에 응해야 합니다. 그리고 (㉢)은(는) 교장 선생님이 동수의 통학을 원활하게 지원할 수 있도록 (㉤)을(를) 학교에 제공하거나 통학지원이 필요한 동수 및 보호자에게 (㉥)을(를) 지급해야 합니다.

08 다음은 1학년 영수의 교육과 관련하여 일반학급 박 교사가 특수교육지원센터에 근무하는 김 교사와 상담한 내용이다. [14 초등 A 1번]

> 박 교사: 영수는 진단·평가를 통하여 특수교육대상자로 선정된 지체장애 학생인데, 정신지체까지 동반한 중도·중복장애 학생입니다. 영수 어머니는 집이 우리 학교와 가까워서 영수를 입학시켰는데, 제가 한 학기 동안 지도해 보니 많이 힘드네요. 아무래도 특수학급이 없다 보니 더 그런 것 같아요.
>
> 김 교사: 네, 선생님. 고민이 많으시겠어요. 우선 ㉠ 특수교육지원센터에 영수의 ㉡ 순회교육을 신청해 보시는 건 어떤가요?
>
> 박 교사: 그런 방법이 있었군요. 영수는 보행에도 어려움이 있는데, 순회교육을 통해 지원을 받을 수 있나요?
>
> 김 교사: 네, 물론입니다. 그 밖에도 다양한 특수교육 관련서비스를 지원 받을 수 있어요.
>
> 박 교사: 좋은 정보 감사합니다. 그런데 보행훈련은 어떤 시간에 하게 되나요?
>
> 김 교사: 교과 시간을 병행해서 제공하거나 ㉢ 창의적 체험활동 시간에 제공할 수도 있습니다. 그 밖에도 영수 같은 학생이 재학 중인 학교의 학급은 (㉣)을(를) 고려하여 교과의 내용을 대신하여 관련 생활 기능 영역을 편성·운영할 수 있어요. 그리고 그 영역과 내용은 학생의 장애 특성 및 정도를 반영하여 (㉤)이(가) 정하면 됩니다.

1) ㉠의 지원과 관련하여, 김 교사가 언급한 지원 외에 영수가 향후 지원받을 수 있는 내용을 현행 「장애인 등에 대한 특수교육법」에 근거하여 2가지 쓰시오.

2) 다음은 ㉡의 운영에 관한 내용이다. 「장애인 등에 대한 특수교육법 시행령」에 근거하여 B에 알맞은 내용을 쓰시오.

> ○ 순회교육을 위한 교육과정은 (A)의 편제를 고려하여 학생의 장애 특성과 정도에 알맞게 편성·운영한다.
>
> ○ 순회교육의 수업일수는 매 학년도 150일을 기준으로 하여 각급학교의 장이 정하되, 순회교육을 받는 특수교육대상자의 상태와 (B)상 필요한 경우에는 지도·감독기관의 승인을 받아 30일의 범위에서 줄일 수 있다.

09 다음은 특수교사와 교육실습생의 대화 내용이다. 「장애인 등에 대한 특수교육법」 및 동법 시행령에 근거하여 ㉠ ~ ㉢에 들어갈 내용을 순서대로 쓰시오. 18 중등 A 1번

> 교육실습생: 선생님, 특수교육 대상학생이 학교에서 차별을 받지 않도록 법으로 규정하고 있다는데, 어떤 것 들이 있나요?
>
> 특 수 교 사: 특수교육법에서 규정하고 있는 차별금지 사항은 4가지가 있어요. 첫째, 특수교육 관련서비스 제공에서의 차별, 둘째, (㉠), 셋째, 개별화교육지원팀에의 참여 등 보호자 참여에서의 차별, 넷째, 대학의 입학전형절차에서 장애라는 이유로 별도의 면접이나 신체검사를 요구하는 등 입학전형 과정에서의 차별 등입니다.
>
> 교육실습생: 그러면 장애가 심하거나 집이 멀어서 통학이 어려운 경우, 어떤 지원을 받을 수 있나요?
>
> 특 수 교 사: 법에서는 학생의 취학편의 및 통학지원을 위해 특수교육 관련 서비스의 일환으로 (㉡)와/과 (㉢)을/를 지원하도록 규정하고 있어요. 그리고 특수교육대상자 및 보호자에게 통학비를 지원하도록 규정하고 있어요.

10 (가)는 특수교육지원센터의 공학기기 선정을 위한 협의회 자료의 일부이다. 「장애인 등에 대한 특수교육법」(법률 제15367호, 2018. 2. 21., 일부개정), 동법 시행령(대통령령 제29258호, 2018. 10. 30., 일부개정)에 근거하여, ① (가)의 ㉣에 들어갈 특수교육 관련서비스를 쓰고, ② 장애인용 각종 교구 · 학습보조기 · 보조공학기기 등의 설비를 제공하여야 하는 주체와, 이를 제공할 수 있도록 특수교육지원센터에 필요한 기구를 갖추어 두어야 하는 주체를 순서대로 쓰시오. 20 초등 A 2번

(가) 협의회 자료

	성명	정운	민아
학생정보	특성	• 불수의 운동형 뇌성마비 • 상지의 불수의 운동이 있어 소근육 운동이 어려움 • 독서활동을 좋아함	• 저시력 • 경직형뇌성마비 • 소근육운동이 다소 어려움 • 확대독서기 이용시 쉽게 피로하여 소리를 통한 독서를 선호함
특수교육 관련서비스	상담지원	… (생략) …	
	학습보조기기지원	• 자동책장넘김장치	• ㉠ 전자도서단말기
	보조공학기기지원	• (㉡)	• (㉢)
	(㉣) 지원	• 동영상 콘텐츠 활용 지원	• 대체 텍스트 제공 • 동영상 콘텐츠 활용 지원

11 (가)는 미나의 개별화교육지원팀의 회의록이고, (나)는 보호자와 담임 교사의 대화이다. 물음에 답하시오.

(가) 개별화교육지원팀 회의록

일시	2020년 ○월 ○일 16:00~17:00
장소	△△학교 열린 회의실
협의 내용 요지	1. 대상 학생의 현재 장애 특성 　• 대뇌피질의 손상이 원인 　• 근육이 뻣뻣하고 움직임이 둔함　　　　[A] 　• 양마비가 있음 　• 까치발 형태의 첨족 변형과 가위 모양의 다리 　• ⊙ 대근육 운동 기능 분류 시스템(Gross Motor Function Classification System: GMFCS) 4단계 　• ⓒ 수동 휠체어 사용 2. 대상 학생의 교육적 요구 파악 　• ⓒ 표준 키보드를 사용하여 입력하는 데 어려움이 있음 　• 구어 사용을 위한 보완　대체 의사소통 지원 요청 3. 학기 목표, 교육 내용의 적절성 확인 및 평가 계획 안내 …(중략)… 4. 특수교육 관련 서비스에 대한 협의 사항 　• 교육용 보조공학기기 　• 특수교육실무원 　• 물리치료 　• (　　　　ⓔ　　　　) 5. 기타 지원 정보 　• 방과후 학교, 종일반 참여 여부

(나) 보호자와 담임 교사의 대화

어 머 니: 선생님, 미나 언니가 미나 때문에 스트레스를 받아서 도움이 필요해요. 미나 언니와 같은 비장애 형제자매가 도움을 받을 수 있는 방법이 있을까요?

담임 교사: 네, 어머니께서 필요로 하는 서비스는 교육청에서 도움을 받을 수 있습니다.

3) (나)의 대화 내용을 반영하여 ⓔ에 들어갈 특수교육 관련 서비스를 「장애인 등에 대한 특수교육법」(법률 제17494호, 2020. 10. 20., 일부개정)에 근거하여 쓰시오.

12 (가)는 선우 어머니와 유아교사 강 교사가 나눈 대화의 일부이고, (나)는 강 교사와 특수교육지원센터 유아특수교사 송 교사가 나눈 대화의 일부이다. 물음에 답하시오. 23 유치원 A 1번

(나)

> 송 교사: 선생님, 선우가 발달지체를 가진 특수교육대상자로 선정되었어요.
>
> 강 교사: 네, 그래서 선우 어머님이 선우의 전반적인 양육과 교육에 대해 많이 궁금해하셨어요.
>
> 송 교사: ㉣ 다음 달에 특수교육지원센터에서 발달지체 유아 학부모 대상 연수가 있는데, 선우 어머님께 안내해야겠어요.

3) (나)의 ㉣은 「장애인 등에 대한 특수교육법」(법률 제18298호, 2021. 7. 20., 타법개정) 제2조 제2항 특수교육 관련서비스 중 어떤 지원에 해당하는지 쓰시오.

제5장 〉 고등교육

제29조 [특별지원위원회]

법	**제29조 【특별지원위원회】** ① 대학의 장은 다음 각 호의 사항을 심의·결정하기 위하여 특별지원위원회(이하 "특별지원위원회"라 한다)를 설치·운영하여야 한다. 　1. 대학의 장애학생 지원을 위한 계획 　2. 심사청구 사건에 대한 심사·결정 　3. 그 밖에 장애학생 지원을 위하여 대통령령으로 정하는 사항 ② 특별지원위원회의 위원은 장애에 대한 이해와 경험이 풍부한 사람, 관계 교직원 또는 재학 중인 장애학생 중에서 대통령령으로 정하는 바에 따라 대학의 장이 임명한다. ③ 특별지원위원회의 설치·운영 등에 관하여 필요한 사항은 대통령령으로 정한다.
령	**제30조 【특별지원위원회의 설치·운영】** ① 대학의 장은 그 대학에 장애학생이 10명 이상 재학하는 경우에는 법 제29조에 따른 특별지원위원회(이하 "특별지원위원회"라 한다)를 설치·운영하여야 한다. ② 장애학생이 10명 미만인 대학의 장은 법 제30조 제2항에 따른 장애학생 지원부서가 법 제29조 제1항 제1호 및 제3호에 관한 특별지원위원회의 기능을 수행할 수 있도록 할 수 있다. ③ 특별지원위원회는 위원장 1명을 포함하여 5명 이상 15명 이하의 위원으로 성별을 고려하여 구성한다. ④ 특별지원위원회의 위원은 다음 각 호의 사람 중에서 대학의 장이 임명한다. 이 경우 각 호별 해당 위원 수가 전체 위원 수의 10분의 6을 초과하지 않도록 해야 한다. 　1. 해당 대학의 장애학생 지원 및 복지 관련 교직원 　2. 해당 대학에 재학 중인 장애학생 　3. 그 밖에 장애학생 지원에 관한 학식과 경험이 풍부하다고 대학의 장이 인정하는 전문가 ⑤ 제1항부터 제4항까지에서 규정한 사항 외에 특별지원위원회의 구성 및 운영에 필요한 사항은 대학의 장이 정한다.

01 현행 「장애인 등에 대한 특수교육법」과 동법 시행령 및 시행 규칙에 제시된 특수교육공학 관련 내용에 대한 설명으로 옳은 것만을 <보기>에서 모두 고른 것은? **11 중등 3번**

> ㄱ. 각급학교의 장은 특수교육대상자의 보조공학기기 지원을 결정하기 위하여 특별지원위원회를 설치·운영하여야 한다.
> ㄴ. 일반학교의 장은 특수교육대상자를 배치받은 경우 학습 보조기기의 지원을 포함한 통합교육계획을 수립·시행하여야 한다.
> ㄷ. 각급학교의 장은 학교에서 제공하는 각종 정보를 특수교육 대상자에게 제공하는 경우 특수교육대상자의 장애유형에 적합한 방식으로 제공하여야 한다.
> ㄹ. 특수교육대상자에게 보조공학기기 지원, 학습보조기기 지원, 통학지원 및 정보접근지원이 필요한 경우 개별화교육계획에 그 내용과 방법이 포함되어야 한다.

① ㄱ, ㄹ   ② ㄴ, ㄷ   ③ ㄱ, ㄷ, ㄴ   ④ ㄱ, ㄷ, ㄹ   ⑤ ㄴ, ㄷ, ㄹ

정답 ⑤

02 박 교사는 대학에 진학하고자 하는 장애학생의 상담을 위하여 현행 「장애인 등에 대한 특수교육법」에 근거하여 고등교육 관련 내용을 정리하였다. 옳은 것만을 <보기>에서 있는 대로 고른 것은? **12 중등 5번**

> ㄱ. 대학(「고등교육법」 제2조에 따른 학교를 말한다.)의 장은 특수교육대상자가 그 학교에 입학하고자 하는 경우에는 그가 지닌 장애를 이유로 입학의 지원을 거부하거나 입학 전형 합격자의 입학을 거부하는 등 교육기회에 있어서 차별을 하여서는 아니 된다.
> ㄴ. 대학의 장은 대학의 입학전형절차에서 장애 진단 절차를 조사·확인하기 위한 경우 외에 별도의 면접이나 신체 검사를 요구하는 등 입학전형 과정에서 특수교육대상자 및 보호자를 차별하여서는 아니 된다.
> ㄷ. 대학의 장은 대학의 장애학생 지원을 위한 계획, 심사청구 사건에 대한 심사·결정, 그 밖에 장애학생 지원을 위하여 대통령령으로 정하는 사항을 심의·결정하기 위해 특수교육운영위원회를 설치·운영하여야 한다.
> ㄹ. 대학의 장은 해당 학교에 재학 중인 장애학생의 교육활동의 편의를 위하여 각종 학습 보조기기 및 보조공학기기 등의 물적 지원, 교육보조인력 배치 등의 인적 지원, 취학편의 지원, 정보접근 지원, 「장애인·노인·임산부 등의 편의 증진보장에 관한 법률」 제2조 제2호에 따른 편의시설 설치 지원의 수단을 적극적으로 강구하고 제공하여야 한다.

① ㄱ, ㄴ   ② ㄱ, ㄹ   ③ ㄱ, ㄴ, ㄷ   ④ ㄱ, ㄷ, ㄹ   ⑤ ㄴ, ㄷ, ㄹ

정답 ②

제30조 [장애학생지원센터]

법	**제30조【장애학생지원센터】** ① 대학의 장은 장애학생의 교육 및 생활에 관한 지원을 총괄·담당하는 장애학생지원센터를 설치·운영하여야 한다. 다만, 장애학생이 재학하고 있지 아니하거나 대통령령으로 정하는 바에 따라 장애학생 수가 일정 인원 이하인 소규모 대학 등은 장애학생 지원부서를 둠으로써 이를 갈음할 수 있다. ② 장애학생지원센터(제1항에 따라 장애학생 지원부서로 갈음하는 경우에는 이를 말한다. 이하 같다)는 다음 각 호의 업무를 담당한다. 　1. 장애학생을 위한 각종 지원에 관한 사항 　2. 제31조에서 정하는 편의제공에 관한 사항 　　2의2.「장애인복지법」제25조 제2항에 따른 대학 내 장애인 인식개선교육 실시에 관한 사항 　3. 교직원·지원인력 등에 대한 교육에 관한 사항 　4. 장애학생 교육복지의 실태조사에 관한 사항 　5. 그 밖에 대학의 장이 회의에 부치는 사항 ③ 장애학생지원센터의 장은 장애인 인권에 대하여 전문적인 지식과 경험이 있는 사람으로서 대통령령으로 정하는 자격을 갖추어야 한다. ④ 장애학생지원센터의 설치·운영에 관하여 필요한 사항은 대통령령으로 정한다.
령	**제31조【장애학생지원센터의 설치·운영】** ① 법 제30조 제1항 단서에서 "일정 인원"이란 9명을 말한다. ② 법 제30조 제3항에 따른 장애학생지원센터의 장의 자격을 갖춘 사람은 해당 대학의 교직원으로서 다음 각 호의 어느 하나에 해당하는 사람으로 한다. 　1. 교육학, 사회복지학, 법학 등 장애인 인권 관련 분야의 학위를 소지한 사람 　2. 교육, 보건·의료, 복지 등 분야의「자격기본법」에 따른 국가자격을 소지한 사람 　3. 장애학생 지원 및 복지 관련 업무에 3년 이상 종사한 경력이 있는 사람 　4. 그 밖에 제1호부터 제3호까지의 규정에 준하는 자격으로 대학의 장이 정하는 자격을 갖춘 사람
법	**제30조의2【개인별 교육지원계획】** ① 장애학생지원센터의 장은 장애학생의 개인별 수요를 조사하여 그 결과를 특별지원위원회에 보고하여야 한다. ② 장애학생지원센터의 장은 제1항의 보고사항을 반영하여 매 학기마다 장애학생에 대한 개인별 교육지원계획을 작성하여 대학의 장에게 보고하여야 한다. ③ 대학의 장은 제2항에 따른 개인별 교육지원계획에 따라 장애학생을 지원하여야 한다. ④ 장애학생의 개인별 수요 조사 및 교육지원계획 수립에 관하여 필요한 사항은 대통령령으로 정한다.
령	**제31조의2【개인별 수요 조사 및 교육지원계획 수립 등】** ① 법 제30조의2 제1항에 따른 장애학생의 개인별 수요 조사에는 다음 각 호의 사항이 포함돼야 한다. 　1. 장애유형 및 장애정도 　2. 법 제31조 제1항 각 호의 수단 중 장애학생에게 필요한 수단 및 기간 ② 장애학생지원센터(법 제30조 제1항에 따라 장애학생 지원부서로 갈음하는 경우에는 이를 말한다)의 장은 법 제30조의2 제2항에 따라 대학의 장에게 보고된 개인별 교육지원계획의 내용을 해당 장애학생에게 대학의 장이 정하는 기간 내에 알려야 한다. 이 경우 장애학생이 요청하면 해당 계획을 장애학생이 소속된 학과·학부 또는 대학원의 장에게도 통지해야 한다. ③ 제1항 및 제2항에서 규정한 사항 외에 개인별 수요 조사 및 교육지원계획 수립 등에 필요한 사항은 대학의 장이 정한다.

제31조 [편의제공 등]

법	**제31조【편의제공 등】**
	
	① 대학의 장은 해당 학교에 재학 중인 장애학생의 교육활동의 편의를 위하여 다음 각 호의 수단을 적극적으로 강구하고 제공하여야 한다.
	  1. 각종 학습보조기기 및 보조공학기기 등의 물적 지원
	  2. 교육지원인력 배치 등의 인적 지원
	  3. 취학편의 지원
	  4. 정보접근 지원
	  5. 「장애인·노인·임산부 등의 편의증진보장에 관한 법률」 제2조 제2호에 따른 편의시설 설치 지원
	  6. 그 밖에 장애학생의 교육활동에 필요한 것으로서 특별지원위원회에서 정하는 사항에 대한 지원
	
	② 대학의 장은 해당 학교의 입학전형절차에서 장애수험생의 수험의 편의를 위하여 「장애인차별금지 및 권리구제 등에 관한 법률」 제14조 제1항 각 호의 수단 중 수험편의에 필요한 수단을 적극적으로 강구하고 제공하여야 한다.
	
	③ 국가 및 지방자치단체는 제1항 및 제2항에 따라 필요한 경비를 예산의 범위 안에서 지원하여야 한다.
	
	④ 대학의 장은 제1항 제4호에 따른 정보접근 지원을 위하여 수업 중 활용하는 영상물에 장애학생을 위한 화면해설, 폐쇄자막 또는 수어통역 등 대통령령으로 정하는 편의를 제공하여야 한다.

령	**제32조【수업 중 활용하는 영상물의 편의제공】**
	
	① 법 제31조 제4항에 따라 대학의 장은 장애학생을 위하여 다음 각 호의 편의를 제공해야 한다.
	  1. 「장애인복지법 시행령」 별표 1 제3호에 따른 시각장애인을 위하여 영상물의 화면 장면, 자막 등을 음성으로 전달하는 화면해설
	  2. 「장애인복지법 시행령」 별표 1 제4호에 따른 청각장애인 또는 같은 표 제5호에 따른 언어장애인(이하 이 조에서 "청각장애인등"이라 한다)을 위하여 영상물의 음성 및 음향을 화면에 글자로 전달하는 폐쇄자막
	  3. 청각장애인등을 위하여 영상물의 음성 및 음향을 손짓, 몸짓, 표정 등으로 전달하는 한국수어 통역
	
	② 대학의 장이 법 제31조 제4항에 따라 수업 중 활용하는 영상물(이하 이 조에서 "수업영상물"이라 한다)에 제1항에 따른 편의를 제공할 때에는 다음 각 호의 방법을 사용할 수 있다.
	  1. 제1항 각 호의 편의를 영상의 형태로 제작하여 수업영상물에 포함하는 방법
	  2. 교육지원인력을 배치하거나 학습보조기기·보조공학기기 및 정보통신매체 등을 활용하여 제1항 각 호의 편의를 수업영상물과 함께 실시간으로 제공하는 방법

01 박 교사는 대학에 진학하고자 하는 장애학생의 상담을 위하여 현행 「장애인 등에 대한 특수교육법」에 근거하여 고등교육 관련 내용을 정리하였다. 옳은 것만을 <보기>에서 있는 대로 고른 것은? 12 중등 5번

> ㄱ. 대학(「고등교육법」 제2조에 따른 학교를 말한다.)의 장은 특수교육대상자가 그 학교에 입학하고자 하는 경우에는 그가 지닌 장애를 이유로 입학의 지원을 거부하거나 입학 전형 합격자의 입학을 거부하는 등 교육기회에 있어서 차별을 하여서는 아니 된다.
>
> ㄴ. 대학의 장은 대학의 입학전형절차에서 장애 진단 절차를 조사·확인하기 위한 경우 외에 별도의 면접이나 신체 검사를 요구하는 등 입학전형 과정에서 특수교육대상자 및 보호자를 차별하여서는 아니 된다.
>
> ㄷ. 대학의 장은 대학의 장애학생 지원을 위한 계획, 심사청구 사건에 대한 심사·결정, 그 밖에 장애학생 지원을 위하여 대통령령으로 정하는 사항을 심의·결정하기 위해 특수교육운영위원회를 설치·운영하여야 한다.
>
> ㄹ. 대학의 장은 해당 학교에 재학 중인 장애학생의 교육활동의 편의를 위하여 각종 학습 보조기기 및 보조공학기기 등의 물적 지원, 교육보조인력 배치 등의 인적 지원, 취학편의 지원, 정보접근 지원, 「장애인·노인·임산부 등의 편의 증진보장에 관한 법률」 제2조 제2호에 따른 편의시설 설치 지원의 수단을 적극적으로 강구하고 제공하여야 한다.

① ㄱ, ㄴ   ② ㄱ, ㄹ   ③ ㄱ, ㄴ, ㄷ   ④ ㄱ, ㄷ, ㄹ   ⑤ ㄴ, ㄷ, ㄹ

정답 ②

제32조 [학칙 등의 작성]

법	제32조 【학칙 등의 작성】 대학의 장은 이 법에서 정하는 장애학생의 지원 등에 관하여 다음 각 호에 해당하는 내용을 학칙에 규정하여야 한다. 1. 장애학생의 학습지원에 관한 사항 2. 장애학생의 입학시험을 포함한 입학전형 관리에 관한 사항 3. 수업 중 활용하는 영상물에 장애학생의 정보접근 지원을 위한 편의제공에 관한 사항 4. 그 밖에 장애학생의 교육활동 편의를 위하여 필요한 사항

제33조 [장애인고등교육지원센터]

법	**제33조【장애인고등교육지원센터】** ① 교육부장관은 대학에 재학하는 장애학생에 대한 통합적 지원을 위하여 장애인고등교육지원센터(이하 "고등교육센터"라 한다)를 설치하거나 지정하여야 한다. ② 고등교육센터는 다음 각 호의 업무를 수행한다. 　1. 장애학생 고등교육 관련 연구 · 분석 　2. 장애학생 고등교육 지원 관련 자료 개발 · 보급 　3. 장애학생의 진로 · 취업 지원 　4. 장애학생 지원에 대한 교직원 등 연수 지원 　5. 제13조에 따른 장애학생 교육복지 실태조사 운영 및 컨설팅 　6. 제30조에 따른 장애학생지원센터 운영 지원 　7. 그 밖에 장애학생 고등교육 지원을 위하여 필요한 사업 ③ 국가는 제1항 및 제2항에 따른 고등교육센터의 설치 · 지정 및 운영에 필요한 경비를 지원할 수 있다. ④ 고등교육센터의 설치 · 지정 및 운영 등에 필요한 사항은 대통령령으로 정한다.
령	**제32조의2【장애인고등교육지원센터의 설치 · 지정 등】** ① 교육부장관은 법 제33조 제1항에 따라 장애인고등교육지원센터(이하 "고등교육센터"라 한다)를 설치하거나 다음 각 호의 기관 또는 법인 중에서 고등교육센터를 지정해야 한다. 　1. 「공공기관의 운영에 관한 법률」 제4조에 따른 공공기관 　2. 「고등교육법」 제2조 각 호에 따른 학교 　3. 「정부출연연구기관 등의 설립 · 운영 및 육성에 관한 법률」 제8조 제1항에 따른 연구기관 　4. 「공익법인의 설립 · 운영에 관한 법률」 제2조에 따른 공익법인 　5. 「민법」 제32조에 따른 비영리법인 　6. 그 밖에 장애학생 고등교육 지원 업무에 관한 전문성을 갖춘 기관이나 법인 ② 제1항에 따라 고등교육센터로 지정받으려는 기관 또는 법인은 다음 각 호의 기준을 모두 갖추어야 한다. 　1. 법 제33조 제2항 각 호에 따른 업무 수행에 필요한 조직 · 인력을 보유할 것 　2. 법 제33조 제2항 각 호에 따른 업무 수행에 필요한 사무실, 장비 · 시설을 갖출 것 　3. 법 제33조 제2항 각 호에 따른 업무 수행에 필요한 사업계획 및 운영규정을 갖출 것 ③ 제2항에 따라 고등교육센터가 갖추어야 하는 기준의 세부 내용은 교육부장관이 정하여 고시한다. ④ 교육부장관은 고등교육센터를 지정하려는 경우에는 제2항 및 제3항에 따른 기준이 포함된 지정계획을 10일 이상 관보 또는 교육부 인터넷 홈페이지에 게시해야 한다. ⑤ 고등교육센터로 지정받으려는 기관 또는 법인은 지정신청서에 다음 각 호의 서류를 첨부하여 교육부장관에게 제출해야 한다. 　1. 제2항 제1호의 조직 · 인력의 보유 현황이나 확보 계획 　2. 제2항 제2호의 사무실, 장비 · 시설의 보유 현황이나 확보 계획 　3. 제2항 제3호의 사업계획 및 운영규정 ⑥ 고등교육센터의 지정기간은 5년으로 한다. ⑦ 교육부장관은 제1항에 따라 지정된 고등교육센터가 다음 각 호의 어느 하나에 해당하는 경우에는 그 지정을 취소할 수 있다. 다만, 제1호에 해당하는 경우에는 그 지정을 취소해야 한다. 　1. 거짓이나 그 밖의 부정한 방법으로 지정을 받은 경우 　2. 제2항 및 제3항에 따른 기준에 적합하지 않게 된 경우

령	⑧ 교육부장관은 제1항 및 제7항에 따라 고등교육센터를 지정하거나 지정을 취소한 경우에는 관보 또는 교육부 인터넷 홈페이지에 지체 없이 게시해야 한다.
	⑨ 제1항부터 제8항까지에서 규정한 사항 외에 고등교육센터의 지정·운영에 필요한 사항은 교육부장관이 정하여 고시한다.

제6장 〉 보칙 및 벌칙

제35조 [대학의 심사청구 등]

법	**제35조【대학의 심사청구 등】**
	① 장애학생 및 그 보호자는 대학에 이 법에 따른 각종 지원조치를 제공할 것을 서면으로 신청할 수 있다.
	② 대학의 장은 제1항에 따른 신청에 대하여 2주 이내에 지원 여부 및 그 사유를 신청자에게 서면으로 통지하여야 한다.
	③ 장애학생 및 그 보호자는 제1항에 따른 신청에 대한 대학의 결정(부작위 및 거부를 포함한다)과 이 법을 위반하는 대학의 장 또는 교직원의 행위에 대하여 특별지원위원회에 심사청구를 할 수 있다.
	④ 특별지원위원회는 제3항의 심사청구에 관하여 2주 이내에 결정을 하여야 한다.
	⑤ 제3항에 따른 심사에서는 청구인에게 의견진술 기회를 주어야 한다.
	⑥ 대학의 장, 교직원, 그 밖의 관계자는 제4항에 따른 결정에 따라야 한다.
	⑦ 그 밖에 특별지원위원회에 대한 심사청구에 관하여 필요한 사항은 대통령령으로 정한다.
령	**제33조【심사청구 절차】**
	법 제35조 제3항 및 법 제36조 제1항 또는 제2항에 따른 심사청구 및 그 심사청구에 대한 결과의 통지에 필요한 서류는 각각 교육부령으로 정한다.
	제34조【규제의 재검토】
	교육부장관은 다음 각 호의 사항에 대하여 다음 각 호의 기준일을 기준으로 3년마다(매 3년이 되는 해의 기준일과 같은 날 전까지를 말한다) 그 타당성을 검토하여 개선 등의 조치를 하여야 한다.
	1. 제30조에 따른 특별지원위원회의 설치·운영: 2016년 1월 1일
	1의2. 제30조 제3항 및 제4항에 따른 위원회의 구성: 2023년 1월 1일
	1의3. 제31조 제2항에 따른 장애학생지원센터의 장의 자격: 2023년 1월 1일
	2. 제31조의2 제2항에 따른 장애학생 개인별 교육지원계획의 내용을 장애학생에게 알릴 의무: 2016년 1월 1일
규칙	**제7조【특별지원위원회에 대한 심사청구 결과 통보 등】**
	① 법 제35조 제3항에 따라 장애학생 또는 그 보호자가 심사청구를 할 때에는 별지 제4호 서식에 따른 심사청구서를 해당 학교의 특별지원위원회에 제출하여야 한다.
	② 제1항에 따른 심사청구를 받은 해당 학교의 특별지원위원회는 심사를 거쳐 별지 제5호 서식에 따른 심사결과통지서를 그 청구인에게 교부하여야 한다.

별지 제4호 서식 중 심사청구서 작성 요령 및 심사절차

(뒷면)

1. 심사청구서 작성요령
   ① 사건명: ○○ 처분 취소 청구
   ② 피청구인: 처분권자를 말함
   ③ 심사청구의 대상이 되는 처분내용: 년   월   일자   ○○ 처분
   ④ 심사청구의 취지: 피청구인이   년   월   일 청구인에 대하여 한 ○○ 처분에 대하여 이의 취소를 구함
   ⑤ 심사청구의 이유: 청구의 취지가 인용될 수 있도록 원처분이 위법 또는 부당하다고 생각되는 점을 지적하고 그 시정을 요구하는 주장을 논리적으로 기술
   ⑥ 기타 입증자료: 본 건과 관련있는 제반증거 및 참고자료
   ※ 심사청구이유 및 입증자료 내용이 많을 때는 목록만 기재하고 첨부자료로 제시 가능

2. 심사절차

| 1. 재심청구 | → | 2. 사건배정 | → | 3. 심사청구서 검토 |

| 5. 변명서 접수 · 검토 | ← | 4. 심사청구서 접수 및 변명서 제출 요구 |

| 6. 사실조사 | → | 7. 심사기일 지정 · 통지 | → | 8. 심사회의 | → | 9. 결정 |

| 11. 결정서 송부 | ← | 10. 결정서 작성 |

제37조 [권한의 위임과 위탁]

법	제37조【권한의 위임과 위탁】
	① 이 법에 따른 교육부장관의 권한은 그 일부를 대통령령으로 정하는 바에 따라 교육감에게 위임할 수 있다.
	② 이 법에 따른 교육감의 권한은 그 일부를 대통령령으로 정하는 바에 따라 교육장에게 위임할 수 있다.

해커스임용
설지민
특수교육학
마인드맵

개정 4판 1쇄 발행	2023년 6월 27일
지은이	설지민
펴낸곳	해커스패스
펴낸이	해커스임용 출판팀
주소	서울특별시 강남구 강남대로 428 해커스임용
고객센터	02-566-6860
교재 관련 문의	teacher@pass.com
	해커스임용 사이트(teacher.Hackers.com) 1:1 고객센터
학원 강의 및 동영상강의	teacher.Hackers.com
ISBN	979-11-6999-270-1(13370)
Serial Number	04-01-01

해커스임용

- 임용 합격을 앞당기는 해커스임용 스타 교수진들의 고퀄리티 강의
- 풍부한 무료강의 · 학습자료 · 최신 임용 시험정보 제공
- 모바일 강좌 및 1:1 학습 컨설팅 서비스 제공

한국사능력검정시험 **1위**

주간동아 선정 2022 올해의교육브랜드파워
온·오프라인 한국사능력검정시험 부문
1위 해커스

해커스한국사
history.Hackers.com

해커스임용
teacher.Hackers.com

해커스한국사 김승범
약력 : (현) 해커스자격증 한국사능력검정시험 선생님
　　　(현) 해커스공무원/소방 한국사 선생님
　　　(현) 해커스공무원 한국사 학원 전임 교수

[5일 완성] 김승범의 빠르게 합격하는
한국사 심화
1·2·3급 [3판]
수강료 29,500원 수강기간 : 60일
*교재 별도 구매　50% 쿠폰 할인가　강의 수 : 41강

해커스
한국사능력검정시험
2주 합격 심화 [개정 5판]
수강료 54,500원 수강기간 : 100일
*교재 별도 구매　50% 쿠폰 할인가　강의 수 : 56강

해커스한국사 김승범 심화강좌
50% 할인 수강권

K52E3B0K4CFK6000

※쿠폰 등록은 PC를 이용해주시기 바랍니다. | 사용기한 : 2023년 12월 31일까지

50% 할인쿠폰 PC 등록 방법
해커스한국사 홈페이지 접속 history.Hackers.com
▶ 메인 우측 상단 [나의 정보] → [나의 쿠폰] 클릭
▶ [쿠폰&수강권 등록] 클릭한 후, 쿠폰번호 등록
▶ 해당 강의 주문 / 결제 시 쿠폰사용 클릭하면 완료!

◀ 50% 할인쿠폰 바로 등록!
